KB043812

성스러운 유방사

일러두기

1. 본문의 각주는 옮긴이 주이며, 미주는 원서에 삽입된 출처 주이다.
2. 외래어 표기는 국립국어원 표기 원칙을 기준으로 했다.
3. 중국·일본 한자어 표기는 고유어의 경우 현지 발음, 보편적 용어·개념어의 경우 한국어 음독을 기준으로 했다. 단, 이해를 고려하여 유연하게 적용했다.
4. 중국 인명 표기는 신해혁명을 기점으로 이전 생존자는 한국어 음독, 이후 생존자는 중국어 음독을 기준으로 했다.
5. 책명은 『 』, 잡지·신문 제호는 《 》, 논문·기사·노래 제목은 「 」, 미술품·영화·연극·뮤지컬·전시 제목은 〈 〉, 강연·세미나 제목은 " ", 시리즈 제목은 ' '로 표시했다.

성스러운 유방사

어떻게 가슴은 여성의 '얼굴'이 되었는가?

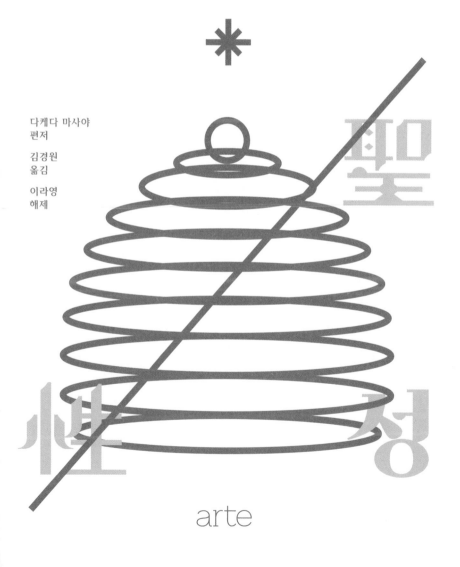

다케다 마사야
편저

김경원
옮김

이라영
해제

聖

性

arte

책을 펴내며
다케다 마사야

젖가슴, 유방, 젖, 가슴, 젖퉁이, 젖무덤……. 여러분이 손에 든 이 책은 때에 따라 다르게 부르는 인체의 특정 부위에 관한 에세이를 엮은 것이다.

나는 최근 몇 년 동안 대학에서 "중국 유방 문화지文化誌"라는 제목으로 강의를 해 왔는데, 수강생은 대부분 스무 살가량의 젊은 세대다. 수백 명이 듣는 수업이라 설문지를 돌려 이렇게 물었다. "유방을 부르는 말은 여럿이지만 여러분은 어떤 상황에 어떤 어휘를 사용합니까? 또한 각 어휘를 듣고 어떤 이미지를 떠올립니까?"

설문 결과의 통계를 내어 설득력 있게 결론을 도출하기란 상당히 어려웠다. 여학생 대다수는 여자 친구들끼리 수다를 떨거나 브래지어를 살 때 보통 '가슴'으로 부른다고 했다. 어떤 학생은 뭐니 뭐니 해도 '젖가슴'이라는 말이 매우 좋다고 했고, 어떤 학생은 '젖가슴'이라는 말은 부끄러워 입 밖에 내지 못한다고 했다. 또 남성의 입에서 '젖가슴'이라는 말이 나오면 꺼림칙하다는 의견도 있었다.

남학생의 경우 '젖가슴'이라는 말을 좋아한다는 의견이 압도적으로 많았다. 그래도 사람마다 달랐고, 머릿속에 떠올릴 때라면 몰라도 실제로 입 밖으로 꺼내기에 부끄럽다는 사람도 적지 않았다. 한편 한자로 '유방乳房'이라고 쓰면 딱딱한 학술적·의학적 뉘앙스를 풍긴다는 사람도 있고, 반대로 한자로 표현하면 에로틱한 느낌이 백배 천배 더 부풀어 오른다고 열변을 토하는 사람도 있었다.

유방을 가리키는 말의 사용 습관을 보면, 그 어휘가 집집마다 다를 뿐 아니라 개인마다 다른 방언을 이루는 듯했다. 여학생이 부모와 대화할 때는 어떤 말을 사용할까? 아버지와 대화할 때, 어머니와 대화할 때 서로 어떻게 다를까? 형제자매의 경우는 어떨까? 남자 친구와 얘기할 때는? 연인끼리 얘기할 때는? 이처럼 유방에 관한 어휘를 발화하는 상황은 실로 복잡다단하다. 정확한 통계학적 방법으로 설문조사를 실시하면 더 신뢰할 만한 결론을 얻을지도 모르겠다.

∽∽

2008년 봄, '유방문화연구회'라는 곳에서 연락이 왔다. 10월 정례 모임에서 중국의 유방관乳房觀이나 크로스드레싱cross-dressing에 대해 강연해 달라는 내용이었다. 그런 연구회가 있는 줄도 몰랐지만, 실로 그 이름에 걸맞은 역사를 갖춘 곳이었다.

나에게 강연을 의뢰한 이유는 전년도에 간행한 졸저 『양귀비가 되고 싶었던 남자들: '의복의 요괴' 문화지楊貴妃になりたかった男たち: <衣服の妖怪>の文化誌』(メチエ, 講談社選書, 2007) 때문인 듯했다. 중국 문화로 밥을 먹고사는 것도 사실이고 유방에도 관심이 없진 않았지만, '중국의 유방'이라는 주제는 생각해 본 적이 없었다. 이후 여름방학 동안 여러 방면으로 조사해 보니 중국에도 상당히 재미있는 얘깃거리가 있을 것 같았다. 그렇게 2008년 10월 18일 유방문화연구회의 정례 모임에 참석해 "남자의 유방이 부풀어 오를 때: 중국 유방 문화 노트"라는 제목으로 강연했다. 당시 모임의 주제는 "여자 옷을 입은 남자들", 한마디로 크로스드레싱이었다.

그 뒤로 3년이 지난 2011년 홋카이도대학 총합박물관에서 〈국경을 넘는 이미지: 매스컴에 비친 중국〉이라는 전시를 기획했다. 나는 중국의 프로파간다 포스터와 연환화連環畵 컬렉션을 들고 와서 스태프와 어울려 즐겁게 준비해 나갔다. 이 전시 기간에 맞춰 2011년 12월 17일 "중국 프로파간다 포스터의 세계"라는 제목으로 시민을 위한 관련 세미나도 기획했다. 나도 발표를 맡아 "중국 포스터에 그려진 유방"이라는 화제를 담아냈다. 나중에 스태프가 알려 주기를, 내가 발표를 시작한 지 5분 만에 꾸벅꾸벅 졸던 할아버지 청중이 유방 이야기가 나오자마자 퍼뜩 눈을 떴다고 한다. 강연에 유방 이야기를 넣으면 졸음을 내쫓는 데 효과적인 것 같다.

세미나가 끝나고 뒤풀이 자리에서, 늘 어울리던 젊은 중국 문학 연구자들과 잡담을 나누던 가운데 '유방'을 주제로 공동 연구를 진행해 볼까 하는 얘기가 나왔다. 그때 앞장선 이가 다무라 요코田村容子, 가베 유이치로加部勇一郎였다. 이 책에는 내 이름이 엮은이로 올라가지만 사실상 두 분이 편집에 주로 힘을 보탰다.

이듬해 7월 홋카이도대학 슬라브연구센터의 고시노 고越野剛(러시아 문학)가 주최하여 "전쟁의 메모리스케이프"라는 제목으로 심포지엄을 개최했다. 이 자리에 모인 하마다 마야濱田麻矢(중국 현대문학), 고고 에리코向後惠里子(일본 미술사), 고시노 고에게도 유방을 연구해 보자고 제안했다. 다들 찬성하면서 몇 차례 술잔을 들었다. 술자리에서는 뭔가 중요한 일을 결정하더라도 다음 날이면 깨끗하게 잊는 법이다. 그러나 그날은 다무라 요코가 꼼꼼하게 발언을 기록해 준 덕분에 실제로 활동을 개시하고 학술 연구비를 신청해 보기로 했다.

그리하여 내가 연구 대표자가 되고, 소속 연구자로는 다무라 요코, 가베 유이치로, 하마다 마야(이상은 중국 담당), 고시노 고(러시아 담당),

고고 에리코(일본 담당), 연구 협력자로는 후지이 도쿠히로藤井得弘(중국 근대문학), 그리고 홋카이도대학 대학원생이 참여하는 형태로 학술 재단에 연구비를 신청했다. 다행스럽게도 연구비를 받아 3년간 정식으로 연구 활동을 벌였다("'유방'의 도상과 기억: 중국·러시아·일본의 표상 비교 연구"). 연구회 구성원들은 발표와 토의를 거듭했는데, 그때 제출한 발표문이 이 책에 수록한 글의 몸체가 되었다.

다무라 요코는 중국 근현대문학, 특히 경극京劇 등 연극을 중심으로 폭넓게 연구하며, 젠더를 형상화하는 무대에서 유방을 어떻게 표현해 왔는지를 밝혔다.

가베 유이치로는 청대淸代 소설부터 현대 아동문학까지 아우르는 연구자인데, 이번에는 중국의 남성 젖가슴에 대해 논했다.

하마다 마야는 중국 현대문학에 나타난 유방 표상에 대해 다루었다. 이 책의 편집 작업이 한창일 무렵, 때마침 출판사 이와나미쇼텐에서 해당 분야의 작가인 장아이링張愛玲 단편집을 출간했다. 유방의 표상과 관련 깊은 작품이므로 나란히 읽으면 좋겠다.

고시노 고는 유모·우유를 키워드 삼아 애니메이션 등을 통해 러시아의 유방 표상을 논했다. 고고 에리코는 인어의 유방과 이를 가리는 조개껍데기 모양 브래지어에 대한 독특한 관점을 보여 줬다. 후지이 도쿠히로는 근대 중국의 건강미라는 관점에서 유방을 논했다.

우리는 더욱 광범위한 지역과 분야를 아우르고자 다른 연구자를 초빙해 이야기를 듣기도 했다. 다나카 다카코田中貴子는 일본 고전문학에 나타난 유방관을 이야기했다. 『성애의 일본 중세性愛の日本中世』(1997) 등 여러 저서가 있으며, 내게는 '요괴'를 연구하는 든든한 동료이기도 하다. 이 책에서는 권두에 어울리는 일본 편 총론을 집필했다.

기무라 사에코木村朗子는 『유방은 누구의 것인가: 일본 중세 모노가타

리로 보는 성과 권력乳房はだれのものか: 日本中世物語にみる性と權力』(2009)을 출간한 시점이었기에 고대 일본의 유방에 대한 논의를 맡아 주었다.

프리랜서 작가이자 번역가인 지쓰카와 모토코實川元子는 체험을 바탕으로 현대 일본의 유방을 둘러싼 이야기를 기술했다. 그는 유방문화연구회의 운영위원이기도 한데, 교토에서 연구회 활동이 시작된 이래 줄곧 도움을 주었다. 수전 셀릭슨Susan Seligson의 『거유는 부러운가?: H컵 기자가 본 현대 젖가슴 사정巨乳はうらやましいか?: Hカップ記者が見た現代おっぱい事情』(2007) 등 번역서도 다수 있다.

묘키 시노부妙木忍는 홋카이도대학 문학연구과에 몸담은 와중에 훌륭한 저서 『비보관이라는 문화 장치秘寶館という文化裝置』(2014)로 일약 독서계를 평정한 연구자다. 그에게는 비보관의 조형造形 가운데 유방 표상에 대한 글을 의뢰했다.

세키무라 사키에關村咲江는 홋카이도대학 대학원의 연구자로서 중화민국 시대의 《부녀 잡지婦女雜誌》를 통해 유방을 중심으로 한 신체 담론을 다룬 석사논문을 제출했다. 이 논문은 내용이 알차고 문체도 유려해서 이 책에 신도록 권유했다.

마쓰에 다카시松江崇는 제자인 네기시 사토미根岸美聽, 양안나楊安娜와 공동으로 중국 언어학의 입장에서 유방을 둘러싼 어휘를 논했다.

연구회는 대체로 여름철에 열렸기 때문에 시원한 바람이 부는 삿포로에서 가장 많이 진행됐다. 그러나 오키나와현립예술대학의 몇몇 분에게 발표를 부탁해 오키나와에도 날아간 바 있다.

서양 미술사를 전공한 오가와 기와코尾形希和子는 내가 믿고 의지하는 친구이자 '괴물' 연구의 동료인데, 『교회의 괴물들: 로마네스크의 도상학敎會の怪物たち: ロマネスクの圖像學』(2013)이라는 저서를 냈다. 그에게는 메릴린 옐롬Marilyn Yalom의 『유방론A History of The Breast』(Alfred A. Knopf, 1997)이

나오기 전까지 유방의 관념에 관한 논의를 부탁했다.

오가와 기와코의 제자인 가토 시호加藤志帆는 마욜리카Maiolica라는 흥미로운 소재를 가지고 유방 이미지를 논했고, 오시로 사유리大城さゆり는 남양군도에서 활동한 일본 화가들이 유방을 어떻게 그렸는지를 연구한 성과를 밝혔다. 두 사람 다 도판을 풍부하게 활용했다.

홋카이도대학 총합박물관 전시회 때 만난 다케우치 미호竹內美帆는 당시 세이카대학에서 만화 문화를 연구하며 교토 국제만화박물관 운영에도 참여했다. 이후 그는 이 박물관에서 연환화 전시와 심포지엄을 개최하는 데 힘을 쏟았다. 그런 인연으로 유방에도 매력을 느끼고 일본 만화에 나타난 '젖가슴'에 대한 글을 실었다.

연구회에 제출한 글은 아니지만 이 책을 만들 때 원고를 보내 준 이도 있다. 『민족의 환영: 중국 민족 관광의 행방民族の幻影: 中國民族觀光の行方』(2007)의 저자이기도 하고 문화인류학을 전공한 다카야마 요코高山陽子는 세계 각지의 조각상에 새겨진 유방을 논의했다.

중국 예능 프로그램이나 드라마를 연구하는 히노스키 다다히로日野杉匡大는 중국의 브래지어박물관에 잠입해 리포트를 썼다.

나카네 겐이치中根研一는 홋카이도대학 문학연구과에서 중국의 '야인野人'을 연구해 박사학위를 받았다. 아마도 세계에서 유일한 '야인 박사'일 텐데, 『중국 '야인' 소동기中國「野人」騷動記』(2002)라는 괴이쩍은 저서도 있다. 글의 주제가 야인의 유방임은 두말할 필요도 없다.

우리는 연구회를 여는 일 외에 함께 러시아나 중국으로 취재 여행을 하기도 했다. 상세한 활동 상황은 모임의 운영·진행을 맡은 다무라 요코가 "모루샹撲乳巷"이라는 제목으로 연구회 보고 리포트(웹)를 수시로 정리해 왔다. 이 책의 '후기'도 그에게 부탁했다. 연구회 활동에 관해서는 '후기'를 읽어 주기 바란다.

이 책은 위와 같은 경로로 기획·집필한 성과를 한 권으로 엮어 세상에 내놓은 것이다. 내용이 한 방면에 치우쳐 있다는 점은 인정할 수밖에 없다. 중국 문학을 전공한 연구자들이 주축이 되어 시작한 작업이다 보니 중국 관련 글이 주가 되었다.

일본 출판계에는 메릴린 옐롬의 명저를 비롯해 서구 문화의 신체론을 다룬 서적은 비교적 여럿 있고, 일본 문화에 대한 비슷한 저작도 적지 않다. 그러나 중국은 공백 상태에 가깝다. 물론 이슬람 문화권을 비롯해 다른 공백도 숱하게 있을 것이다. 각 분야의 전공자가 언젠가 공백을 메울 만한 성과를 내리라 믿는다.

이 책에서는 서양과 관련해서도 기존에 잘 다루지 않던 중세 미술이나 러시아에 관한 글을 모았다. 취재를 통해 내용을 더 충실히 하여 '걸어서 세계 유방 여행' 같은 식의 두툼한 책으로 당당히 발전시킬 수도 있을 것이다.

이 책은 연구회에 돛을 단 다케다 마사야, 다무라 요코, 가베 유이치로가 이와나미쇼텐의 와타나베 도모카渡部朝香와 함께 원고를 읽고, 대중 독자를 위한 책으로 완성해 낸 결과다. 취합한 원고에 대해서는 저마다 의문과 견해를 제시했다. 번거로운 과정이었음에도 필자가 모두 성의 있게 답해 주었다. 분량의 제한으로 글을 깎고 다듬어야 했기에 쓰고 싶은 것을 온전히 다 쓴 필자는 한 명도 없을 것이다.

나는 필자들과 연락을 주고받으며 강한 확신이 들었다. 글자 수를 엄격히 제한했는데도 어느 글이든 연구자의 순수한 열정이 담겨 있었으며, 이 주제들을 한 권의 책으로 엮을 수 있다고 믿었다. 어쩌면 가까운 장래에 한 사람 한 사람이 써낸 '유방 책'이 나오지 않을까? 여기에 실린 글이 스무 권의 책으로 발전해 유방 연구서를 집대성할 유쾌한 꿈을 품어 본다.

최근 서점 진열대에서 유방을 주제로 한 책이 새삼 눈에 띈다. 유방 연구로 학술 연구비를 받은 일도, 이런 책을 세상에 선보인 일도, '젖가슴의 신'이 내린 거룩한 뜻일지 모른다. 앞으로 다양한 문화 영역에 관심을 기울이는 사람들로부터 여러 유방론이 나올 것이다. 이 책이 마중물이 된다면 필자 모두 더할 나위 없이 기쁠 것이다.

2018년 3월 삿포로에서

차례

✳

제1부

일본의 **젖가슴**, 이것저것

총론 일본은 유방을 어떻게 이야기해 왔는가 다나카 다카코

커다란가 펑퍼짐한가

여성이 유방에 대해 말할 때 개인사적 감회가 깊어지곤 하는 것은 어쩔 수 없는지 모른다. 자기 몸의 일부로서 존재할 뿐 아니라 시선을 조금 아래로 돌리면 늘 실체와 마주하기 때문이다. 여성이든 남성이든 해부학적으로는 유방을 갖고 있지만, 여성에게 유방은 '수유'나 '성애'처럼 타자와 접촉해 의미를 부여받는다는 점에서 남다르다. '커다란 유방'이나 '거유', 또는 '빈약한 젖'이나 '절벽 가슴' 따위로 불리며 남성이라는 타자에게 가치를 부여받는 한편,[1] 유아라는 타자로부터 '어머니의 젖가슴'이라고 규정받는다. 이때 두 경우에 다 사용하는 이름이 '젖가슴'이다. 이런 이중성의 상징이라 할 '젖가슴'을 이 책의 제목●으로 선정한 의미는 가볍게 여길 수 없다.

나는 '젖가슴'이라는 말에 꽤나 거부감을 느낀다. 원래 유방, 유즙을 가리키는 유아어였는데, 현대사회에서는 마치 당연하다는 듯 여성

● 이 책의 원제는 "흔들리는 젖가슴, 팽창하는 젖가슴: 유방의 도상과 기억ゆれるおっぱい,ふくらむおっぱい: 乳房の圖像と記憶"이다.

의 신체 부위를 성적 상징으로 일컬을 때 이 말을 주로 사용하기 때문이다. 물론 젖 먹이는 유방을 신성시하거나, 중세 유럽에서처럼 '악마의 은둔처'라며 지탄할 생각은 추호도 없다. 다만 유방을 '젖가슴'이라 부르는 순간, 유방을 둘러싼 성과 권력의 문제가 은폐되어 버리는 듯하다.

부드러운 울림을 지닌 이 말을 사용하면 지금까지 왕성하게 논의해 온 페미니즘 유방론을 탈구시키는 효과는 있을 것이다. 그러나 '젖가슴'이라는 말로 다 뭉뚱그린다면 기본적으로 흔들리지도 부풀지도 않는 남성의 유방 문화 등을 과연 논의할 수 있을까? '거유'를 좋아하는 남성을 '젖가슴 외계인'이라고 야유하듯 유방은 이미 여성의 육체를 떠나 사물화되어 있다. '젖가슴'이라 하면 여성, 또는 암컷 동물을 곧장 연상시킬 우려가 있다. 남성의 유방에 대한 언급도 등한시해서는 안 될 것이다.

남성의 유방에 대해서는 나중에 이야기하기로 하고, 먼저 근대 이전 일본에서 유방을 어떻게 표현해 왔는지 살펴보자. 예전에 어떤 텔레비전 프로그램에서 '작은 유방'을 이르는 말을 다룰 예정이니, 유방에 대한 일본의 오랜 자료를 알려 달라는 전화를 걸어왔다(하필이면 납작한 가슴이 자랑인 내게!). 일본에서 처음으로 여성의 흉부 사이즈를 언급한 것은 『만엽집萬葉集』권제9, 1738번으로 알려져 있다.

아와安房▪에 이어져 있는, 스에未에 사는 다마나는 가슴이 펑퍼짐한 내 누이, 허리가 가느다란 귀여운 처녀의 그 모습, 반짝이는 것이 꽃과 같구나, 웃으면서 일어서면. (중략)

▪ 오늘날 일본 지바현 남부에 해당하는 옛 지명.

이것은 다카하시노 무시마로高橋虫麻呂가 아와국安房國의 매력적인 여자를 노래한 자레우타戲れ歌*다. 아와국에 인접한 '스에'('周淮'로 표기하기도 한다)에 사는 '다마나'라는 유녀遊女가 '가슴'이 '평퍼짐하고' 허리가 잘록 들어간 '스가루 벌'처럼 스타일이 좋아, 그런 모습으로 생긋 웃으며 일어서면 남자들의 가슴이 설렌다는 뜻이다.

문제는 '평퍼짐한 가슴'을 어떻게 해석하느냐다. 이에 담당 프로듀서는 "사람들이 옛날부터 큰 가슴을 좋아했군요" 하고 스스럼없이 말했지만, 사실 이 대목의 해석은 아직 명확하지 않다. 대표적인 고전문학 주석서에서는 '가슴이 풍만함'[2] '풍만한 여성의 가슴',[3] '풍만한 유방이 불룩 나와 있는 모습'[4] 등 가슴(유방)의 풍만함으로 해석했고, 가나이 세이이치金井清一의 『만엽집 전주全注』 권제9에서는 "유방을 의식한 말"로, 이토 하쿠伊藤博의 『만엽집 석주釋注』에서는 "좌우 유방의 원이 넓고 가슴이 극히 풍만한 모습을 말하는 것"으로 해석하며 '가슴'이 '유방'이라고 거듭 확인했다.

그러나 같은 시대에서 유례를 찾을 수 없기 때문에 '가슴의 평퍼짐함'(원문은 '흉별지광胸別之廣'이라는 한자 표기)이 '유방의 풍만함, 크기'를 의미한다고 단언하기는 어렵다. 그 때문인지 '가슴의 넓이'[5]나 '흉폭胸幅'[6]같이 직역에 가까운 것도 볼 수 있다. 분명 『고사기古事記』에서 이와토岩戸에 숨어 있는 아마테라스를 다시 불러들이려고 골계적인 춤을 춘 아메노우즈메가 '젖乳을 짜냈다'고 기록한 것을 보면, '가슴'이 단순한 흉부가 아니라 유방일 가능성도 무시할 수 없다. 그러나 『고사기』에는 '젖'이라는 글자가 들어 있는 반면, 『만엽집』에는 그 글자가 없다는 점은 주의해야 한다.

● 일상을 소재로 해학·익살·풍자를 담은 와카和歌. 일본 고유의 시.

'가슴의 펑퍼짐함'과 대구를 이뤄 '허리가 가느다란 귀여운 처녀'라는 대목이 이어진다는 데 주목하면, '흉부와 복부 사이가 좁은 스가루 벌처럼 동여맨 스타일, 가슴은 풍만하고 허리가 가늘게 꽉 조여 있는 멋진 스타일'로 해석할 수도 있다. 또한 이 경우 펑퍼짐한 가슴이 반드시 유방 크기가 아니라 가슴 넓이를 가리킬 가능성도 있다. 풍요를 상징하던 조몬繩文시대(기원전 1만 4000~기원전 300) 여자 토우土偶**그림1**라든지 고훈古墳시대(250~538경) 여자 하니와埴輪▪를 떠올리면서, 유방이 불룩 솟은 것보다 엉덩이 크기가 중요했다는 사실에 비춰 생각해야 할 것이다.[7]

그러면 '가슴'과 '젖'이라는 말은 각각 구체적으로 무엇을 나타냈을까? 고전 작품에 보이는 유방에 대해서는 기무라 사에코의 『유방은 누구의 것인가: 일본 중세 모노가타리로 보는 성과 권력』[8]을 비롯한 선행 연구에 자세히 나와 있으므로 용례를 어느 정도 추출할 수 있는 헤이안平安시대(794~1185)의 모노가타리를 중심으로 서술하기로 하겠다.

그림1
조몬시대 토우
(이른바 '조몬의 비너스')

▪ 옛날 무덤의 주위에 묻어 두던 찰흙으로 만든 인형이나 동물 따위의 상. 토용土俑.

'가슴'인가 '젖'인가

'가슴'은 늑골로 감싸인 흉부 전체, '젖'은 흉부에서도 유선이 발달해 피부가 불룩 솟은 곳을 가리킨다는 정의가 있다. 그 가장 대표적인 예가 『겐지 모노가타리』源氏物語』의 「피리橫笛」 권에 나온다. 유기리가 아내 구모이노카리와 자고 있을 때 아이가 밤에 깨어 울었다. 자리에서 일어난 구모이노카리는 유방을 물려 아이를 달랬다. 다만 이때 구모이노카리는 수유 기간이 벌써 끝나 유즙이 나오지 않았다. 그래서 갓난아기에게 장난감을 대신해 젖꼭지를 물려 준 것이다.

> [구모이노카리는] 풍만하게 출렁이는 가슴을 열어 **젖**을 입에 물려 준다. (⋯) 젖은 말라붙었지만[유즙은 말라 있었지만] 마음을 다해 얼러 준다.

젖먹이에게 물려 주었다고 했으니까, 엄밀히 말하면 여기서 '젖'은 유방이 아니라 젖꼭지일 것이다. 수유나 임신과 직접 연관되는 것은 유방이 아니라 젖꼭지라는 예는 『사고로모 모노가타리狹衣物語』 권2에도 나온다. 온나노미야의 임신을 그 어머니가 알아챈 계기는 젖꼭지 색깔의 변화였다.

> 홑옷의 품이 살짝 끼는 것과 **젖꼭지 색깔이 평소보다 검은 것을 보고**, 가슴이 요동치는 와중에 주의 깊게 살펴보았더니(중략)

● 일본 고유의 산문체 문학. '줄거리를 갖춘 이야기'로 '소설小說'과 유사하다.

에도江戸시대(1603~1867)의 춘화는 달리 생각할 필요가 있다. 오늘날 성애의 대상이라는 측면이 두드러지는 '젖'이라는 말은 근대 이전의 문학에서 오로지 수유 기관을 의미했고, 특히 뜻하지 않은 임신을 당사자 이외의 인물이 알아채는 장면에 등장할 때가 많았다. 이토 유코伊東祐子는, 『밤에 잠이 깨다夜の寢覺』라든지 중세의 왕조 이야기 『띠에 맺힌 이슬あさぢが露』 등에도 임신으로 말미암은 '젖꼭지의 검은빛'이 묘사되었고, "어느 것이나 정식 부부관계를 맺지 않은 여성의 임신"을 나타낸다는 흥미로운 지적을 했다.⁹ 임신의 징조를 나타내는 기호로서 '젖'을 의미상 명확히 '가슴'과 구별한 것이다.

후지와라노 미치나가가 황후가 된 누이의 밀통과 임신을 알아챈 『대경大鏡』의 한 대목도 '가슴'과 '젖'을 구분하고 있다.

[누이의] 가슴을 열어 젖을 비틀어 보고는 [후지와라노 미치나가의] 얼굴에 들이덤볐다.

미치나가는 누이가 밀통密通했다는 소문을 듣고, 누이의 기모노를 벗겨 가슴을 열어 보고 진위를 가리려 했다. 이때 유즙이 솟아올라 임신 사실을 알았다고 한다. 임신 중에는 유즙이 나오지 않으니, 여기서 '젖'이 임신으로 검은빛이 짙어진 젖꼭지와 부풀어 오른 유방을 나타낸다는 것은 분명하다. 이렇듯 모노가타리에 나오는 '젖'이란 거의 예외 없이 수유 기관으로 등장할 뿐, 섹슈얼한 의미는 주류가 아니다.

오히려 유방을 포함한 가슴 부위를 남의 눈에 내보이는 것은 상스러운 행위로 여겨진 것 같다. 『겐지 모노가타리』의 「우쓰세미空蟬」 권에는 하룻밤 묵는 여행▼을 떠난 히카루 겐지가 여관에서 바둑을 두는 두 여성을 엿보는 유명한 장면이 나온다. 히카루 겐지가 일찍이 딱 한

번 관계를 맺은 우쓰세미(이요노스케의 후처)와 그의 의붓자식인 노키바노오기의 모습이다.

하얀 비단으로 지은 겉옷單襲, 불그스름한 남색▮▮의 고치기小袿▮▮▮를 단정치 못하게 입고, 붉은색으로 허리를 묶는 곳까지 가슴을 드러내고 **품위 없이 맞이했다.**

연상의 여성답게 고상한 '우쓰세미'에 비해, 젊고 통통한 노키바노오기는 얇은 기모노를 야무지지 못하게 걸쳤을 뿐 아니라 하카마袴▮▮▮▮를 입은 허리께까지 풀어 놓고 있다. 당시 하카마는 오늘날의 속옷에 해당한다. 상반신이 배꼽까지 훤히 들여다보이는 모습이다. '품위 없다'는 말은 '예의에 벗어난다', '천박하다'는 뜻이다. 따라서 이 문맥에서는 유방을 드러낸 여성을 반드시 에로틱하게 느낀 것은 아니라는 뜻이 된다.

또 하나, 『대경』의 예를 살펴보자. 소치노미야의 아내가 된 후지와라노 미치타카의 딸에게 기벽이 있었다는 대목이다.

손님이 주변에 있을 때 [아내가] 주렴을 조금 높이 걷어 올리고 가슴을 풀어헤치고 서 있으면, 남편은 수치심에 얼굴이 붉어져 어쩔 줄 몰라 한다.

보통은 지위가 높은 여성이라면 발을 내린 채 모습을 드러내지 않지만, 이 글의 여성은 입은 옷의 '품'을 풀어헤치고 손님 앞에 선 모습

▮ 원어는 方違え. 나들이나 여행을 할 때 목적지의 방위가 나쁘면 일단 방위가 좋은 곳에서 하룻밤 머물고 다음 날 목적지로 가는 일이라는 뜻.
▮▮ 원어는 二藍. 염색의 이름으로 잇꽃과 쪽으로 물들인 색.
▮▮▮ 헤이안시대에 상류 계급 여성이 입던 약식 예복.
▮▮▮▮ 겉에 입는 주름 잡힌 하의.

을 보여 주었다고 한다. '품'은 입은 옷과 가슴의 사이를 말하는데, 그 것을 풀어헤쳤다는 말은 유방을 포함한 흉부의 노출 상태를 의미한다. 고귀한 여성은 '서 있는' 모습조차 다른 사람 눈에 띄게 해서는 안 되는데, 더구나 흉부까지 보여 준다는 것은 기행이라고밖에 할 수 없으니 남편이 수치심에 얼굴을 붉히는 것도 당연하다.

유방을 노출하는 여성은 『마쓰자키텐진 연기 에마키』●(松崎天神緣起繪卷) (가마쿠라鎌倉시대[1185~1333] 말기)에서 신들린 무녀가 상반신을 벗고 광란하는 모습과 비슷하고,그림2 비정상적인 상태의 형상으로 여겨졌다. 앞서 언급한 『고사기』의 아메노우즈메가 추는 춤과 다를 바 없다. 중세 에마키에 보이는 유방 표상을 고찰한 나이토 히사요시內藤久義는 이를 다음과 같이 정리했다.

에마키에 유방을 내놓은 상태로 그려진 여성은 신분 계층에 따라 장면·상태에 차이가 난다. 귀족 여성, 궁녀, 장자의 딸 등 고위층이 유방을 내놓은 장면은 사체 또는 빈사瀕死, 광란의 상태일 따름이며, 어디까지나 비정상적인(비일상적인) 상태 일 때 유방을 드러내는 것으로 묘사한다. 반면 서민이나 변두리 여성 등 하위층 인 경우, 수유·세탁 등 일상적인 장면에서도 유방을 묘사한다.[10]

무례하고 비정상적인 유방 노출이 전혀 에로틱하지 않았던 것은 아니다. 이케다 시노부池田忍는 그런 장면에도 은밀하게 즐기려는 목적이 있었다고 본다. 그는 가마쿠라시대 중기 작품인 『헤이지 모노가타리 에마키平治物語繪卷』의 〈삼조전 야간 습격 권三条殿夜討卷〉에 그려진, 부상당 하고 살해당한 궁녀들의 나체를 다음과 같이 서술한다.

● 에마키모노繪卷物라고도 불린다. 가로로 긴 종이나 비단에 소설과 삽화처럼 글과 그림을 연속적 으로 배치한 작품 형태를 가리킨다.

그림2
『마쓰자키텐진
연기 에마키』

그림3
『고시바가키소시』

이처럼 풍만한 유방을 통해 '성적' 특징을 각인하는 형태로 여성의 몸을 표현한 점을 간과할 수 없다. 더구나 전투에서 유린당한 희생자로서 드러누운 여성은 상처를 입어 더 이상 저항할 수 없다. 이렇게 강조된 여성의 몸은 감상자인 남성 귀족에게는 성적 쾌락을 안겨 주는 일종의 포르노그래피로 주어졌다고도 할 수 있을 것이다.[11]

확실히 〈삼조전 야간 습격 권〉에는 유방이나 넓적다리를 드러낸 궁녀가 약간 과장되게 그려졌다. 그러나 이는 어디까지나 감상자의 일방적인 시각적 쾌락을 위한 것이다. 에도시대 춘화처럼 그림 속에서 성적 행위가 이뤄지고 감상자가 대리만족을 느끼는 구성은 아니다. 이를테면 이쓰키노미야齋宮●와 경호원인 류코 지역 무사의 성행위를 그렸다고 하는 헤이안시대 말기의 에마키 『고시바가키소시小柴垣草子』라면, 감상자가 그림 속 남녀에게 감정을 이입할 수도 있을 것이다. 그러나 『고시바가키소시』에서도 성애의 대상으로 강조된 대상은 여성의 성기일 뿐, 유방의 접촉이 그려지지는 않은 점에 유의해야 한다.그림3

● 헤이안시대에 천황을 대신하여 이세 신궁伊勢神宮을 봉양하던 인물.

이쯤에서 다시 한 번 질문을 던져야겠다. 과연 유방의 성적 기관이라는 측면은 방치돼 왔을까? 이때 유방의 자극이 여성의 성적 쾌락이었는지 아닌지 하는 실태의 측면과 회화적 표현이 성적인 유방 접촉(문지르고 빠는 애무 행위 등)을 그리지 않았다는 측면을 나누어 생각하면 좋을 듯하다. 실태는 표면에 드러나므로 잠시 제쳐두고, 여기서는 남성의 욕망을 반영하는 측면을 중심으로 살펴보자.

유방 vs 성기

근대 이전의 일본에서는 유방을 성적 대상으로 여긴 적이 없다는 것은 지금까지 숱하게 논의해 왔다. 춘화에서도 성기 부분은 과장스럽게 묘사하지만, 벌거벗은 앞가슴에 엿보이는 유방에는 관심이 없다고 할 정도였다. 타이먼 스크리치Timon Screech는 일찍이 이렇게 지적했다.

이런 경향은 춘화에서도 전형적이었다. 남자와 여자의 신체를 생식기 이외에는 같게 취급하곤 했다. 여성의 유방도 가볍게 다뤘고, 하물며 페티시fetish 따위는 일어나지 않았다.[12]

하시모토 오사무橋本治도 다음과 같이 이야기했다.

근세까지 일본인이 유방에 별로 관심이 없던 까닭은 애초부터 의복의 구조에 이유가 있다고 생각합니다. 목욕옷이라면 몰라도, 속옷襦袢을 입고 그 위에 옷을 겹쳐 입고 또 그 위에 띠를 매고 있어요. 게다가 옷깃 언저리도 딱딱하게 굳어 있어 손 넣을 틈이 없습니다. 그보다는 옷자락을 걷어 올리는 편이 훨씬 빠릅니다.[13]

하시모토 오사무는 이 가설을 어떻게 '발견'했는지를 설명하기 위해 『요변 겐지 모노가타리窯変源氏物語』를 집필할 당시 에피소드를 들려준다.

헤이안시대 이래 하카마의 아래 띠를 풀어 앞쪽을 풀어헤치는 구조는 변하지 않는데, 히카루 겐지가 다마가즈라玉鬘를 성희롱하는 장면을 쓰려고 할 때 문득 깨달았습니다. 뒤로 돌아가 옷깃으로 손을 넣으려고 해도 넣을 수 없어요(웃음).

헤이안시대의 장속이라면 우치기袿▪의 겉옷을 보이기 위해 소매 밑을 꿰매 여미지 않았기 때문에 옷깃이 아니라 소맷부리를 통해서라면 가슴을 만질 수 있었을지 모르겠다. 하지만 하시모토 오사무는 일본 전통극인 가부키歌舞伎에서 십팔번으로 쓰이는 〈나루카미鳴神〉와 같이 뒤에서 가슴으로 손을 집어넣는 동작을 가장 먼저 상정한 것 같다. 다만 옷자락을 걷어 올리려고 하든, 아래 띠를 풀려고 하든, 길이가 있는 하카마의 구조를 고려하면 별로 손쉬운 일이 아니다. 따라서 하시모토 오사무의 가설에 대한 구체적인 근거를 찾기는 어렵다.

'일본인은 성적 기관으로서 유방에 관심을 갖지 않았다'는 주장은 뿌리 깊다. 요컨대 일본인은 근대에 들어 서구 문화의 영향을 받고서야 비로소 유방을 '발견'했다는 설이 일반적이다. 누드를 앞세운 서양 회화가 유방에 대해 '서양의 충격Western impact'을 던져 주었다는 것도 거의 정설로 굳어진 듯하다.

그러나 해석하기에 따라서는 헤이안시대부터 가마쿠라시대의 이야

▪ 헤이안시대 귀부인이 당의唐衣에 받쳐 입던 옷으로 몇 겹으로 끼어 입기도 했다. 또는 남자들이 직의直衣나 당의에 받쳐 입던 평상복을 일컫는다.

기에도 유방을 성적 행위의 대상으로 삼았을 가능성을 보여 주는 흥미로운 사례가 있다. 헤이안시대 말기에 성립한 서사 『바꾸고 싶구나 모노가타리とりかへばや物語』는 배다른 형과 누이가 각각 크로스드레싱을 하고 벼슬길에 나아간다는 이야기다. 여성으로 태어났으면서도 남성으로 위장한 중납언이 색을 밝히는 재상중장에게 여자임을 간파당하는 장면을 자세히 살펴보자. 더운 계절 한낮에 중납언이 하카마에 얇은 옷을 걸친 모습으로 편하게 쉬고 있는데, 중납언의 이름뿐인 아내 시노키미를 연모하여 애를 끓이던 재상중장이 찾아와 자기도 느긋하게 쉬는 모습으로 이야기를 나눈다.

낮에 저택으로 찾아와 선선한 곳에서 부채질하며 이야기를 나누는데, 중납언은 붉은 생사로 짠 비단 하카마에 하얀 명주로 지은 얇은 옷을 입고 있었다. 마음이 녹아내리는 용모는 더위에 한층 요염한 빛이 더하니, 평소보다 화려하게 귀여움을 내뿜기 시작했다. 손짓, 몸짓, 하카마의 허리띠로 선명하게 드러난 허릿매, 하얀 피부는 눈을 굴린 것처럼 희게 눈부신 모습이다. 어디에도 비할 바 없는 아름다움이여, 아아 참으로 훌륭하구나. 이런 여자가 있다면 어찌 정성을 다해 유혹해 보지 않으랴. 이렇게 바라보고 있을수록 심히 마음이 흔들리고 정신이 아뜩해져 정신없이 다가가 곁에 누웠다.

서늘한 곳에서 곁에 있는 사람에게 부채질을 받으며 이야기하는 동안, 얇은 옷을 입고 유유자적하는 중납언의 얼굴이 더위 탓에 상기되어 평소보다 생기 있고 아름다워 보인다. 그뿐 아니라 하카마의 허리띠를 질끈 동여매어 잘록하게 들어간 허리의 윤곽과 하얀 피부색이 눈에 들어온다. 그리하여 재상중장은 중납언을 남성이라 믿으면서도 갈등을 느낀다.

헤이안시대에는 이성애가 표준이 아니라 남색도 거의 동등한 성애로 여겨졌다. 따라서 재상중장이 '남성인 중납언'에 남색으로서 관심을 둔다 해도 하등 이상할 것이 없다. 재상중장의 섹슈얼한 시선은 오로지 중납언의 허릿매에 쏠리고, '이런 훌륭한 여성이라면 얼마나 마음이 흔들릴까?' 하며 중납언을 이상적인 여성상으로 떠올리기에 이른다. 당시에는 성적인 미의 기준에 남녀 구별이 없었다고 보이므로, 이는 자연스러운 반응일 것이다. 그러나 재상중장은 '그'에게 새롱거리며 몸을 직접 만져 보고 나서야 비로소 '그'가 '그녀'라는 것을 알게 된다.

여기서 겉으로 유방이 솟아올랐느냐 아니냐는 중납언을 여성으로 판별하는 근거가 아니다. 직접적으로 유방을 만져 본 것이 명확한 근거임에 유의해야 한다. 재상중장은 우선 중납언의 유방을 확인하고, 그다음 하카마의 아래 띠를 풀어 성기를 확인하는 두 단계를 밟는다. 이 경우 유방이 수유만 하는 기관이 아니라 여성이라는 성을 상징하는 기관이라는 것은 충분히 추측할 수 있다.

유방이 모성을 떠나 여성성의 상징이 됨으로써 '성애를 위한 유방'이라는 개념이 생겨나는 것 아닐까? 여성도 유방을 남성의 성적 시선이 미치는 대상으로 의식했음을 읽어 낼 수 있는 예가 『오치쿠보 모노가타리落窪物語』 권2에 나온다. 바로 의붓자식인 오치쿠보노키미가 유폐당해 병을 호소하자, 계모가 간계를 내어 색을 밝히는 덴야쿠노스케를 들여보내는 장면이다. 숨도 끊일락 말락 하며 "가슴이 아파요" 하는 오치쿠보노키미에게 계모는 이렇게 대꾸한다. "어머나, 가엾어라. 명치의 통증일지도 몰라. 덴야쿠노스케는 의사 선생님이니까 **촉진해 달라고 하자꾸나.**" 강조한 어구의 원문은 "손으로 더듬어 만지게 하자"로 '가슴께를 만지작거림'이라는 뉘앙스에 가깝다. 이 대목을 더 살펴보자.

"여기 가슴을 좀 보세요. 체한 것이 아닌지요. 손으로 만져 보고 약이라도 주세요."[계모] 참견하고는 이윽고 일어섰다. "의사입니다. 병이 낫게 해 드릴게요. 오늘밤부터는 전적으로 날 믿으세요."[덴야쿠노스케] 이렇게 말하고 가슴을 만지려고 손을 대었는데 여자[오치쿠보노키미]가 두려움에 떨면서 울기 시작했다.

덴야쿠노스케가 오치쿠보노키미의 가슴에 손을 넣어 만지작거리는 행위는 오치쿠보노키미의 격렬한 거부 반응을 볼 때 확실히 '진찰'의 수준을 벗어난다. 오치쿠보노키미는 이미 비밀리에 소장과 부부의 인연을 약속했기 때문에 이성을 모르는 소녀의 동요라기보다는 덴야쿠노스케에 대한 혐오감을 드러낸 것으로 보인다. "오늘밤부터는 전적으로 날 믿으세요"라는 덴야쿠노스케의 말은 자신이 오치쿠보노키미와 관계를 맺고 보살펴 주겠다는 뜻이기 때문이다. 여기에 유방이라고 명기하지는 않았지만, 유방을 포함한 흉부를 여성의 내밀한 부분으로 인식했기 때문에 오치쿠보노키미에게 이토록 혐오감을 일으켰다고 볼 수 있다.
이렇게 보면 근대 이전에는 유방이 비밀스러워야 할 성애의 기관이라는 인식이 전혀 없었다고 단정하는 것은 지나친 단견이 아닐까 한다. 성애의 대상으로서 애무하는 유방이 표면으로 떠오르기까지는 이로부터 그리 머지않은 듯하다. 다음으로는 유방이 가장 흔하게 묘사된 춘화를 살펴보자.

젖·꼭·지

야스다 리오安田理央는『거유의 탄생巨乳の誕生』에서 춘화에는 유방이
그려지지 않았다고 썼다.

대개 춘화에서는 옷을 입은 채 하반신에 걸친 옷자락만 들치고 섹스에 임하기 때
문에 유방이 그려지지 않는다. 가끔 전라全裸로 나타나거나 가슴께에 유방이 엿
보이긴 하지만, 매우 단백하게 묘사할 따름이다. 봉긋함은 간소한 곡선만으로 표
현하고, 젖꼭지조차 그리지 않은 일도 드물지 않다.
그리고 유방을 애무하는 모습을 그린 춘화는 거의 없다. 적어도 춘화의 세계는
여성의 유방을 성의 대상으로 다루지 않는다.[14]

하시모토 오사무도『성의 금기가 없는 일본性のタブーのない日本』에서 기
타가와 우타마로喜多川歌麿가 그린 춘화의 유방을 이렇게 평가한다.

당연히 기타가와 우타마로도 춘화를 그렸습니다. 그러나 거기서 성인 남성이 젖
가슴을 입으로 애무하지는 않습니다. 젖가슴을 빠는 것은 어린애의 행동이기 때
문에 성인 남성은 입을 대거나 만지작거리지 않아요.[15]

그 밖에도 비슷한 주장은 많다. 그런데 야스다 리오가 말하듯 유방
에 대한 성적 접촉이 춘화에 거의 나타나지 않는다는 이야기는 정확하
지 않다. 유방이 아니라 젖꼭지라면 관련 사례를 제법 찾을 수 있기 때
문이다. 나아가 젖꼭지에 관해서도 하시모토 오사무가 '입으로 애무하
지 않는다'라고 말한 것도 잘못이다. 이것은 구체적인 그림을 제시하

면 뚜렷해질 것이다.『사랑하는 춘화恋する春畵』, 그리고 최근 도쿄와 교토에서 개최해 호평을 받은 〈춘화전〉 도록을 들추어 보기만 해도 젖꼭지를 주무르거나 입으로 빠는 남성을 그린 춘화를 여러 장 볼 수 있다. 실제로 어떠했는지 시대의 추이를 따라 살펴보자.

〈그림4〉는 우키요에浮世繪**▮**를 성립했다고 알려진 스즈키 하루노부鈴木春信의 〈면화 따는 여자綿摘女〉(1768년경)라는 작품이다. 남녀의 겉모습이 거의 구별되지 않는 것은 화가의 독자적인 화풍이다. 그런데 여자는 자신의 유방을 쥔 채 젊은이**▮▮**에게 젖꼭지를 물리고 있다. 또 도쿠가와德川 가문의 어용 화가인 가노 아키노부狩野彰信가 그린 〈천계**▮▮▮**화람天癸畵濫〉(1814)에서는 몸을 뒤로 젖힌 여자의 돌출한 젖꼭지에 남자가 입을 대고 있다.그림5 시대가 약간 내려간 1862년에는 우타가와 구니요시歌川國芳가 그린 〈에도금江戸錦 오처문고吾妻文庫〉에도 비슷한 구도가 나온다. 젖꼭지를 만지작거리는 모습으로는 구도가 특이한 작자 미상의 춘화 〈탐닉도 단간耽溺圖斷簡〉에는 호색인 듯한 눈매로 성숙한 여인**▮▮▮▮**의 젖꼭지에 손가락을 대려고 하는 남자가 그려졌다.그림6 어느 것이나 성행위가 이루어지는 동안이기 때문에 젖꼭지를 빠는 행위가 쾌락과 무관하다고는 할 수 없다. 개중에도 〈그림5〉의 망아忘我 상태에 빠진 여자의 모습에서 보건대 '젖꼭지를 빠는 것'이 성적 테크닉의 하나였다고 여길 수도 있다. 그러나 춘화에서는 어디까지나 젖꼭지를 만지거나 입에 대는 행위가 주류이고, 유방이 솟은 것 자체를 문대고 주무르는 행위는 찾아볼 수 없다.

▮ 무로마치시대부터 에도시대 말기에 사회풍속이나 인간 묘사 등을 주제로 삼은 목판화.
▮▮ 원어는 若衆. 특히, 에도시대에 관례冠禮를 치르기 전의 남자.
▮▮▮ 생장 발육과 생식 기능을 촉진하는 인체 안의 물질. 또는 여자의 월경.
▮▮▮▮ 원어는 年增. '처녀다운' 때를 지난 여자. 에도시대에는 20세 전후를 가리켰다.

그림4
스즈키 하루노부,
〈면화 따는 여자〉, 1768년경

그림5
가노 아키노부,
〈천계화람〉, 1814년

그림6
작자 미상,
〈탐닉도 단간〉, 1781~1801년

과연 춘화에서는 유방에 대한 성적 접촉이 없는 것이 아니라, 다만 젖꼭지에 주안점을 두지 않았다고 바꿔 말해야 한다. 기모노와 두꺼운 허리띠로 납작하게 눌려 있으며, 브래지어 같은 것으로 보호한 적도 없는 에도시대 여성의 유방에서는 서구 미술 속 나체와 같이 눈에 띄게 솟아오른 형태를 알아보기 힘들었다. 따라서 유방보다 뚜렷이 존재감을 드러내는 젖꼭지에 대한 접촉이 가시화되었다고 생각할 수 있다.

실제 성적 행동은 일단 논외로 하고, 젖꼭지를 빨거나 만지는 행위는 어떻게 춘화를 통해 '발견'된 것일까? 이에 대해서는 기타가와 우타마로가 '야만바*와 긴타로'를 주요 소재로 삼아 그린 일련의 모자母子 형상을 참고할 수 있다. 보통 야만바는 노파로 그려지지만, 여기 제시한 그림에서는 긴타로를 기르는 젊은 어머니로 표현된다. 〈야만바와 긴타로(젖먹이)〉에는 머리카락이 흐트러진 야만바의 풍만한 오른쪽 유방을 한쪽 손으로 꼭 부여잡고, 또 다른 손으로는 왼쪽 젖꼭지를 만지작거리는 긴타로가 화면 가득 그려졌다.그림7 헤이안시대 모노가타리에서 유방을 수유 기관으로 규정하던 것과 같은 가치관인 듯하지만, 우에노 지즈코上野千鶴子는 이렇게 말한다.

여기서 묘사한 '느끼는 유방'에 관해 누가 느끼고 있느냐고 묻는다면, 그 쾌락은 여성의 쾌락이라 하겠습니다. 그것을 보고 남성도 동시에 발정을 일으키는 문화적 장치가 성립해 있다 할 것입니다.[16]

이러한 이야기를 통해 에로틱한 의도를 읽어 낼 수 있다. 춘화에 보이는 '젖꼭지를 빠는 남자'는 '젖을 먹는 갓난아기의 흉내'이고, 유방

* 일본 각지의 산에 산다고 알려진 요괴의 일종. 보통 인간 노파의 모습으로 아주 초라한 옷차림을 하고 있는데, 어떤 때는 나무껍질을 몸에 두르고 있다.

그림7
기타가와 우타마로,
〈야만바와 긴타로(젖먹이)〉,
1801~1803년

을 둘러싼 남성 페티시즘의 단적인 표현이었다고 추측할 수 있지 않을
까. 물론 이것은 회화적 표현의 문제이고, 젖을 빠는 성적 기교가 에도
시대에 생겨났다는 말은 아니다. 헤이안시대에 단바 야스노리丹波康頼가
편찬한 의학서인 『의심방醫心方』에는 중국의 방중술房中術**ⅰ** 책을 인용해
여성의 성적 흥분을 드러내는 징후로서 '유견乳堅(젖꼭지가 서는 것)'을
적어 놓았기 때문에(권28 「방내房內」, 「오징五徵」) 어떤 식으로 젖꼭지를
자극해 왔는지가 명확하기 때문이다.

ⅰ 음양 사상을 바탕으로 규방에서 남녀(음양)가 성을 영위하는 방법 또는 기술.

남자 젖꼭지의 '발견'

마지막으로 남성의 유방과 젖꼭지에 대한 문화 연구가 이뤄지지 않고 있다는 점을 덧붙이고 싶다. 기노시타 나오유키木下直之는『사타구니 젊은이: 남자의 벌거벗음은 예술일까股間若衆: 男の裸は藝術か』와『세기의 대문제: 신사타구니 젊은이せいきの大問題: 新股間若衆』에서 남성 나체상 사타구니 표현에 관해 흥미로운 문제를 제기했다.[17] 그가 다룬 나체상을 눈여겨보면 내 머릿속에서 젖꼭지의 유무라는 다른 의문이 떠오른다. 수영복을 입을 때와 마찬가지로 상반신을 벌거벗은 남성은 새삼스레 젖꼭지를 감출 필요가 없다고 여겨 왔다. 이는 남성 젖꼭지에서 에로틱한 요소를 추구한 적이 없기 때문일지 모른다.

그러나 현대 일본에 한정하면, 남성의 젖꼭지를 드러내는 게 부끄럽다는 인식이 종종 화제에 오른다. 맨살에 와이셔츠를 입는 서구 남성과 달리, 일본에서는 와이셔츠 안에 속옷을 입는 습관이 있다. 이는 땀을 흡수하려는 의도뿐 아니라 젖꼭지를 감추라는 기대에 부응하는 것으로 보인다. '(남자 주제에) 젖꼭지가 서 있다'고 조롱하는 성희롱 담론도 들은 바 있다. 또 BLboy's love(남자들의 사랑) 만화를 보면 남성의 젖꼭지가 성애의 대상으로 비난받는 장면이 당연한 듯 받아들여진다.[18]

여성의 젖꼭지가 애무의 대상으로 여겨진다는 점과 춘화에서 가시화된 경위를 감안하면, 남성의 젖꼭지가 일반적으로 널리 '발견'의 대상이 될 날은 그리 멀지 않았다. 그때 남자들은 부끄러워하면서도 젖꼭지를 감출까? 아니면 빳빳하게 튀어나온 젖꼭지를 자랑스럽게 내보일까? 기대를 보내며 이쯤에서 논의를 마친다.

총론 일본 바스트 70년: '단정한 차림'에서 '자기다움' 으로 지쓰카와 모토코

일본인은 바스트를 몰랐다

일본인은 제2차 세계대전이 끝난 1945년까지 '바스트_bust'를 몰랐던 것 같다. 『신영어-일본어 대사전新英和大辞典』에 바스트란 "(특히 여성의) 흉부"라 되어 있고, "여성의 양쪽 유방(복식·미인 콘테스트 등의 용어)"이라는 주석이 붙어 있다.[1] 서구에서는 14세기 후반부터 궁정 여성을 중심으로 '가슴의 봉긋함=바스트'를 여성의 매력으로 부각하는 의복을 입어 왔다. 그런데 일본에서는 기모노 자락으로 슬쩍 엿보이는 발목이라든지 옷깃 사이로 보이는 목에서 여성의 매력을 찾은 반면, 봉긋한 가슴이나 잘록한 허리에는 그다지 시선을 돌리지 않았다. 그때까지 일본에는 가슴의 풍만함을 여성성의 상징으로 보고 성욕의 대상으로 삼는 발상이 거의 없었다는 말이다.

반면 일본인은 '유방'에 대해 잘 알고 있었다. 유방은 갓난아기에게 수유하기 위한 유즙 분비 기관으로 모성을 상징한다. 영어로 유방을 가리키는 말은 'breast'다. 제2차 세계대전 이전에 일본인은 유방이 갓난아이에게 수유하기 위한 신성한 기관으로서 거기에 성욕을 쏟아

부어서는 안 된다고 여겼다. 그래서 1950년대 말까지 공공장소에서 젖 먹이는 풍경을 볼 수 있었다. 나는 다섯 살이던 1959년 전차 안에서 수유를 시작한 젊은 엄마를 아직도 선명하게 기억한다. 내 손을 잡고 있던 할머니가 기모노의 숄을 벗어 자연스럽게 엄마와 아기를 가리면서 "갓난아기는 기다려 주지 않거든" 하고 감싸 주었다. 그 뒤로 공공장소에서 젖 먹이는 풍경을 본 기억이 없다. 돌이켜 보건대 아마도 1950년대 말을 경계로 '유방'은 '바스트'로 바뀌었던 듯하다.

바스트와 유방은 지시하는 신체 부위뿐 아니라 개념도 다르다. 이 글에서는 흉부를 이를 때 유방의 풍만함을 여성의 섹슈얼리티(성적 특징)로 파악할 때는 '바스트', 유즙을 분비하는 기관으로서 모성의 상징으로 파악할 때는 '유방'이라고 정의한다. 그리고 이 글은 '바스트'를 논의하는 글이다.

제2차 세계대전 이전에는 일본인 대다수가 바스트를 의식적으로 떠올리지 않았다. 그러나 전후戰後 70년이 지난 오늘날 남성이든 여성이든 일상적으로 자주 바스트를 화제에 올린다. 왜 일본인은 이토록 바스트에 관심을 기울일까? 일본 여성의 바스트 사이즈나 모양은 70년 동안 몰라보게 변한 것일까? 바스트를 향한 시선도 바뀌었을까? 이런 질문을 검증하며 일본인, 특히 여성의 '바스트관' 변천을 살펴보고자 한다.

바스트가 여성의 '얼굴'이 되기까지

본격적으로 들어가기에 앞서 왜 내가 바스트를 이야기하는지 설명하고 싶다. 나는 1998년부터 유방문화연구회 운영위원을 맡아 왔다.

연구회는 유방에 대해 자연과학·사회과학·인문과학에 걸친 학제적 연구를 수행하려는 취지 아래 1993년에 발족했다. 그 뒤 주로 매년 3회씩 강사를 초빙해 세미나를 여는 등 25년에 걸쳐 활동했다. 내가 운영위원이 된 계기는 어느 패션 잡지에 기고한 「일본 여성의 체형 변화와 패션」이라는 기사가 다른 운영위원 눈에 띄었기 때문이다. 기사의 내용은 이랬다. "전후에 양장이 보급되면서, 일본 여성은 바스트-웨이스트-힙의 올록볼록한 형태로 성적 매력을 연출한다는 것을 처음 알았다. 생활양식의 서구화와 더불어, 체형도 서구인에 가까워진 일본 여성은 사실 급격하게 변화한 체형에 당황하고 있는 것이 아닐까?"

나 자신도 1960년대 후반 사춘기에 들어선 이후 나의 몸, 특히 바스트의 변화를 어떻게 받아들여야 좋을지 몰라 고민했다. 브래지어는 A컵, 옷 사이즈는 9호가 표준이었던 당시 나는 C컵에 빅 사이즈였다. 미국 의사가 소리 높여 주장한 '바스트가 커다란 여성은 머리가 나쁘다'는 엉터리 학설이 일본에도 널리 돌아다녔다.[2] 또한 세간(이라는 남성 중심 사회)에서는 바스트의 발육이 좋은 여자애가 성적으로도 조숙하다는 생각이 퍼져 있기 때문인지, 10대부터 20대까지 내 커다란 바스트는 치한의 표적이 됐다. 나는 표준보다 커다란 바스트에 애증을 느끼는 스스로의 마음에 매듭을 짓고 싶었다. 연구회에 참가한 것은 이런 개인적인 동기 때문이다.

연구회에 가입하고 나서, 바스트에 대한 여성의 생각은 저마다 다르며 실로 다양하다는 것을 깨달았다. 한편 세상이 변해 가면서 일본 사회 전체의 바스트관이 변화했다는 사실도 알아 갔다. 일본의 상품·매스컴이 바스트를 어떻게 다루고 있는지를 살펴보면 여성의 신체, 그것도 성적 신체가 상품화되는 과정과 일치한다는 것을 알 수 있다. 다시 말해 상업주의에 편승하거나 편승당하는 측면이 한 가지 흐름이다. 한편 여성들은 바스트에 대한 지식과 정보를 적극적으로 찾아 나서고 자기 의지로 바스트와 여성성, 신체를 주체적으로 관리하는 동시에 자신의 바스트에 자긍심과 자신감을 갖기에 이르렀다. 전후 바스트관의 변천은 여성이 자신의 신체에 주체성을 획득해 나가는 흐름과 일치한다.

바스트는 여성 신체의 일부에 지나지 않는다. 그러나 앞을 보고 단정한 자세를 취했을 때, 바스트는 얼굴 못지않게 여성의 개성과 의지를 드러낸다. 바스트관에 큰 변화를 일으킨 사건을 통해, 나의 바스트관을 포함해 전후 70여 년에 걸친 바스트관의 변천을 네 시기로 나눠 살펴볼 것이다.

제1기: 바스트의 발명, 1945~1963년

풍만한 가슴에 눈이 부셨다

미국은 패전 직후 가난에 몸부림치던 일본에 이른바 '라라 물자'(아시아 구제 물자)를 대량으로 보내왔다. 그중에는 의복도 몹시 많았는데, 일본인의 옷이 양장으로 바뀌는 계기가 됐다고 한다. 미국은 구제 물자를 통해 일본 사회의 서구화를 꾀하고, 일본인의 머릿속에 미국식 생활문화와 가치관을 심고자 했다. 그런 의도는 실현되었다. 양장은 메이지明治시대(1868~1912)부터 퍼져 나갔지만, 전후에 멋을 내고 꾸미기 시작한 여성들을 중심으로 한꺼번에 보급되었다.

일상적으로 양복을 입기에 이른 일본 여성들은 가슴을 내밀고 등을 곧추세우고 보폭을 벌려 걷기 시작했다. 식생활과 생활문화의 서구화는 일본인의 체격에도 적잖이 영향을 미쳤다. 체격의 서구화란 한마디

로 몸의 전체 사이즈가 늘어난 것을 의미한다. 후생노동성 국민건강·
영양 조사에 따르면 30대 여성의 평균 신장은 1950년 148.9센티미터
에서 2010년 158.3센티미터로 거의 10센티미터가 늘어났다.

일본의 의류 회사 와코루ワコール는 1964년부터 현재까지 50여 년에
걸쳐 여성의 체형 변화를 알아보기 위해, 4세부터 69세까지 여성 4만
명 이상의 인체를 계측해 왔다. 이 데이터에 의하면 전후 태어난 여성
가운데도 최근에 태어난 여성일수록 바스트와 웨이스트의 차가 벌어
진다. 즉 바스트가 우세해진다는 말이다. 부모와 자식이라도 바스트
크기가 다르다. 유전적 요소 이상으로 생활환경이 바스트 크기에 영향
을 미친다고 짐작해 볼 수 있다.

⌣⌣

메릴린 먼로와 이토 기누코

전후부터 1960년대 초까지, 남녀를 불문하고 할리우드 여배우의 바
스트를 동경했다. 당시 할리우드의 스타 여배우 가운데 일본에서 가장
인기를 떨친 이들은 라나 터너Lana Turner, 리타 헤이워드Rita Hayworth, 그리
고 특히 사랑받은 메릴린 먼로Marilyn Monroe였다. 바스트-웨이스트-힙
이 각각 90-60-90으로 30센티미터씩 굴곡이 지는 이들의 몸은 '글래
머'로서 숭배되었다. 할리우드 여배우의 바스트 사이즈는 종전 후 식
량 부족으로 여위었던 일반적인 일본 여성과는 차원이 달랐다. 이것이
일본인 남녀에게 선망과 열등감을 안겨 주지 않았을까.

그런데 종전 후 8년이 지난 1953년, 패션모델 이토 기누코伊東絹子가
미스 유니버스 3위에 올랐다는 뉴스에 일본 전체가 끓어올랐다. 이토
기누코는 머리가 작고 다리가 긴 '팔등신 비율'과 바스트 86, 웨이스

트 56, 힙 92의 체형을 온 세계에 떨치고 온 셈이었다. 이 일은 "일본 여성의 체형이 국제 수준에 가까워졌다"[3]는 희소식이 되어 체형 콤플렉스 때문에 번민하던 일본인에게 자신감을 심어 주었다.

이토 기누코가 주연을 맡은 영화 〈내 모든 것을わたしの凡てを〉(1954)이 개봉했을 때, 유라쿠정의 영화관 앞에 이토 기누코의 체형을 오려 낸 '미인 측정기' 간판이 세워져 일반 여성이 과연 자신의 체형과 차이가 난다는 점을 실감했다고 한다. 그로부터 반세기가 지난 2000년 와코루의 조사에 의하면, 20대 일본 여성의 표준 체형은 팔등신 비율에 가까워졌다. 반세기 만에 체형이 이토록 변화한 원인은 양장 패션과 속옷의 보급 때문이다.

새로운 시대 여성에게 어울리는 몸

1947년 파리에서 오트쿠튀르haute-couture로 크리스티앙 디오르Christian Dior가 발표한 '뉴룩new look'은 유럽과 미국뿐 아니라 일본에서도 화제를 불러일으켰다. 앞으로 불쑥 튀어나온 바스트, 잘록 들어간 허리 아래로 펑퍼짐하게 퍼진 스커트라는 실루엣은 전시 체제 아래서 잊고 있던 '여자다운 곡선'을 강조하는 디자인이었다. 새로운 시대 새로운 여성의 아름다움을 표현하는 패션을 뜻하는 최신 옷(뉴룩)이 일본에 양장 패션을 널리 보급했다.그림1

뉴룩은 서구인조차 잘 입어 내려면 코르셋의 힘을 빌려 체형을 조정해야 했다. 하물며 당시 글래머와는 거리가 먼 일본 여성들의 체형에는 보정 속옷이 필수적이었다. 양장 패션이 퍼지면서 일본에서는 속옷, 특히 브래지어가 급속히 보급되었다.

그림1
크리스티앙 디오르가 발표한
'뉴룩'

그림2
일본제 브래지어의 원형인
'브라패드'

교토에서 장신구와 잡화를 취급하던 와코상사和江商事의 쓰카모토 고이치塚本幸一는, 1949년 양장을 위한 속옷에 관심을 갖고 '브라패드'의 독점 판매권을 손에 넣었다. 브라패드는 스프링을 나선 모양으로 감아 작은 산처럼 만들고, 위에 천을 씌운 것을 유방 위에 얹어 바스트를 만드는 브래지어의 원형이다.그림2 그 후 쓰카모토 고이치는 미국의 유통업체인 시어스 로벅 앤드 컴퍼니Sears, Roebuck and Company의 카탈로그를 참고삼아 아내를 모델로 내세운 카탈로그를 만들며 시행착오를 거듭했다. 그 결과 1950년에 겨드랑이나 어깨 부분에 끈을 단 일본판 브래지어를 출시했다. 그때까지 일본 여성은 비싼 값을 지불하고도 몸에 맞지 않는 수입 브래지어를 착용하고 있었다. 그러다 와코상사의 일본제 브래지어가 출시되고 얼마 지나지 않아 가슴을 당당하게 내밀기 시작했다.

와코 브랜드 브래지어는 수입품보다 가격이 낮긴 해도 결코 저렴하지 않았다. 1954년 카탈로그를 보면 장식이 없는 '실용적' 브래지어가 200엔이다. 샐러리맨의 평균 월급이 1만 6608엔(1958년 후생노동성 임금구조 기본 통계조사)이던 시대다. 가계에 부담이 되는 상품이었던 탓인지, 1950년대 전반 백화점 속옷 매장에 브래지어와 코르셋을 사러 오는 것은 남편들이었다. 남편들이 부끄러워하지 않았을까? 이런 생각은 아마도 현대인의 감수성에 속할 것이다. 당시는 아직 브래지어와 코르셋이라는 속옷이 '성'과 결부되지 않았다. 또한 여성이 자기 신체를 스스로 관리한다는 데에는 생각이 미치지 않은 시대였다.

속옷이 '단정한 차림'으로

당시 일본 각지의 백화점에서는 양장을 사람들에게 알리고 판매를 촉진하기 위한 패션쇼가 인기였다. 이를 보고 와코상사는 1952년 오사카의 한큐阪急백화점에서 여성 고객 한정으로 '속옷 쇼'를 개최했다. 연출은 사내 기획 담당자, 모델은 판매원이 맡는 등 수공업 냄새가 나는 소박한 쇼였지만, 300명을 수용하는 홀이 매회 만원사례를 기록할 만큼 성황이었다. 그러자 다른 백화점에서도 쇼를 열어 달라는 주문이 쇄도했다고 한다.그림3

속옷 쇼는 여성이 자기 눈으로 속옷을 보고 알아 갈 기회를 제공했다. 남편이 사다 주는 상품을 아무 생각 없이 몸에 걸치는 대신, 자기 몸을 통해 체형을 어떻게 다듬을지를 확인한 여성들이 자발적으로 속옷을 구입하기 시작했다. 그리고 그때까지 꿈도 꾸지 못했던 서구 여성의 글래머 체형에 다가갈 수 있을지도 모른다는 소망이 솟아올랐다. 이로써 '제1차 속옷 붐'이 타올랐다.

1956년부터 시작된 속옷 붐으로 브래지어와 거들이 전국에 보급되었을 뿐 아니라 여성들의 신체 의식도 몰라보게 변화했다. 피부에 찰싹 달라붙는 속옷은 결코 행실이 바르지 못한 모습이 아니라 오히려 여성의 단정한 차림이라는 계몽이 이루어졌다. '아름다워지기 위해 속옷을 입자'고 말하면 사치스럽다고 비난받거나 떳떳치 못한 기분이 들지만, '옷매무새를 단정하게 하자'는 사회의 상식에 호소하면

그림3
한큐백화점에서
개최한 '속옷 쇼'

구매 동기에도 설득력이 있었다. 덧붙여 1960년 내가 초등학교에 들어갈 무렵, 지방의 보수적인 가정에서 전업주부로 지내던 52세의 할머니도 브래지어와 거들을 입기 시작했다. 주위에서 '양복을 입으려면 양장에 어울리는 속옷을 입는 것이 단정한 차림'이라고 설득했기 때문이라고 한다.

단정한 차림을 위해 속옷을 입는 사이, 이윽고 몸의 아름다움을 추구하는 것도 여성의 자세가 아니냐는 식으로 의식 변화가 일어났다. 패전 이전에 여성의 몸은 가정에 속박되어 다음 세대를 길러 내기 위한 것으로 여겨졌다. 그러나 전후 여성의 몸은 노동력과 상업적 가치가 있는 몸, 사회성을 띤 몸이 되었다. 여성이 드넓은 세상에서 남의 눈에 띨 기회가 늘어났고, 건강뿐만 아니라 미용에도 신경 쓰는 시대가 열렸다.

제2기: 패션화, 1964~1984년

신축성 소재와 올림픽

1966년, 중학교에 들어가기 전 봄방학이었다. 나는 엄마 손에 이끌려 고베에 있는 백화점에서 브래지어를 입어 보고 첫 브래지어를 구입했다. 사춘기에 접어든 나는 엄마와 속옷 매장에 있는 것만으로도 창피했다. 면 소재의 하얗고 소박한 브래지어는 볼품없고 감촉도 거칠었을 뿐 아니라 팔을 들어 올리면 당겨 올라와 유방을 압박했다. 이런 것을 입느니 '혀를 깨물고 죽고 싶다'는 생각조차 들었다. 그런데 그로부터 몇 년 후 브래지어에 대한 인상은 180도 바뀌었다. 신축성 소재와 도쿄 올림픽 때문이었다.

1957년 '와코루'로 회사 이름을 변경한 와코상사는 1963년 미국에서 개발한 스판덱스 섬유를 사용해 신축성 있는 거들 제품을 발매했다. 다음 해에는 어깨끈에 스트레치 소재를 사용해 팔을 올려도 당겨 올라오지 않는다는 점을 장점으로 내세운 '스트레치 브래지어'를 발매했다. 움직임을 구속하지 않는 신축성 속옷은 여성의 몸과 마음을 해방시켰다. 일본이 고도성장 시대를 거쳐 세계적인 선진국 대열에 오르면서 여성들에게는 운동 연습이나 스포츠를 즐길 경제적 여유가 생겼다. 그리고 1964년 도쿄 올림픽을 통해 '약동하는 여성의 몸은 아름답다'는 시각이 내 마음속에 강하게 자리 잡았다.

'동양의 마녀'라 불리며 금메달을 딴 여자 농구 일본 대표, '올림픽의 이름난 꽃'이라 일컬어진 여자 체조 금메달리스트 베라 차슬라프스카Vera Caslavska를 비롯해 낭창낭창하게 움직이는 여성 운동선수들의 아름다운 몸은 당시 열한 살이던 내 마음을 사로잡았다. 1970년대에는 기능적인 스포츠 브래지어도 보급되어 운동하는 여성의 바스트를 멋지게 잡아 주었다.

1970년 고등학생이 된 나는 패션을 고려해 브래지어를 고르기 시작했다. 친구들과 딸기나 하트 모양이 들어간 귀여운 브래지어와 팬티를 사서 서로 보여 주었을 때, 속옷도 패션이라는 것을 처음으로 의식했다. 바스트를 숨기려 하지 말고 매력적으로 보이게끔 노력하자는 마음으로 돌아선 것이다. 이 무렵부터 바스트에 대한 사회규범과 금기는 느슨해졌고, 브래지어로 감싼 바스트는 보여 주어도 괜찮은 것으로 바뀌었다.

⌒⌒

미니스커트에서 노브래지어로

1960년대 후반부터 1970년대에는 젊은이가 패션·텔레비전·영화·음악·문학에 걸쳐 유행을 만들어 내고 퍼트리기 시작했다. 청년문화의 불씨를 지핀 것은 1960년대 초부터 런던에서 일어난 유스퀘이크youth-quake였다. 기존 체제에 반발한 젊은이들이 거리에서 만든 패션이나 음악에 전 세계 젊은이들이 공감했다. 런던 거리에서 젊은 여성이 입던 미니스커트는 디자이너 메리 퀸트Mary Quant가 상품화하자마자 세계적으로 어마어마하게 유행했다. 당시 어울리느냐 어울리지 않느냐에 상관없이 여성 누구나 미니스커트를 입었다. 계급·빈부·직업·체형·인종 그리고 연령의 벽까지 허물어 버린 패션은 미니스커트가 최초였다.

1967년 일본을 방문한 영국 모델 트위기Twiggy는 무릎 위 30센티미터까지 올라오는 미니스커트를 입은 대표적인 인물이었다. 트위기는

신장 168센티미터, 체중 41킬로그램, 바스트 79, 웨이스트 56, 힙 81
로, 이름 그대로 '꼬챙이'처럼 섬세했다.《보그Vogue》나《하퍼스 바자
Harper's Bazaar》표지를 장식한 모델의 글래머 체형과 비교하면 마치 소
녀 같았다.

　나는 미성숙하며 굴곡 없이 마른 몸에도 성적 매력이 있다는 것을
알고, 신선한 경이감을 느꼈다. 이 시기를 기점으로 여성들은 패셔너
블한 옷을 멋지게 입기 위해 마른 체형을 원하기 시작했다. 젊은이, 특
히 젊은 여성이 패션을 담당했고, 이상적인 체형과 여성스러운 아름다
움도 여성 스스로 결정해 나갔다.

　다리의 금기를 무너뜨린 미니스커트가 유행한 이후, 패션은 여성 신
체를 구속하던 여러 금기를 차례로 깨뜨렸다. 그리고 여성해방운동이
활발해진 데 힘입어 결국 바스트의 금기도 깨지기 시작했다.

◡◡

'성적인' 내 몸과 마주하다

　나는 1972년 대학에 진학하면서 집을 떠나 도쿄에 왔다. 그러면서
부모가 아니라 이성을 포함한 또래 세대의 친구들이 좋아하는 외모를
지향하려고 했다. 부모 세대가 좋아하던 아가씨 차림을 내던지고, 젊
은 세대에 유행하는 유니섹스 룩에 도전했다. 뒤에서 보면 여자인지
남자인지 알 수 없는 날씬한 청바지 차림의 커플이 멋져 보였다. 나도
티셔츠에 청바지를 입고 학교에 다녔다. 그런데 표준보다 큰 바스트
와 힙 때문에 영 모양이 나지 않았다. 1950년대라면 글래머라고 추어
올렸을 내 체형이 이제는 시대착오적이라는 사실을 절실히 깨달았다.

　그즈음 미국의 여성해방운동이 일본에서도 화제에 올랐다. 무엇보

다 여성은 기존의 사회 통념으로부터 신체를 해방시켜야 한다는 모토 아래, 여성들이 집회에서 브래지어를 드럼통에 넣어 태우는 풍경이 충격적으로 전해졌다. 노브래지어는 남성의 시선에 얽매여 있던 '여자다움'에서 해방되어야 한다고 주장하는 프로파간다였다. 이것은 유니섹스 룩의 유행과 더불어 트렌드가 되었다. 하지만 나는 내 큼직한 바스트에 남성의 성적 시선이 쏠리는 데 혐오감과 공포심을 느꼈기 때문에 노브래지어라는 거센 흐름에 올라탈 용기가 조금도 없었다. 유행하는 폭이 좁은 옷을 입지 못해 남자들에게 인기가 없는데도 치한의 표적이 되는 굴욕적이고 우울한 대학생활을 보냈다. 그러던 어느 날 내 바스트관이 바뀌는 만남이 찾아왔다.

대학 3학년이던 1975년이었다. 비 내리는 날 혼자 비를 맞으며 시부야 거리를 걷다가 문득 쇼핑센터 벽면을 올려다본 순간 걸음을 멈췄다. 상반신을 벗은 여성이 해변에 우뚝 서서 약간 부끄러운 듯 미소를 띠며 이쪽을 똑바로 보고 있었다. "벗은 몸을 보지 마세요. 벌거숭이가 되세요." 이것이 광고 문구였다. 약간 과장하자면 이 포스터에 '하늘의 계시를 받은' 듯한 충격을 받았다. 마치 홀린 것 같았다. 여성해방이라는 주장에 동조하면서도 내 성적 신체를 마주할 용기가 없던 와중에, 이시오카 에리코石岡瑛子가 만든 포스터는 이렇게 말을 걸었다. "남성의 시선에 동요하지 말고, 여성은 자신의 몸과 여성성에 자신감과 자긍심을 가져야 하지 않겠는가."

포스터 속 여성의 가슴은 살짝 바깥쪽으로 늘어진, 매우 자연스러운 바스트였다. 그 앞에서 나는 주먹을 쥐고 이렇게 맹세했다. 그렇다, 자기 몸과 마주하고 '이것이 나다!'라며 가슴을 펴자.

'쾌감'을 두려워하지 말자

나는 대학을 졸업하고 1977년부터 1991년까지 의류 관련 기업에서 일하며 일본 패션 산업이 질풍노도처럼 세계로 진출하는 현장을 목격했다. 1970년대 초부터 파리에서 활약한 미야케 이세이三宅一生와 다카다 겐조高田賢三에 이어 1980년대 초부터는 가와쿠보 레이川久保玲나 야마모토 요지山本耀司가 기존 양복에 없던 독특한 방식을 구사해 서구에서도 주목을 끌었다. 또 1980년대 후반부터는 DCdesigner's and character's 브랜드가 시장을 석권했다. 유행이 어지러울 정도로 변하고, 브랜드가 무성하게 들어서는 가운데, 여성들은 무슨 기준으로 옷을 골랐을까? 옷을 잘 입기 위해 어떤 몸이 되기를 원했을까?

지금 돌이켜 보면 여성의 선택 기준은 한마디로 '쾌감'이었다고 생각한다. 촉감이 좋고 편안하게 입을 수 있는 느낌은 당연하며, 거기에 시대의 첨단을 달린다는 긍지를 맛볼 수 있는 개성적인 디자인 말이다. 여성들은 서구의 유명 브랜드가 아니라 일본의 최첨단 브랜드를 입고 눈에 띄는 화려함을 추구했다. 1980년대 유럽 옷에서 찾을 수 없는 발상이 깃든 일본 디자이너의 옷은 여성들에게 '시대와 발맞춘다'는 쾌감을 안겨 주었다.

그리고 사회가 거품경제를 향해 돌진하며 흥분에 휩싸이면서 여성의 성적인 '쾌감' 추구에도 박차가 가해졌다. 1981년 튀니지 출신 디자이너 아제딘 알라이아Azzedine Alaia가 신축성 소재를 사용해 몸에 딱 달라붙는 옷을 발표했다. 바디컨셔스 룩body-conscious look이라는 이 실루엣은 여성의 몸을 S자 곡선으로 강조해 보여 주었다. 어깨·바스트·힙에 패드를 넣어 실루엣을 만든 이 패션은 기존의 유럽 옷과는 매우 대조적이었다. 제2의 피부처럼 옷감이 몸을 덮어 라인을 그대로 드러내는 옷은 마치 벌거벗고 걷는 듯한 흥분을 일으켰다. 엉덩이 모양을 뚜렷하게 드러내는 타이트한 미니스커트에, 젖꼭지 위치까지 알 수 있을 만큼 바스트의 풍만함을 표출한 상의의 바디컨셔스 룩은 여성들이 추구하는 '쾌감'이란 욕구에 부응한 것으로 보인다.

몸의 라인이 드러나는 옷을 입으려면, 남이 보는 것을 쾌감으로 느낄 만한 몸이 되어야 한다. 그래서 여성들은 몸매 관리에 매진했다. 건강에 관심도 높아지고 '원하는 몸이 되는' 데 강박적으로 매달렸다. 바스트도 몸도 여성 스스로 디자인하는 시대가 막을 올린 것이다.

제3기: 바스트 디자인, 1985~1999년

1985년 마돈나Madonna가 싱글 앨범 「라이크 어 버진Like a Virgin」을 발표하고 처음으로 일본을 방문했다. '처녀처럼'이라는 가사는 자극적이었고 노래와 댄스도 박력 있어 자연스레 히트를 예감했지만, 마돈나라는 인물은 포동포동한 체형에 촌티를 벗지 못한 '미국 아가씨' 같은 인상이었다. 그런데 이후 마돈나는 영화 출연, 월드투어, 뮤지컬 〈에비타Evita〉 주연 등 폭넓은 활동으로 세계적인 스타가 되면서 외모도 점점 변해 갔다. 개인 트레이너를 두고 남성에게 지지 않을 만큼 근육을 기르더니, 바스트도 근육처럼 단단하게 솟아올랐다. 1992년 발표한 누드 사진집 『섹스SEX by MADONNA』(일본에서는 체모를 수정하지 않아 발매하지 못했다)에서 나는 불끈불끈 근육이 솟은 마돈나의 모습을 보았다. 여자가 보기에도 무척이나 섹시했다. 난 이 사진집에 빠져들었다.

마돈나는 신체와 패션으로 메시지를 보냈다. '이런 여자를 원하죠?' 하고 남성을 유혹하는 척하면서 '당신들은 이런 여자가 되고 싶죠?' 하고 여성에게 물음을 던졌다. 여성이 자각하지 못하거나 금기에 얽매여 깨닫지 못하는 척하던 욕망에 불을 붙였다. 마돈나는 욕망의 목소리를 따르는 것을 두려워하지 말라며 응원했다. 남자가 다가올 때까지 기다리는 여자에서 스스로 다가가는 여자가 되자는 마돈나의 외침은 자립 의식에 눈뜨기 시작한 일본 여성의 마음을 두드렸다.

메시지를 받은 여성들은 자기 의지로 원하는 몸을 추구하는 데 주저하지 않았다. 거품경제 시기부터 1990년대에 걸쳐 헤어스타일·화장·전신미용·피트니스·운동·다이어트 등 미용성형이 유례없을 만큼 붐을 이뤘고, 여성들은 '신체 개조'에 돈과 에너지를 아낌없이 쏟아부었다.

◡◡

여성의 상승 지향과 바스트 업

1980년대 후반부터 일본 여성은 얼굴이 작고 날씬하지만 바스트가 큰 체형을 추구했다. 소녀처럼 야리야리한 몸에 숙녀처럼 풍만한 가슴을 갖고 싶은 여성들의 소망에 부응한 것이 와코루의 '굿 업 브라Good Up Bra'다. 1992년 출시한 이 브래지어는 3년 동안 741만 벌이 판매되며 대히트를 기록했다.그림4

그러면 여성들은 남성의 시선을 끌고 싶고, 인기를 얻고 싶어서 이 브래지어를 구입했을까? 아마도 그렇지는 않을 것이다. 오히려 자신의 섹슈얼리티에 자신감을 갖고, 이를 힘으로 바꾸고 싶다는 어떤 자기실현 욕구 때문이 아니었을까. 적어도 나는 그랬다. '굿 업 브라'를 착용하고 커다란 바스트를 당당하게 내밀면서 여성적인 매력을 과시하고 남성의 주목을 받는 데 쾌감을 느꼈다. 이상하게도 당당히 가슴

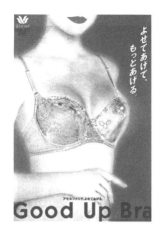

그림4
대히트 상품이 된 '굿 업 브라'.
카피는 "모아 주고, 올려 주고,
더 올려 준다."

을 펴고 다니면 만원 전철을 타더라도 치한에게 당하지 않는다.

노력하면 원하는 자신이 될 수 있다. 아름다워지거나 섹시해지는 것도 다 자기가 노력하기 나름이다. 거품이 일던 시기에 여성들은 매스컴이나 기업에서 '여성의 시대'라고 추어올리는 마케팅 전략에 올라타 흥분을 느꼈다. 1986년 남녀고용 기회균등법 시행으로 여성의 사회 진출이 한층 더 활발해지고, 여성들은 사회적으로나 개인적으로나 '더 위로 올라가, 더 풍요롭게' 살고 싶은 욕망으로 전력 질주했다.

반면 남성들은 여간해서 기존 사회체제나 가치관의 틀을 벗어나지 못하는 것처럼 보였다. 마돈나가 부르는 「머터리얼 걸Material Girl」에 힘입어 자기 욕망을 솔직하게 드러내는 여성을 무섭게 느낀 탓인지, 남성들은 게임이나 인터넷 같은 가상세계를 욕망의 배출구로 삼았다. '오타쿠ォタク'라는 말이 정착한 것도 1990년대부터다. 여성들은 섹시한 브래지어로 바스트를 연출하는 한편, 남성들은 '그라비어 아이돌▼'의 '거대 유방'에 욕정을 품는 시대가 열렸다. 바스트를 향한 시선, 더 정확히 말하면 성적 욕망이 남녀라는 성별에 따라 대단히 괴리되는 양상을 보이기 시작한다.

▼ 그라비어gravure는 일본의 영상물 산업 중 하나로, 주로 여성의 비키니 차림이나 세미누드를 찍은 영상 또는 화보를 뜻한다. 그라비어 아이돌은 그라비어 잡지나 만화 잡지, 사진집 등에 주로 수영복 차림으로 출연해 섹시함과 귀여움을 표현하는 여성 아이돌이나 탤런트를 가리킨다.

여성은 바스트 업, 남성은 거유 붐

이미 1970년대 중반부터 남성지의 그라비어 페이지에 노출이 심한 수영복과 속옷을 입은 모델 사진이 실리기 시작했다. 당시 남성지 《고로GORO》에서 시노야마 기신篠山紀信이 촬영한 그라비어 페이지 「순간 포착」을 장식한 것은 하룻밤에 인기가 치솟은 가수나 신인 여배우였다. 1980년대에는 그라비어에 등장한 무명 사진 모델이 남성들의 아이돌이 되어 텔레비전과 영화에 출연하는 것이 연예인으로 데뷔하는 지름길이었다. 아이돌은 성적 뉘앙스를 지워야 한다는 약속이 있었지만, 1980년대부터 어려 보이는 얼굴에 커다란 바스트라는 불균형을 강조한 성적 신체를 내세운 아이돌이 주류 시장에서 인기를 거머쥐었다.

이런 아이돌 이미지를 개척한 것은 호리에 시노부堀江しのぶ였다.그림5 호리에 시노부가 1988년 스물셋의 젊은 나이에 요절한 뒤, 호리에를 대대적으로 내세웠던 노다 요시하루野田義治가 설립한 연예기획사 옐로캡은 가토 레이코かとうれいこ, 호소카와 후미에細川ふみえ, 히나가타 아키코雛形あきこ 등 '풍만한 바스트에 어린 얼굴'을 내세운 그라비어 아이돌을 차례로 주류연예계에 데뷔시키면서 1990년대 '거유 붐'에 불을 붙였다.

거유라는 말은 언제부터 유행어가 됐을까? 남성의 시선으로 커다란 바스트를 고찰한 『거유의 탄생』에 따르면, "1983년쯤부터 [서양의 거유 잡지] 《배철러Bachelor》가 '거유'라는 표현을 사용하기 시작한 게 이 말이 유행한 발단이라는 사실은 틀림없다."[4] 그리고 1990년대 초부터 일반 주간지의 그라비어 페이지에는 '거유' 아이돌 사진이 매호 빠

짐없이 실렸을 뿐 아니라 '거유'를 클로즈업한 사진집도 줄이어 발매됐다.그림6 풍만한 바스트는 남성에게 성적 망상을 일으키는 대상으로 널리 알려졌고, '거유 선호'를 내거는 데 저항감은 옅어졌다.

그러나 '굿 업 브라'의 대히트와 거유 붐은 남녀의 바스트관, 그리고 여성성에 대한 의식 사이의 괴리를 드러냈다. 여성들은 자기 몸에 맞는 브래지어를 고르고 음식에 신경 쓰면서 열심히 운동에 매진하는 등 현실적인 노력을 통해 섹시한 몸을 갖고자 한다. 반면 남성들은 망상의 세계에서 거유를 가지고 노는 데 만족해 버린다.

1990년대에서 2015년에 이르는 동안, 50세까지 한 번도 결혼하지 않은 생애 미혼율은 남녀 모두 급상승했다. 여성은 4.33퍼센트에서 14.06퍼센트로, 남성은 5.57퍼센트에서 23.37퍼센트로 증가했는데, 특히 남성의 미혼율이 높아졌다.[5] 1990년대부터 남녀의 바스트관이 현저히 괴리된 현상을 통해 짐작하듯, 미혼율이 급증한 원인은 성 의식과 성 행동에 관한 남녀의 차이에서도 찾아볼 수 있다.

그림5
풍만한 바스트를 가진 아이돌이라는 이미지를 개척한 호리에 시노부

그림6
가노 덴메이加納典明 사진집, 『옷파이 자 덴메이オッパイ・ザ・テンメイ』

제4기: 자기다움의 추구, 2000~2017년

〜〜

'여자다움'보다 '자기다움'

2000년 나는 초등학교 6학년짜리 딸이 보채는 바람에 난생처음 게임센터에서 스티커 사진을 찍었다. 증명사진을 찍듯이 렌즈 정면에 우뚝 버티고 서 있는 내게 딸은 쓴웃음을 날리더니, 스티커 사진에 어울리는 포즈의 비법을 알려 주었다. "눈은 좀 치켜뜨고 얼굴을 30도쯤 기울이고······" 하며 내게 지시하면서 솜씨 좋게 배경을 골랐다. 그 애는 "자, 3포즈로 찍을게" 하고 말하자마자 표정과 포즈를 컷마다 능숙하게 바꾸었다. 나는 딸에게 놀라 입을 다물지 못했다. 얼굴이 귀여워 보이는 각도나 표정뿐만 아니라 멋진 스타일로 보일 만한 포즈를 이미 열두 살에 체득하다니!

사진을 찍고 그 자리에서 프린트로 뽑는 스티커 사진의 제1차 붐은 1995년이었다. 2000년부터는 자유롭게 낙서하고 프레임과 스탬프 등으로 장식하는 요소를 더해 여고생 사이에 초유의 히트를 쳤다. 나는 스티커 사진을 체험하는 초등학생 여자아이들을 보며 스스로를 '타인의 눈에 비친 성'으로 의식하는 여자아이들에게 막대한 변화가 일어나리라고 예감했다. 바로 부모·친구·남성의 시선으로 판단해 왔던 자신의 매력을 사진이라는 매체를 통해 스스로 '제작'하리라는 예감이었다.

2000년 발매한 카메라가 붙은 휴대전화는 사진을 찍어 메일로 전송하는 '사진 메일'을 유행시켰다. 여중생·여고생이 스티커 사진을 찍어 자신의 휴대전화로 전송하고, 친구에게 '사진 메일'을 보내는 일도

2003년부터 널리 퍼졌다. 그 후 스티커 사진은 눈을 더 크게, 다리를 더 날씬하게, 바스트를 더 풍만하게 가공하여 '부풀리는' 기능이 생겼고, 사진을 '가공'하는 것이 젊은 여성에게는 상식으로 자리 잡았다. 디지털카메라 시대에 사진은 '실체를 찍는 것'에서 '이렇게 되고 싶다는 욕망을 가공의 공간에서 표현하는 것'으로 변했다.

디지털 기기나 SNS를 능숙하게 다루고, 캐릭터를 만들거나 주변 분위기를 읽어 내는 데 뛰어나고, 되고 싶은 자기가 되기 위해 열심히 노력하면서도, 언제나 '진정한 나는 이렇지 않다'라고 생각한다. 그런 여성들에게 바스트, 그리고 바스트가 상징하는 '여성성'이란 자신이 원하는 방향으로 만들기 나름이라는 의식이 강해지는 것 아닐까. 오늘날 10대~30대 여성은 부모 세대와 기성 사회가 억지로 강요하는 '여자다움'보다는 편안하게 호흡할 수 있는 '자기다움'을 추구하는 것 같다. 이런 내 생각을 뒷받침하는 사건이 2016~2017년에 일어났다.

사랑과 치유의 젖가슴

하나는 2016년 유니클로Uniqlo와 대기업 속옷 회사가 함께 발매한 '서드 웨이브third wave' 브래지어다. 와이어 브래지어, 논와이어 브래지어에 이어 제3의 브래지어라 불리는 '서드 웨이브' 브래지어는 논와이어 브래지어의 편안함과 와이어 브래지어의 바스트 조형력을 특수한 소재로 구현했다. 마치 브래지어를 착용하지 않은 것처럼 살갗에 밀착하며 겉옷에 드러나지도 않는다는 것이 홍보 문구였다.

2010년부터 와코루에서 발매한 '작게 보이는 브래지어'가 히트하면서 속옷 회사들은 하나같이 아담하고 날씬해 보이는 브래지어를 발

매했다. '서드 웨이브' 브래지어도 그 흐름을 잇는다. 답답함을 참으면
서까지 바스트를 모아 올려 모양을 만드는 것은 딱 질색이다. 아무튼
편한 게 제일이다. 애초에 바스트의 크고 작음으로 '여자의 가치를 재
는 것' 자체가 시대착오적인 발상이다. 다소 늘어져 있어도, 양쪽 가슴
이 벌어져 있어도, 가슴이 작아도, 자연 그대로 보여 주는 것이 멋있다.
이런 여성들의 생각이 '서드 웨이브' 브래지어에 나타난다.

또 하나는 2017년 9월 20일 아나운서 다나카 미나미田中みな實가 패
션 잡지《앙앙an·an》의 표지를 이른바 '팔꿈치 브래지어'라는 세미누드
로 장식한 일이다.그림7 이 잡지는 '미유美乳 강화 학원' 특집을 꾸몄는
데, "이상적인 가슴은 스스로 만들자!"라는 부제는 실로 여성들이 바
스트를 제작하는 시대임을 공언한다. 당시 텔레비전 방송국의 아나운
서였던 다나카 미나미에게는 단아한 여성이라는 이미지가 있었다. 그
래서 '가슴을 강조해 버리면 아나운서로서 정결한 이미지를 가질 수
없다'는 생각으로 E컵의 바스트를 무명천으로 감아 압박했다고 한다.
하지만 30대가 넘어 '숨기고 압박해도 어차피 내 가슴이다. 그렇다면
예쁘게 보여 주고 싶다'는 생각으로 바스트 케어를 시작했다고 한다.
다나카 미나미의 세미누드 바스트는 확실히 풍만하고 섹시하지만, 팔
꿈치 브래지어 포즈를 비롯해 가슴을 모아 올리거나 앞으로 내밀지 않
은 점이 신선하게 느껴졌다. 여성들이 지금 연출하고 싶은 것은 남성
에게 보여 주려는 바스트가 아니라, 다나카 미나미가 말하듯 거울 앞
에 섰을 때 자기가 사랑할 수 있는 바스트였다.

그리고 마지막이 트랜스젠더와 가족을 다룬 〈그들이 진심으로 엮을
때彼らが本気で編むときは、〉(2017)이라는 영화다.그림8 오기가미 나오코荻上直子
감독은 어느 어머니가 트랜스젠더 자식에게 털실로 '가짜 젖'을 떠서
선물했다는 신문 기사를 보고 아이디어를 얻었다고 한다. 감독은 그

그림7 다나카 미나미가 표지를 장식한 《앙앙》, 2017년 9월 20일
그림8 영화 〈그들이 진심으로 엮을 때〉 한 장면, 2017년

어머니를 찾아가 인터뷰를 진행해 직접 각본을 쓰고 영화를 제작했다. 이쿠타 도마生田斗真가 연기한 트랜스젠더인 린코, 친엄마에게 버림받은 고독한 초등학생 소녀 도모, 도모의 삼촌이자 린코의 파트너인 마키오가 주요 등장인물이지만, 내가 보기에는 '젖가슴'이 숨은 주인공 같았다. 중학생 린코에게 브래지어를 사 주고 털실로 젖가슴을 만들어 주는 엄마, 도모가 힘든 일을 당해 울고 있으면 "젖가슴 만져도 좋아"라며 달래 주는 린코……. 이때 젖가슴은 성적 대상도 아니고 모성을 상징하는 유방도 아니다. 털실이나 실리콘으로 만들어졌어도 '젖가슴'은 사람을 어루만지고 위로하고 관계를 단단하게 맺어 준다. 성욕은 비디오나 게임 등 가상공간에서 충족할 수도 있다. 자식을 낳았다고 해서 반드시 모성이 솟아나는 것은 아니다. 이런 시대를 맞이해 21세기 바스트는 사랑과 치유의 상징인 '젖가슴'을 대신할 수 있을까?

젖가슴과 조개: 인어의 유방을 둘러싼 역할 고고 에리코

조개껍데기 비키니의 흡착력

인어를 그린다면 어떻게 그릴까? 대체로 상반신은 사람, 하반신은 물고기인 젊고 아름다운 여성이 비키니 차림마냥 조개껍데기로 유방을 감싼 모습이 아닐까. 디즈니 애니메이션 〈인어공주The Little Mermaid〉(1989)의 주인공 에리얼처럼 말이다.

에리얼은 대합조개를 벌려 좌우 유방에 덮어씌우고 등 뒤로 끈을 묶은 비키니를 입고 있다. 오늘날 상상의 바다를 헤엄치는 인어들은 끈 없이 조개껍데기만 양쪽 가슴에 댄 경우도 많다. 조개껍데기는 입는 것이라기보다 제2의 피부처럼 유방에 찰싹 달라붙어 있다.

조개껍데기 비키니가 언제부터 일반적인 용어가 되었는지는 분명하지 않다. 일본에서는 1989년 배우 다케다 구미코武田久美子의 누드 사진집[1]이 던진 충격이 하나의 계기일 것이다. 레이디 가가Lady Gaga는 2013년 「어플로즈Applause」라는 노래를 발표할 때 조개껍데기 의상을 입고 나왔다. 속옷 브랜드 피치존Peach John은 조개껍데기를 모티프로 삼아 '인어 브래지어'를 발표했다. 이미 조개껍데기 비키니는 인어와 별개로 존재하지만, 그 이미지는 물고기 하반신 없이도 인어를 연상시키는 도구가 되었다.

이제 안데르센의 고향 코펜하겐에 있는 인어공주 동상에 시선을 돌려 보자. 유방에 조개껍데기가 붙어 있기는커녕 아무것도 없다. 아름다운 소녀는 나체로 유방에 시원한 바닷바람을 쐬고 있다.

조개껍데기 비키니, 아니면 벌거벗은 나체……. 인어의 유방은 둘 사이를 오락가락해 왔지만, 오늘날 우리는 인어의 젖가슴에서 결코 조개가 떨어지지 않는 사회를 살아가고 있다. 그렇다면 언제부터 조개껍데기는 인어의 젖가슴에 착 달라붙어 있었을까? 그리고 어떤 힘 때문에 떨어지지 않는 것일까?

이 글은 젖가슴과 조개 사이에 작용하는 힘에 주목하여, 특히 일본에서 젖가슴과 조개가 어떤 관계인지 고찰할 것이다. 일본에서 인어의 이미지가 걸어온 길은 유방에 쏠리는 시선이 어떻게 변화했는지를 여실히 보여 준다. 인어의 기원을 하나로 규정하지 않고, 동양과 서양의 두 바다에 물결치는 문화의 파도와 점점 속도가 빨라지는 매스컴의 해류를 통해 인어와 인어의 유방을 살펴보려 한다.

⌣⌣

물고기, 사람, 유방

원래 일본의 인어에게는 유방이 없었다. 일본에서 물고기와 사람의 중간 생물에 대한 상상은 중국 전국戰國시대(기원전 403~기원전 221)부터 한대漢代(기원전 202~기원후 220)에 걸쳐 엮은 지리지 『산해경山海經』의 영향을 오랫동안 받았다. 『산해경』에는 다리가 넷 달린 물고기로 도롱뇽과 닮았고 아이처럼 우는 '인어', 사람 얼굴에 물고기 몸을 한 존재, '저인국氐人國'에 사는 다리 없는 주민 등 세 가지 유형이 등장한다. 일본에서 인어에 관한 최초의 기록은 『일본서기日本書紀』(720)에 등장하는 것으로 알려져 있다. 여기서는 '물고기도 사람도 아닌' 생물에 대해 쓰면서도 '인어'라고 부르지는 않았다. 헤이안시대의 사전 『왜명유취초倭名類聚抄』(934경)는 인어를 '어신인면魚身人面(물고기 몸에 사람 얼굴)'으로 정의한다. 그런데 그 모습이나 자웅은 알 수 없고 유방의 존재도 불분명하다.

일본의 인어가 여성성을 띤 것은 '팔백비구니八百比丘尼' 전승에 의한다. 팔백비구니는 자기도 모르게 인어 고기를 먹고 젊은 모습 그대로 800세까지 살다가 1449년 수도에 나타났다고 한다(『강부기康富記』 등). 그가 먹은 인어는 아마도 어신인면이고, 그 고기는 물고기 살점과 거의 비슷했을 것이다. 팔백비구니 전승에서 여성과 인어는 먹는 행위를 통해 영적 힘을 교감한다. 다만 여기서 유방을 가진 이는 먹는 이인 비구니일 뿐, 아직 인어에게는 유방이 없다.

인어가 여성의 얼굴과 상반신을 확실히 갖춘 것은 에도시대였다. 이때 동서양의 시각 이미지가 전파되었기 때문이다. 예컨대 명대明代(1368~1644) 중국에서 천지인의 만상을 기록한 『삼재도회三才圖會』(1609)에는 『산해경』을 따라 다리가 넷인 인어 그림이 실려 있다. 한편 1663년에는 서양 동물학자 요하네스 욘스톤Johannes Jonston이 쓴 『동물 도설圖說』(1650~1653)의 네덜란드어 번역판(1660)이 막부에 헌납됐다. 이 도감에는 사람의 상반신과 물고기의 하반신을 갖고 허리에 짧은 앞다리가 난 인어의 암컷과 수컷이 그려져 있다. 이 도감은 난학蘭學▪ 발흥기인 도쿠가와 요시무네德川吉宗 시대에 본초학자 노로 겐조野呂元

▪ 일본 에도시대에 네덜란드에서 전래된 지식을 연구한 학문.

丈가 초역抄譯한 서적『아란타[네덜란드] 금수충어도 화해阿蘭陀禽獸虫魚圖和解』(1741)의 출판으로 더욱 널리 퍼졌다.

유방의 발육

이하라 사이가쿠井原西鶴는 우키요조시浮世草子▼『무도 전래기武道傳來記』(1687)의「목숨을 잃는 인어의 바다命とらる、人魚の海」에 미녀 인어를 등장시켰다. 인어는 머리에 닭 벼슬이 있고, 유리로 된 다리 네 개를 늘어뜨리고, 비늘은 금빛으로 빛나고, 몸에서 향기가 나고, 목소리는 종다리 피리에 견줄 만한 것으로 묘사된다. 우키요에 화가 요시다 한베吉田半兵衛는 머리카락을 묶어 올린 사람의 상반신으로 인어 삽화를 그렸다.그림1 다리는 보이지 않고, 유방은 확인할 수 없다. 작중에서 인어는 얼굴이 미녀인 동시에 '괴어怪魚'이며 늘 '물고기'라 불린다.

그림1
요시다 한베,
「목숨을 잃는 인어의 바다」
삽화(부분)

▼ 에도시대에 탄생한 전기 근세 문학의 주요한 형식 중 하나. 우키요浮世를 살아가는 인간의 모습을 예리하게 나타내면서 서민적이고 사실적이며 현실적인 경향을 띠었다.

의술가 데라지마 료안寺島良安이 『삼재도회』를 본받아 엮은 『화한和漢 삼재도회』(1712)는 '강해江海 유린어有鱗魚' 항목에 인어를 넣고, '무린어無鱗魚' 항목에 도롱뇽을 넣었다. 인어와 도롱뇽은 여기서 뚜렷이 분리된다. 저자는 중국에서 괴담을 엮은 지괴志怪소설▼집 『계신록稽神錄』(10세기경)에 비늘이 있는 인어가 부녀자 모습으로 등장한다는 이야기, 또 네덜란드에서는 인어의 뼈에 약효가 있다고 한다는 이야기를 인용하며, 긴 머리카락과 유방을 가진 인어 그림을 실었다.그림2 이 그림은 『무도 전래기』의 인어와 닮았지만 머리카락을 길게 늘어뜨려 서양 인어의 모습에 더 가까워졌다.

18세기 후반에는 네덜란드를 거쳐 들어온 인어 모습이 더욱 퍼져 나갔다. 난학자 오쓰키 겐타쿠大槻玄澤가 지은 『육물신지六物新志』(1786)는 '인어'를 '일각一角', '목내이木乃伊'(미라) 등과 나란히 놓고 동서의 문헌을 통해 검토했다. 양풍화洋風畵 화가 시바 고칸司馬江漢의 삽화는 앙브루아즈 파레Ambroise Paré의 『괴물과 경이』(1573), 요하네스 욘스톤의 『동물 도설』,그림3 프란스 발렌틴Frans Valentyn의 『동해제도산물지東海諸島産物誌』(1724~1726)그림4에서 각각 인어 그림을 인용하고 있다. 그중 마지막 인어는 이제까지 살펴본 가운데 가장 풍만한 유방을 갖고 있다.

에도의 인어는 더욱 여성에 가까워지고 약효에 대한 박물학적 지식도 더해졌다. 게사쿠戱作▼▼ 작가 산토 교덴山東京傳의 기뵤시黃表紙▼▼▼『상입낭면옥인어箱入娘面屋人魚』(1791)에 나오는 초기 우키요에 화가인 우타가와 도요쿠니歌川豊國가 그린 인어 아가씨는 아름다운 젊은 여성의 얼

▼ 중국 한나라 말부터 육조시대까지 유행했던 기괴한 이야기들을 적어 놓은 소설. 지인志人소설과 함께 소설의 원형이 됐다.
▼▼ 장난삼아 쓴 작품이라는 뜻으로 에도시대 후기의 통속 오락소설 등을 가리킨다.
▼▼▼ '노란빛의 표지'라는 뜻으로 에도시대 중엽에 간행한 소설책을 가리킨다. 그림이 주를 이루고 대화와 간단한 설명으로 묘사한 해학諧謔문학이다.

그림2 데라지마 료안, 〈인어〉,
『화한 삼재도회』

그림3 시바 고칸, 〈인어도〉

그림4 시바 고칸, 〈인어도〉

그림5 우타가와 도요쿠니, 『상입낭면옥인어』 삽화

굴(만) 있고 몸은 물고기인데, 팔도 상반신도 없는 인면어人面魚다. 구로고黑子■가 거들어 주어 꼬리지느러미로 일어서고, 입에 문 붓으로 글도 쓰고, 오이란花魁■■으로 일하고, 비구니로 분장해 가슴을 핥게 한다.그림5 인어의 몸은 핥는 것만으로도 회춘의 효과가 있다.

이 인어는 미녀와 약효라는 특징을 겸하고 있지만, 근세까지 지배적이었던 인면어신의 모습을 갖추고 있다. 전신이 물고기이기 때문에 유방은 없다. 그러나 핥으라고 시킨 부위는 거의 가슴께이고, 그곳에는 에로티즘의 기운이 감돌지 모른다. 그 감촉은 사람과는 상당히 다를 것 같지만…….

비쩍 마른 유방

인어는 점차 여성성과 뗄 수 없는 존재가 되어 갔다. 19세기에 들어 인어의 이미지는 인어를 말린 박제라는, 아무래도 복잡한 '실물'을 낳았다.그림6 가장 유명한 것은 1842년 흥행사 바넘Barnum이 구경거리로 삼은 '피지 인어Fiji Mermaids'다. 바넘은 피지라는 지명을 붙인 이 인어에 대해, 1822년 여름 인도 캘커타에서 일본 어부에게 구입했다고 자서전에 썼다. 피지, 캘커타, 일본……. 인어는 서양에서 멀리 떨어진 곳에서 왔던 것이다.

이 '실물'은 세계 각지에 남아 있다. 1910년 미나카타 구마구스南方熊楠는 "일찍이 우리 나라, 또 해외 여러 나라에서 종종 인어 박제를 보는

■ 가부키나 노能 등의 무대에서 검은 옷을 입고 배우 뒤에서 연기를 돕는 사람. 또는 그때 입는 검은 옷.
■■ 유곽에서 지위가 높은 고급 유녀.

그림6
〈인어〉 ⓒThe Trustees of the British Museum

그림7
런던 커피하우스의 인어 전시를 선전하는 전단지, 에칭에 채색 ⓒThe Trustees of the British Museum

데, 어느 것이나 원숭이 상반신에 물고기 하반신을 교묘하게 붙여 놓은 것"이라고 기술했다(「인어 이야기人魚の話」). 인어 박제는 박물학적 관찰과 더불어, 희귀하고 오싹한 생물의 감상이라는 두 가지 시각적 욕망을 동시에 채워 주는데, 아름다운 이미지를 상찬하지는 않는다. 다만 이를 광고할 때는 아름다운 인어 도상을 이용하기도 했다. 그에 비하면 런던 커피하우스의 인어 전시를 알리는 전단지 「인어The Mermaid」는 박제의 실물에 충실하다.그림7 그러나 '실물' 이상의 커다란 유방이 그려진 점, 즉 여성성이 강조된 점을 간과할 수 없다. 서양의 인어 전승에서 상상의 유방이 출현한 것 같다.

당시 일본은 실제로 인어 박제의 일대 산지였다고 한다. 이제까지

본 것처럼 일본에는 인면어신 전승이 있었지만, 현재
남아 있는 인어 박제는 상반신이나 팔이 있는 경우가
많다. 말린 인어 자체에는 유방이 없다. 따라서 서양
이라는 시장이 요구하는 인어 이미지의 반영과 침투
를 엿볼 수 있다.

일약 인어의 본고장이 된 일본에서는 팔백비구니
이래 영적인 힘을 인어로 형상화한 예도 보인다. 오
우미국近江國 기누가사산絹山 간논쇼지觀音正寺는 전생의
업보 때문에 인어로 태어난 남자가 쇼토쿠태자聖德太子
앞에 나타나 공양을 부탁했다는 전래가 있다. 우타
가와 도요쿠니가 안세이安政 연간(1844~1860)의 『관음
영험기觀音靈驗記』에 그린 그림에는 상반신에 옷을 입고
관음 모습을 한 인어가 합장하고 있다. 그 얼굴 생김새
는 업보 때문에 괴로워하는 남자가 아니다. 흥미롭게
도 1993년에 불타 없어질 때까지 이 절에는 인어 박
제가 전해졌다고 한다.

이 '실물'과 전승이 서로 부족함을 채우고, 박물학
과 영적인 힘이 합쳐져 휴대용 약 '청심단淸心丹'으로
이어졌을 것이다.그림8 니혼바시에 있는 유서 깊은 점
포인 다카키 약방은 여성을 위한 '청부탕淸婦湯'을 판
매했는데, 1875년부터 인어를 간판으로 내걸고 상표
를 등록해 '청심단'을 팔았다. 이 시기 '청심단' 상표
속 인어는 괴물 같은 모습이다. 이 오싹한 모습이야말
로 약효의 징표로서 인어의 힘을 표현한다고 읽을 수
있을 것이다.

그림8
청심단 상표

그림9
인도 마타테,
『인어의 약속』 표지

그림10
요시무라 리키로吉村力郎,
『사자나미 세계 이야기: 인어
의 약속』 표지

인어의 누드: 보들보들하게

무섭고 묘한 인어의 모습은 메이지시대의 이야기에
도 등장한다. 아동문학의 아버지라 일컬어지는 이와
야 사자나미巖谷小波의 작품『인어의 약속人魚の約束』(1908)
에서 인어는 주인공에게 마법의 힘을 주지만, 그를 물
속으로 끌고 들어가려 한다. 인어의 모습은 괴물이나
요괴에 가까우며 늙은 여자처럼 보인다. 초판의 표지
와 전후戰後의 표지를 비교하면, 후자에는 아름다운 인
어가 등장하는 것을 볼 수 있다.그림9·10 하지만 본래
내용에는 아름다운 인어가 나오지 않는다. 이 무렵 일
본에서 인어 이미지에 전환이 일어난 것이다.

이 전환에는 두 흐름이 바탕에 깔려 있다. 하나는 낭
만주의부터 세기말 환상을 배경으로 '숙명의 여성' 캐
릭터로 등장하는 인어, 다른 하나는 이야기에 '소녀'
로 등장하는 인어다. 미녀인가, 소녀인가? 어느 쪽이
든 누드로 감상하는 신체다.

일반적으로 서양 미술에서 누드는 단순한 나체가
아니라 이상적이고 아름다운 신체의 표현이다. 일본
에서는 1890년대부터 세기 전환기에 누드의 옳고 그
름을 둘러싼 '나체화 논쟁'이 일었다. 일본의 인어가
박물도博物圖에서 누드로 옮겨 간 것은 누드 표현이 얼
마나 급속히 침투했으며 나체, 특히 여성 신체를 향한
시선이 어떻게 변화했는지를 말해 준다.

서양에서는 19세기 낭만주의 아래 인어 붐이 일었다. 그리스신화에서 유래하는 세이렌Seiren뿐 아니라 로렐라이Lorelei나 운디네Undine, 멜리진Melusine 등 다양한 '물의 요정' 이미지가 유행했다. 물에 사는 요정 이야기가 전해지면서 남자를 물과 사랑에 푹 빠뜨리는 요염한 '숙명의 여성'으로서 인어 이미지가 만들어져 갔다.

이 인어는 젊은 여성의 모습으로 나타나 풍만한 유방을 당당히 내놓고 있다. 시인 간바라 아리아케蒲原有明는 이하라 사이가쿠의「목숨을 잃는 인어의 바다」를 라파엘전파의 영향 아래 번안한「인어의 노래人魚の歌」[2]에서 이렇게 노래한다. "유방은 새하얗고, 젖은 머리카락을 쓸어 올리는 손이 보들보들하구나." 화가 미즈시마 니오우水島爾保布가 다니자키 준이치로谷崎潤一郎의「인어의 한탄人魚の嘆き」[3] 삽화로 그린 인어는 팔다리를 비비 꼬고 있으며 유방이 느른하게 물속에서 흔들거린다.그림11 이 인어는 달빛을 뿜어내는 듯한 차가운 살갗을 갖고 있다. 인어에게 사랑을 품고 인어를 사들이는 귀공자는 얼어붙을 만큼 차가운 인어의 가슴에 손을 대고, 그 아래 따뜻한 심장이 있음을 느낀다.

그림11
미즈시마 니오우,
「인어의 한탄」 삽화

인어의 누드: 다소곳하게

한편 같은 시대 아동문학에서 인어를 살펴보면, 기무라 쇼슈木村小舟의「인어의 섬人魚が島」[4]에 나오는 인어

그림12
「하늘의 다리를 지키는 여신」
삽화

는 요괴에 가깝다. 한편 이와야 사자나미의 「하늘의
다리를 지키는 여신天の橋姫」,[5] 『왕자와 인어王子と人魚』[6]
등에는 인어가 소녀나 공주로 등장한다.

　이런 젊은 인어의 이미지는 1837년 발표한 안데
르센의 『인어공주』에서 영향을 받은 것이다. 『인어공
주』의 일본어 번역본은 우치야마 슌푸內山春風의 『안데
르센 이야기アンデルセン物語』에 실린 「작은 인어小人魚」가
처음인 듯하다.[7] 이 작품에서 아름다운 목소리와 생
기 도는 신체를 가진 인어공주는 열다섯 살에 바다 위
로 나왔다가 마주친 왕자를 애타게 사랑한다. 뭍으로
나오기 전, 바다에 잠긴 유방에 대해서는 별다른 묘사
가 나오지 않는다. 꼬리나 허리에 조개를 장식하기도
하지만 유방에는 아무것도 대지 않은 것이 인어에게
는 당연하다.

　그러나 육지로 올라오자 상황은 아예 달라진다. "의
복을 걸치지 않은 채 길게 늘어뜨린 풍성한 머리카락
으로 몸을 덮어 감싼 것이다."(「작은 인어」) 인어의 유
방은 일단 머리카락으로 가렸다. 이른바 '머리카락 브
래지어'다. 유방을 숨기는 일은 해저에서 지상으로 올
라와 야생인 신체를 문명화시키는 순간에 일어났다.

　인어공주의 계보에 놓인 소녀 인어들도 조개나 조
개 비슷한 것을 가슴에 달고 있지 않다. 다만 삽화에는
등을 돌리거나 팔을 뻗어 가슴을 보이지 않는 예도 적
지 않다.그림12 가슴을 다소곳하게 숨기는 자세는 유방
의 존재를 눈에 띄게 부각하지는 않지만, 도리어 표상

의 경계를 표면화한다. 과연 귀여운 소녀 공주의 유방을 정면에서 그려야 할 것인가?

연출하는 인어

여성으로서 인어의 이미지가 유포되고 난 다음에는 이런 문제가 떠오른다. 현실의 여성이 인어를 연출하면 어떻게 될까? 실제로는 피부색 속옷을 입는다 해도, 인어를 연출할 때 아무것도 대지 않은 유방을 보여 줄 것인가, 아니면 감출 것인가?

초기 영화 가운데 조르주 멜리에스Georges Méliès의 〈인어〉(1904)에서는 물속을 가르는 인어가 미녀로 변신한다. 인어의 가슴 장식은 변신후 의상과 연결된다. 그러나 인어의 이미지는 누드에서 그리 벗어나지 않았다. 수영 선수에서 배우가 된 아네트 켈러먼Annette Kellerman이 인어를 연기한 작품은 오늘날 단편적으로만 남아 있다. 하지만 〈신의 딸 A Daughter of the Gods〉(1916) 스틸 사진을 보면 벌거벗은 몸을 물가에 드러내 놓고 있으며, 역시 '머리카락 브래지어' 상태다.그림13

아네트 켈러먼의 작품은 인어의 에로티시즘을 내뿜는다. 이런 누드표현은 나중에 규제 대상이 됐다. 특히 할리우드 영화의 경우 성적·비도덕적 표현을 규제하는 이른바 '헤이스 규약Hays code'이 1934년부터 1968년까지 효력을 발휘했다. 인어는 인간이 아니지만 인어의 유방은 여성의 것이기에 이 규제에 동요했다.

1940년대 후반의 인어 영화를 보면, 여성 배우가 연기하는 인어의 유방은 기본적으로 스크린에 등장하지 않는다. 영국 영화 〈미란다 Miranda〉(1948), 유니버설 영화사의 〈피바디 씨와 인어Mr. Peabody and the Mer-

그림13
〈신의 딸〉에서 인어를
연기하는 아네트 켈러먼

maid〉(1949)에서는 각각 글리니스 존스Glynis Johns와 앤 블라이스Ann Blyth
가 고혹적인 인어로 분장하고 육지의 남성들을 멋대로 휘두른다. 이들
작품에서 유방의 노출은 없다. 카메라워크로 교묘하게 숨겨지고, 천이
나 의복으로 덧씌워지거나 비키니에 가려졌다.

상의와 하의로 나뉜 수영복은 제2차 세계대전 이전부터 있었다. 그
러나 1946년 원자폭탄을 실험한 곳의 지명을 붙인 '비키니'의 유행은
충격적으로 받아들여졌다. 1951년 개최한 제1회 미스 월드 대회에 비
키니를 입은 여성이 나왔다. 당시는 일본에서 브래지어를 수용한 시기
이기도 하다. 유방만 가리는 복식 문화는 특히 물가로 나간 여성들 사
이에 널리 퍼졌다.

젖가슴과 조개

스크린의 규약은 애니메이션 속 인어에도 영향을 미쳤다. 오랫동안 물속에 내버려 둔 인어의 유방에 조개껍데기를 씌운 이미지를 널리 퍼뜨린 것은 디즈니 영화 〈피터 팬Peter Pan〉(1953)이다. 여기서 인어의 가슴은 어쩐지 죄다 가려져 있는데, 그중 한 인어의 가슴에 마침내 조개껍데기가 사용됐다.

〈피터 팬〉이 1954년 일본에서 상영되면서 이 이미지는 눈 깜짝할 사이에 일본에도 건너왔다. 만화가 다카노 데쓰지高野てつじ의 『인어공주人魚姫』[8]는 디즈니의 〈백설공주〉에 나오는 마녀라든지 〈이상한 나라의 앨리스〉에 나오는 굴 껍데기 같은 이미지를 등장인물이나 배경에 줏대 없이 그대로 베꼈다. 또한 인어공주가 〈피터 팬〉에서 해적의 아지트였던 해골바위로 마녀를 찾아오기도 한다. 다카노 데쓰지의 인어공주는 머리에는 조개를, 가슴에는 두꺼운 십자 모양 장식을 딱 붙이고 있다.그림14

인어공주에게 더욱 뚜렷이 조개껍데기 비키니를 입힌 것은 후키야 고지蕗谷虹兒다. 고단샤講談社 세계명작동화 전집 가운데 『인어공주님人魚のお姫さま』[9]을 보면, 인어공주가 권두에 실린 그림에서는 담적색 조개로 머리를 장식한 채 하얗고 둥근 유방을 드러낸 반면, 본문 삽화에서는 거의 전부 조개로 유방을 감싸고 있다. 마찬가지로 후키야 고지가 그린 고단샤의 그림책 『인어공주』[10]에서도 공주의 유방은 연분홍색 조개껍데기로 싸여 있다.그림15 이후 인어 이미지에서 조개는 잊지 않고 꼭 딸려 나오게 된다.

그림14
다카노 데쓰지, 『인어공주』 표지

그림15
후키야 고지, 『인어공주님』 본문

조개껍데기 비키니의 도상학

조개는 어쩌다 인어의 가슴으로 옮겨 왔을까? 일본에서는 부채를
펼친 모양의 가리비가 친근하다. 가리비는 유럽에 서식하지 않기 때
문에 인어 가슴에 붙은 조개는 엄밀히 말해 국자가리비(가리비의 일종)
로 짐작된다. 국자가리비는 도상학적으로 고대부터 미와 풍요의 여신
인 비너스의 소유물이다.

비너스는 바다에서 태어나 조개를 타고 다니거나 조개를 손에 들고 나타난다. 이 주제는 '베누스 아나디오메네Venues Anadyomene'(바다에서 올라온 비너스)라고 불리며 비너스와 바다의 연관을 강하게 보여 준다. 조개의 크기는 다양하다. 산드로 보티첼리Sandro Botticelli의 〈비너스의 탄생〉(1483년경)을 보면 비너스는 커다란 조개 위에 서 있다. 베첼리오 티치아노Vecellio Tiziano의 〈바다에서 올라온 비너스〉(1502년경)에 등장하는 조개는 한 손에 쥘 수 있는 크기다.

그림16
1905년 〈피터 팬〉 공연 당시 로저먼드 버린Rosamund Buryn과 제럴딘 윌슨Geraldine Wilson이 연기한 인어 모자

이런 조개의 크기가 작아지고 개수가 둘로 늘어나, 인어의 유방을 감추기 시작한 경위에 대해서는 좀 더 조사가 필요하다. 하지만 그 모습을 연상시키는 이미지가 하나 있다. 바로 1904년부터 상연된 〈피터 팬〉 무대에 이듬해부터 추가된 인어 모자母子다.그림16 브루스 핸슨Bruce K. Hanson의『〈피터 팬〉상연의 역사,1904~2010Peter Pan on Stage and Screen, 1904-2010』에 따르면, 무대 사진에 나온 어린 인어는 커다란 조개껍데기에 앉아 있고, 젊은 엄마 인어는 옷깃부터 가슴 한가운데까지 조개로 꾸민 드레스 같은 의상을 입고 있다. 엄마 인어의 꿈꾸는 듯한 몸짓과 풍성한 머리카락은 19세기 낭만적인 인어의 이미지를 그대로 이어받은 동시에 풍만함과 애정이 가득한 아름다운 바다 생물에 대한 환상을 온몸으로 체현하고 있다. 여기서 '바다의 비너스'라 할 만한 인어의 이미지를 확인할 수 있다.

다만 비너스를 통한 조개의 심상은 후키야 고지의

삽화와 완전히 일치하지는 않는다. 후키야 고지의 인어는 '소녀' 공주로서 풍만함보다는 섬세함을 드러낸다. 가장자리를 만지면 부서질 것 같은 연분홍 조개는 국자가리비나 가리비보다 작은 꽃조개를 연상시킨다.

눈여겨볼 것은 비너스든 소녀든 그 신체가 시선이 꽂히고 욕망이 투사되는 대상이라는 점이다. 신神인 비너스도 수줍은 자세를 취하고는 있지만, 본래 유방은 숨겨야 하는 것이 아니다. 인어는 신체의 일부를 가려야 한다고 판단할 만큼 인간에 가깝고, 약하고, 또 위상이 낮다. 이 '낮음'은 여성 신체로 향하는 시선, 특히 남성의 시선이 가한 압력의 역사를 암시한다.

유방과 조개의 역학

동양과 서양에서 모두 아주 오랜 역사를 가진 인어는 인류 역사의 대부분을 벌거벗은 가슴 그대로 드러내 왔다. 바다에서 태어난 신 혹은 괴물이었던 인어의 여성 신체에는 누드 감상이라는 성적·도덕적 코드가 붙었다. 인어는 별세계의 존재에서 서서히 인간이 됐고, 인간 세계의 이치에 좌우되기에 이르렀다. 그리하여 인어의 유방은 커지고, 예뻐지고, 숨겨야 하는 부위가 되었다. 이 마지막 단계에 나타난 '조개껍데기 비키니'는 신과 공주와 사랑과 바다의 에센스를 머금고, 미와 에로스를 넘나들며 누드를 완성하는 코드가 되어 유방에 필수적으로 딱 달라붙었다.

유방과 조개 사이를 가득 메우는 것은 무엇일까? 그건 인어를 바다에서 끌어올려 사랑을 구하고 미를 감상하며 유방을 감추게 한 존재,

다시 말해 인간, 대개는 남성이 보기에 좋은 환상이다. 그러나 조개껍데기 비키니 이후의 시대인 오늘날에도 인어의 유방과 조개는 여전히 그런 환상으로 이어져 있을까?

오늘날에는 인어가 물에 속한 존재임을 자연스레 내세워, 종족을 넘어 육지 남성과 교류하기를 원하는 인어 이야기 같은 변안이 많은 듯하다. 2008년 초연했고 2013년부터 일본에서 상연한 뮤지컬 〈인어공주The Little Mermaid〉에서는, 마녀 어설라를 쓰러뜨리는 역할이 디즈니 영화의 왕자 에릭에서 인어공주 에리얼로 바뀌었다. 무대 위를 종횡무진 헤엄치는 에리얼이 입은 인어 드레스가 물속에 퍼지는 장면이 여운 있다. '공주'인 인어는 수동적으로 희롱당하는 존재가 아니라 스스로 노래하고 헤엄치고 걷는다. 인어를 향한 소녀들의 동경, 여성들의 공감은 연약하고 애처로운 인어 모습에 머무르려 하지 않는다.

오랜 역사를 걸쳐 처음으로 인어는 아름답고 강하고 신비한 힘을 갖춘 신시대의 공주이자 마녀로서 여성의 힘을 보여 주는 존재가 되었다. 이제 조개껍데기 비키니는 유방을 결코 노출시키지 않겠다는 억압을 넘어, 활기찬 인어의 힘을 더욱 왕성하게 분출하는 유방을 아름답게 꾸미고 있는지도 모른다.

에로스의 억압?: 비보관의 패러독스 묘키 시노부

○○

어른의 놀이터 '비보관'

비보관秘寶館이라는 어른의 놀이터를 아는가?

비보관이라 하면 핸들을 돌려 밑에서 일으킨 바람 때문에 밀랍인형으로 만든 메릴린 먼로의 스커트가 뒤집히는, 뜻하지 않게 웃음을 터뜨리는 장치로 유명하다.그림1 유원지처럼 방문자가 참여하는 요소를 넣어 밀랍인형 주변에 간접적으로 변화를 일으키는 장치라 하겠다. 그렇다면 비보관은 도대체 어떻게 탄생했을까? 나는 실물과 똑같이 생겼지만 실물은 아닌 복제 신체와 고도의 기술이 융합한 데 착안했다. 인류학자 다나카 마사카즈田中雅一는 비보관에 '레저 계통'과 '컬렉션 계통'이라는 두 종류가 있다고 본다.[1] 그 분류에 따르면 이 글에서 다루는 비보관은 '레저 계통'이다.

1972년 이세伊勢에 일본 최초로 사람 크기의 인형을 사용한 비보관이 세워졌다. 내가 조사를 시작한 2005년에는 이미 많은 비보관

● 성 풍속이나 인간의 성 또는 생물의 성에 관한 동서고금의 문물을 소장한 시설.

이 없어진 상태였다. 그러나 원조 국제 비보관인 이
세관(1972~2007), 벳푸 비보관(1976~2011), 홋카이도
비보관(1980~2009), 아타미 비보관(1980~), 기누강 비
보전秘寶殿(1981~2014), 도호쿠 사파리파크 비보관(1982
~2006), 우레시노·다케오 관광 비보관(1983~2014) 등
일곱 군데가 있었다. 조사를 시작한 뒤에도 일본 각지
의 비보관이 속속 폐관해 이타미 비보관만 남았다.

나는 복제 신체에 집중해 비보관을 살펴보았다. 그
결과, 비보관의 기원에 의학 모형이 있다는 것, 훗날
의학적 요소가 제거되고 오락성이 강해지면서 전시
입구에 도조신道祖神[*]과 곤세이사마金精様[**]를 배치했다
는 것을 알았다. 또한 이 변화는 여성의 여행을 의식
한 사람들이 일구어 냈다는 것도 알았다.[2]

영화사 도호東寶 출신의 가와시마 가즈토川島和人가
만든 회사인 도쿄소켄東京創研은 여러 비보관에 손을
보았다. 앞서 언급한 일곱 군데 가운데 이타미와 우레
시노의 비보관을 시공했고, 벳푸와 홋카이도의 비보
관을 일부 개조했다. 이 글에서는 이런 작업을 집대성
한 우레시노·다케오 관광 비보관의 밀랍인형에 표현
된 유방을 살펴볼 것이다.

그림1
이타미 비보관의 메릴린 먼로

[*] 일본의 전통 신으로 악령의 침입을 막고 통행인이나 마을 사람들을 재난으로부터 지키기 위해
마을 입구, 언덕, 길에 모시는 신.
[**] 성 숭배의 일종으로 남근과 비슷한 자연의 나무나 돌을 신앙 대상으로 삼는 곤세이신金精神의
통칭.

비보관에 나타난 유방의 표상

우레시노·다케오 관광 비보관에는 메릴린 먼로 같은 유명인의 밀랍 인형도 있지만, 대대수는 무명인의 밀랍인형이었다. 유명인의 밀랍인 형은 외모나 크기 면에서 '오리지널'을 정밀하게 재현해야 하지만, 무 명의 밀랍인형은 그렇지 않다. 특정 인물이 아닌 무명인의 밀랍인형 은 어떤 요소를 중시해 만들었을까? 또 유방은 어떻게 표현했을까? '색 욕 향토관' 코너에 전시해 놓은 밀랍인형 가운데 〈유명 부인有名夫人〉과 〈유명有名의 연인〉을 살펴보자.

〈유명 부인〉 밀랍인형은 저쪽을 보고 있고, 바로 앞 벽에는 '젖가슴 을 눌러 주세요'라고 쓰인 '젖가슴' 모양의 버튼이 붙어 있다.그림2 버 튼을 누르면 〈유명 부인〉은 회전해 이쪽을 보다가,그림3 다시 저쪽을 바라본다. 정면을 향하는 타이밍에 맞춰 사가현에서 유명한 물고기인 짱뚱어가 몇 마리 등장해 〈유명 부인〉의 몸 일부를 가려 준다. 안쪽 간 판에는 다음같이 쓰여 있다. "유명해有名海를 등지고 서 있는 미인 아 내. 섹시하게 정면을 바라보고 있으면 무슨 일인지 '짱뚱어'가 집단으

그림2
〈유명 부인〉(뒷모습)과
'젖가슴' 버튼,
우레시노·다케오 관광
비보관

그림3
〈유명 부인〉 인형이
움직이는 곳

그림4
〈유명 부인〉
이미지 스케치

그림5
〈유명의 연인〉,
우레시노·다케오 관광 비보관

그림6
〈유명의 연인〉 이미지 스케치

로 '훼방'을 놓습니다. 미인을 물고기마저 질투하는지도……." 기획서
에도 이런 의도가 드러난다.그림4 이미지 스케치의 오른쪽에는 아래 설
명도 붙어 있다.

'유명 부인' 버튼스위치를 누르면 뒤돌아서 있는 유명 부인이 앞을 향해 돌아보
기 시작한다. (턴테이블) '저쪽'이 보일 만하면 날치가 나와 가려 버린다. 뒤에 보
이는 지평선은 유명만有名灣의 풍경. (기획서에서 발췌)

이 기획서는 도쿄소켄에서 작성한 「우레시노 비보관(가칭) 기획서」
다. 9월 22일이라는 날짜를 적었는데 1983년으로 추정된다. 이 자료
는 우레시노·다케오 관광 비보관이 2014년 개관할 때 관리 책임자를
지낸 오쿠보 시게노리大久保重則에게서 건네받았다.
다음으로 〈유명의 연인〉과 기획서의 이미지 스케치를 보자.그림5·6

'게가 집게발을 움직일 때마다 타월이 뒤집힌다'는 아이디어의 전시인데, 이 전시도 방문자 참여형이다. 버튼을 누르면 움직임이 생기는 것이다. 〈유명 부인〉과 〈유명의 연인〉은 둘 다 유방을 감상할 대상으로 삼는다. 시공자는 어떻게 유방을 표현하려고 했을까?

⌣⌣

유방을 과장하지 않는다

'도쿄소켄'의 멤버 중 한 사람으로 우레시노·다케오 관광 비보관의 디자인 설계·시공·감리를 담당한 오우치 도시오大內壽夫(1937~)에게 물었다. 2015년 8월 4일과 2017년 10월 28일 도쿄에서 이야기를 듣고, 2017년 10월 1일 전화 인터뷰를 진행했다.

오우치에 의하면 등신대 인형은 친근하게 느껴지므로, 가능한 한 가슴을 과장하지 않는다는 방침을 세웠다고 한다. 부분적으로 과장하면 전체의 균형이 무너지기 때문에 '과장하지 않도록 늘 조심했다'는 것이다. 작은 인형이라면 친근한 대상이라는 인상이 옅기 때문에 만화처럼 몸의 일부를 과장스럽게 표현하기도 하지만, 비보관은 등신대 인형을 많이 전시했기 때문에 과장은 하지 않았다고 한다.

나아가 여성의 신체를 '특이한 것'으로 표현하지 않으려 했다고 한다. 왜냐하면 도쿄소켄이 직접 관여한 비보관은 남성 손님만을 대상으로 하지는 않기 때문이다. 그래서 여성 신체의 '평균적인 아름다움'을 표현하도록 주의하고, "여성 신체에 묘한 감정을 품지 않게끔 유의했다"는 것이다. 그렇게 하지 않으면 인형이 '이질적인 것이 되어버리기' 때문이다. 요컨대 밀랍인형을 전시할 때 사람 크기라는 것과 '자연스러움'을 의식하려 했다. 이는 우레시노 비보관뿐 아니라 도쿄소켄이 손질한 비보관에 공통적으로 적용된 생각이었다. 밀랍인형사에게도 이 방침을 전달하고 지시를 내렸으며 마무리를 점검했다. '특별히 과장하지 않으면', '특별한 거부감이 들지 않으면' 인형을 통과시키고 전시했다고 한다. 다만 메릴린 먼로 등 실존 인물의 경우 실물에 가깝도록 공을 들였다. 자료나 사진이 있을 때는 그대로 표현하도록 정성을 들였다고 한다. 그러지 않으면 그 인물이라 할 수 없어지기 때문이다.

오우치에 따르면 비보관에서는 밀랍인형을 보는 여성을 배려하고, 여성 손님의 방문을 특별히 의식했다. 비보관을 즐겁게 견학하며 성에 관한 전시를 향유하는 데 거부감이 없도록 궁리했다. 거기에 유머를 더했다. 이를테면 '어머, 예쁘다! 아, 아쉬워. 조금만 더 볼 수 있다면……'이라고 할 법한 유머다. '아슬아슬하게 궁리'해서 여성 신체의 일부만 과장하지 않는다는 방침을 정했고, 유방도 그 방침에 따라 표현했다고 한다.

게다가 지역성이 보태졌다. 〈유명 부인〉의 전시 때 몸의 일부를 가리는 물고기는 기획서 단계에 '날치'라고 쓰여 있었다. 그럼에도 회의 당시 메모에는 그림 속에 만년필로 '짱뚱어'라고 추가 기재했다.그림4 이는 지역의 물고기를 활용하는 것이 더 낫겠다는 생각 때문이었다고 한다. 배경 또한 기획서 단계에서는 '유명만 풍경'이었다. 이처럼 특정 인물이 아니지만 지역의 여성을 끌어들여 지역의 서사성을 성립하고 유머를 덧붙였다. 그런 뜻에서 '색욕 향토관' 코너는 서사성을 부여한 공간이기도 했다.

상상력을 낳는 공간

이제 오우치 등의 아이디어가 가져온 효과를 생각해 보자. 밀랍인형을 우리가 어떻게 볼지를 떠올리면 알기 쉽다. 밀랍인형을 해석할 때 보는 쪽(관객)과 보이는 쪽(밀랍인형)의 관계뿐만 아니라 전시 공간에 부재하는 '오리지널'의 존재도 염두에 둘 필요가 있다.[3] 여기서는 오리지널이 특정할 수 있는 인물인지 아닌지(다시 말해 유명인인지 아닌지)가 하나의 지표다. 유명인의 밀랍인형은 리얼리티를 정밀하게 **복원**하라는 요구를 받는다. 그렇다면 유명인이 아닐 때는 리얼리티의 **연출**이란 무의미하지 않을까?

유명인의 밀랍인형은 리얼리티를 살리기 위해 실물(오리지널)과 닮게 만든다. 표정, 머리카락 색깔, 신장을 정밀하게 모방한다. 영화의 한 장면을 패러디해 보여 주기도 한다.그림1 우레시노 비보관의 메릴린 먼로는 빨간 드레스를 입고 있으며, 옆의 입간판에는 "영원한 섹시 심벌 '먼로'와 놀아 보지 않으렵니까?"라고 쓰여 있다. 유리 안에 밀랍인형을 세운다. 핸들을 돌리면 스커트가 뒤집혀 올라가는 참여형 전시물을 만든다. 방문자는 누구를 모방한 밀랍인형인지 한눈에 알 수 있다. 그만큼 정확하게 복원한다.

한편 비보관은 지역의 서사성을 갖춰 넣은 무명인의 밀랍인형을 여럿 전시했다. 실물인 것 같은 신체를 모방해 사람 크기로 어딘가에 있을 법한 인물을 만든다. 비보관에는 애니메이션 캐릭터도 아니고 우주인도 아닌 인간의 복제 신체가 있을 뿐이다. 오우치가 말한 '등신대', '자연스러움', '신체의 일부를 과장하지 않음'이라는 방침은 리얼리티를 낳는다. 리얼리티는 방문객에게 전시 공간을 친근한 세계로 인식시키고 상상력을 안겨 준다.

만일 애니메이션 전시, 공상적 생물의 전시, 작은 캐릭터 인형의 전시라면 방문객은 자신의 세계와 전시의 세계가 상이하다는 것을 전제하고 거리를 둘 수 있을 것이다. 전시물을 자신과 다른 존재, **타자**로서 바라본다. 그런데 비보관에 전시된 여성은 어딘가에 있을 법한 여성이다. 똑같은 머리카락 색깔, 똑같은 키, 똑같은 일본인이다. 자신과 호환할 수 있다고까지는 말하지 못하더라도, 주변에 있을 법한 여성으로 느끼는 정도를 설정하고 있다. 오우치의 생각에 따르면, 비보관은 남성만 여성의 신체를 보는 장소로 설계하는 것이 아니라 여성이 여성의 신체를 보는 장소로도 상정했다. 주위에 있는 여성의 신체에 접근하도록 한 것이다. 여성은 단지 남이 바라보는 객체가 아니라 스스로 보는 주체이기도 하다. 전시물에 자신을 겹쳐 놓는 상상의 해석도 있을 수 있다. 친근한 여성이라는 설정은 여성의 발상에 폭을 넓히고 여성이 주체적으로 전시를 즐길 수 있는 요소가 되는 것이 아닐까?

원조 국제 비보관 이세관은 일본에서 등신대 인형을 처음 사용한 비보관이다. 이곳은 '국제'적인 시야를 갖고 일본 문화를 포함해 해외 문화를 적잖이 전시했다. 다나카 마사카즈는 "여기에 전시한 성性은 무엇보다 외국인의 성이라 할 수 있다"라고 말한다.[6] 이세 비보관에는 등신대보다 큰 인형이라든지 유방을 커다랗게 표현한 인형도 있다. 반면 도쿄소켄은 이세 비보관과 달리 리얼리티 속으로 관객을 끌어들이는 전시물을 지향한 것이 아닐까 싶다. 또한 밀랍인형을 만들 때 실존 여성을 본뜬 비보관도 있었다. 기누강 비보전에는 본을 뜨는 광경을 기록한 사진이 남아 있다.

에로스의 억압인가, 에로스의 해방인가

도쿄소켄이 만든 비보관은 에로스의 공간이면서도 에로스를 동반한 신체를 전면적으로 과장하지 않고 성을 일상적인 요소로 파악한 것은 아닐까? 거기에 유머나 지역성, 패러디를 도입하고, 유원지처럼 고도의 전문 기술을 융합했다. 유원지 같은 비일상적 공간에서 지나치게 에로스를 과장하지 않고, 누구에게나 친근한 성이라는 주제를 밀랍인형의 형태로 구현하고 이미지를 부풀렸다. 성적 표현의 벡터가 아니라 유머의 벡터를 염두에 두고 '아슬아슬한' 지점에서 표현을 멈췄다. 방문자는 지나친 과장을 피한 신체에 친근함을 느끼거나 명랑한 해방감에 웃을지도 모른다. 참여형 전시는 방문자들의 커뮤니케이션도 불러일으킬 것이다.

여성의 신체는 이러해야 한다는 남성의 욕망을 모방하는 것이 아니라 여성의 신체를 그대로 표현하려 한 의도를 헤아려 보건대, 도쿄소켄이 여성 관객을 진지하게 의식했다는 점을 읽을 수 있다. 여성의 신체를 여성이 본다는 점을 상정하고 '자연스럽게' 표현하려 한 것은, 남성이 이상형으로 여기는 여성상과 일치하지 않을 수 있다는 의미에서 남성에게는 에로스의 억압이라 할 수 있을지도 모른다. 한편 여성의 신체를 '특이한 것'이 아니라 그대로 표현하고자 한 점에서는 이곳이 특출하게 에로스의 공간이었다고도 할 수 있다. 에로스를 과장하지 않고 에로스를 표현한다는 패러독스가 느껴진다. 도쿄소켄은 에로스를 타자의 것이 아니라 여성 자신의 것으로 자리매김하려 한 게 아닐까? 이는 여성 신체의 타자화에 저항하는 몸짓이라 할 수 있지 않을까?

도쿄소켄이 만든 밀랍인형은 조형미도 의식했다.[5] 젊은 여성의 이상적인 신체를 전시했을 가능성은 있다. 여성 신체의 '평균적인 아름다움'을 도쿄소켄이 어떤 것으로 상정했느냐에는 그 시대의 영향이 있을 것이며, 그런 점에서 하나의 역사적 기록으로 주목할 만한 가치가 있을 것이다. 도쿄소켄이 추구한 신체관은 기획자의 이미지 스케치와 거기서 비롯한 전시물을 통해 관찰할 수 있다.

비보관과 여성

비보관이 여성을 의식해 만들어졌다는 점은 우레시노·다케오 관광비보관의 기획서에도 엿보인다. 기획서 전체 22페이지 가운데 표지를 제외한 21페이지에 전시물의 이미지 스케치가 그려졌다. 여기에는 전시물뿐 아니라 전시물 앞에서 걷는 여성, 손을 모은 남성, 바라보는 남성, 걷는 연인, 핸들을 돌리는 남녀, 안쪽을 들여다보는 남성, 관람용 구멍으로 들여다보기 위해 쭈그리고 앉은 남성, 전시물을 가리키는 남성, 입을 벌리며 웃고 있는 남성, 손으로 입을 가리고 놀라는 여성, 버튼을 누르려는 남성, 전시물을 옆에서 흘겨보는 여성, 왼손을 올리고 오른발을 구르며 웃는 여성, 문을 여는 남성, 문 앞에서 고개 뒤에 두 손을 올리고 전시물을 보는 남성, '송이버섯 따기'(두더지 잡기 같은 놀이 기구)로 노는 여성 등 손님 22명이 등장한다. 21페이지 중 12페이지에 인물을 그렸고, 한 페이지에 한 명만 등장하는 장면도 있으며, 두 명 이상이 전시를 즐기는 장면도 있다. 도쿄소켄은 남성 손님도 여성 손님도 상정하고 있었다. 나아가 손님이 어떤 반응을 보일지도 이미지로 만들어 기획서에 넣었다.

예를 들어 공간에 입체 조형이 나타나는 〈튀어나오는 남근〉의 이미

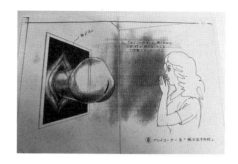

그림7
〈튀어나오는 남근〉 이미지
스케치

지 스케치를 살펴보자.그림7 이 전시는 입체를 만지려고 손을 뻗어도 만질 수 없는 착시효과 기술을 이용한 '오목면 미러 매직'이라 불린다. 여성이 눈을 휘둥그레 뜨고 손으로 입을 가린 채 놀라고 있다. 놀라는 여성이나 노는 여성의 모습을 기획서에서 확인할 수 있다.

　도쿄소켄이 일부 개조한 홋카이도 비보관 팸플릿6에 "여자의 유원지", "여자의 광장"이라는 표현이 있다는 점도 하나의 실마리다. 팸플릿의 지도를 보면 홋카이도 비보관 앞에 서서 웃는 사람도 여성이다. 여성과 비보관은 떼려야 뗄 수 없다. 홋카이도 비보관은 2009년 폐관한 뒤에도 주목받았다. 2017년 삿포로 국제예술제(〈예술제란 무엇인가?: 잡동사니 별자리들〉, 2017.8.6.~10.1.)의 〈삿포로의 세 가지 보물—예술은 이것을 뛰어넘을 수 있을까!札幌の三至寶 アートはこれを越えられるか!〉 전시에서 사진과 영상으로 돌아본 기억이 새롭다.

서사로 전해지는 여성 신체, 여성 유방

　마지막으로 우레시노 비보관의 입구 가까이에 전시된 〈우레시노 변재천⁕嬉野辨財天〉이라는 밀랍인형에 눈을 돌려, 이제까지 다룬 사례와 어떤 공통점이 있는지 살펴보자. 이 전시 이미지도 기획서에 그려졌으며, 2014년 폐관할 때까지 실제로 전시됐다.그림8 이 밀랍인형은 후쿠오카시 미술관 학예사인 야마구치 요조山口洋三가 보존해서 후쿠오카시 미술관에서 개최한 〈조각/인형〉(2015.6.16.~8.23.) 전시에서 전시장 중앙에 놓았다.그림9 야마구치는 '조각'이라 불리던 것과 '인형'이라 불리던 것을 굳이 뒤섞어 배치함으로써 경계선을 흔드는 전시를 시도했다. 여기 전시된 밀랍인형도 여성이 본다는 것을 상정해 만들어졌고, 신체나 유방을 통해 1983년 당시 도쿄소켄이 의도한 표현을 읽어 낼 수 있다.

그림8 〈우레시노 변재천〉 이미지 스케치
그림9 후쿠오카시 미술관 〈조각/인형〉 전시의 중앙에 놓인 〈우레시노 변재천〉

⁕ 인도의 여신으로 변설·음악·재복財福·지혜를 맡는다. 칠복신七福神의 하나.

도쿄소켄의 유산을 어떻게 해석하고 서사적으로 이어 갈 것인가? 여성의 신체 표상 가운데 특히 유방은 성을 주제로 삼는 비보관에서 중요한 역할을 맡았다. 에로스를 억압하면서도 에로스를 표현한다는 패러독스, 그러나 거기에 조형미가 있다는 또 다른 모순이 있다. '여성의 신체를 여성이 본다'는 설정은 여성이 단지 타자화된 객체가 아니라 스스로 보는 주체라는 전도順倒의 성격을 띤다. 또한 친근한 여성이 거기 있는 듯 그 장면에 자신을 겹쳐 놓는 상상의 자유를 가져다준다. 도쿄소켄이 여성을 의식해 비보관을 만들었다는 점은 여성이 주체적으로 신체에 관여하는 흐름이라든지 여성의 삶을 둘러싼 새로운 움직임과 궤적을 반영하는 듯하다. 그렇기 때문에 비보관을 통한 유방의 표상은 시대를 비추는 상징적 산물로 볼 수 있을 것이다.

남자의 젖꼭지와 여자의 유방 기무라 사에코

일본어의 '젖(지치)'은 어머니의 유방을 가리키는 젖가슴의 의미로도, 에로틱한 여성 신체의 의미로도 여성의 것이라는 이미지가 있지만, 공교롭게도 발음상으로는 엄마가 아니라 아빠(지치)를 닮았다.[•] 그런데 '지치'는 비교적 새로운 말이다.

헤이안·가마쿠라시대에 '젖'은 그냥 '지'라고 했다. 이때 '지'라는 발음만으로 모유, 유방, 젖꼭지, 젖꽃판[••] 등을 모두 가리켰다. 또 귀족 사회에서는 아기를 낳은 엄마가 아기에게 젖 먹이는 일이 없어서 '초유를 먹이는' 사람이 따로 있는 등 오늘날 모친의 역할은 유모(지금은 우바ゥバ[•••]라 하지만, 헤이안시대에는 메노토めのと[••••]라 불렀다)가 맡았다. 헤이안 궁정 서사를 보면 '젖'이라는 말은 거의 모유를 주는 유방을 가리켰다. 또는 『밤에 잠이 깨다』처럼 '비밀 임신'만 하는 경우가 있다. 이때 "젖의 모양이 변한 것을 알아볼 리 없을 것"이라고 하면서 임신 발각의 징후로 젖꽃판 색깔의 변화를 말하기도 한다. 유방이라는 말이

[•] 일본어로 젖과 아빠는 다 '지치ちち'라고 발음한다.
[••] 젖꼭지 둘레에 있는 거무스름하고 동그란 부분. 유륜乳輪이라고도 한다.
[•••] 어머니 대신 젖을 먹여 길러 주는 여자.
[••••] 귀인의 자식을 양육하는 소임을 맡은 남자.

별로 쓰이지 않았다고는 해도 '유방의 은혜', '어머니의 은혜는 애처롭고 유방은 그립구나' 하는 용법이 『우쓰호 모노가타리宇津保物語』 등에 나온다. 여기서 유방은 엄마의 환유다. 이렇듯 헤이안·가마쿠라시대 문학에서 젖은 오로지 아이를 낳은 신체의 유방을 가리키는 말이었고, 에로티시즘의 표현으로는 등장하지 않았다.

그런데 '젖꼭지'라는 말이 헤이안 궁정 서사에는 나오지 않더라도 1603~1604년 출판된 『일본어-포르투갈어 사전日葡辞書』에는 나오기 때문에 적어도 17세기에는 존재했던 듯싶다. 젖꼭지라면 남성에게도 있지만, 특별히 젖꼭지라는 말이 쓰이지 않았던 탓에 부친의 젖이나 남자의 젖꼭지는 문제가 되지 않았던 게 아닐까.

일본 불상은 대체로 젖꼭지가 없다. 체격이 우람하며 상반신을 벗고 서 있는, 도다이지東大寺 남대문南大門의 금강역사상金剛力士像 같은 인왕仁王이 아닌 이상은 말이다. 애초에 나라奈良시대(710~794)의 금강역사상은 갑옷을 입은 모습으로 나상裸像이 아니었고, 나체라고 해도 도지東寺(교오교코쿠지教王護国寺)의 부동명왕상不動明王像 등은 젖꼭지가 없다. 또한 귀신 같은 형상이었다고 해서 근육을 표현하지 않는 애염명왕상愛染明王像 등도 젖꼭지는 없다. 이렇게 생각하면 불상과 불화는 육체의 리얼리즘과 상관이 없고, 어쨌든 젖꼭지를 표현하지 않기로 한 듯하다. 드문 예로 거위에 올라앉은 도지의 범천상梵天像, 오카야마현에 있는 묘오지明王寺의 성관음상聖観音像에는 젖꼭지가 있는데, 보는 사람이 깜짝 놀랄 수밖에 없을 만큼 어쩐지 에로틱한 이미지를 환기한다.

그런데 인도·파키스탄에 있는 불상을 보면 젖꼭지가 제대로 붙어 있다. 젖꼭지는 티베트의 불상에도, 동남아시아의 불상에도 있다. 남성상에 젖꼭지가 있는 지역에서는 대개 여성상에도 풍만한 젖가슴이 있다.

이제껏 인도에서 시작된 불교가 중국과 한반도를 경유해 일본으로 들어왔을 때 여성의 유방 표현이 없어졌다고 기술해 왔다.[1] 귀자모신상鬼子母神像이 전형적이다. 귀자모신은 자식 점지와 순산을 기원하는 여신으로서 지금도 신앙의 대상이다. 이 여신은 인도에서 들어왔으며 원래 이름은 하리티Hārītī다. 이를 음역한 것이 가리테訶梨帝이고, 여기에 '모母'를 붙인 가리테모訶梨帝母라는 이름으로 익숙하다. 순산의 신인 만큼 하리티는 보통 젖가슴이 커다란 풍만한 몸을 갖고 있다. 이것이 일본에 들어와 모조리 젖가슴의 표현을 잃고 평평한 가슴으로 바뀌었다. 왜 이렇게 되었는지 여성의 유방 문제로 생각하려 해 왔으나, 처음부터 남녀를 불문한 젖꼭지의 문제였는지도 모른다. 한마디로 남성의 젖꼭지에 흥미가 없다면 여성의 젖꼭지에도 흥미가 없다는 것이 아닐까?

이를테면 가마쿠라시대의 육필 춘화〈대법사회사袋法師繪師〉는 법사가 아마고젠尼御前의 저택에 끌려가 여성들의 성적 상대가 되었다는 이야기인데, 이 법사의 나체에는 젖꼭지가 없다. 그리고 상대인 비구니에게도 젖꼭지의 표현이 없다. 어느 쪽이든 까까머리이기 때문에 누가 남자인지 여자인지, 성기를 보지 않으면 알 수 없다. 젖꼭지라는 말을 쓰기 시작한 에도시대의 춘화도 마찬가지여서 남자 몸에 젖꼭지를 그려 놓은 기색은 없다. 여자의 유방 표현은 아무래도 건성이다. 춘화는 에로티시즘을 환기하려는 그림이지만, 남녀의 성기만을 마구 강조하되 기모노를 벗지 않을 때도 많다. 이는 육체를 사랑하는 것과 깊이 관계가 있을 것이다. 남자의 젖꼭지에 흥미가 없는 이상, 여자의 유방은 에로스의 대상이 되지 않는다.

유방과 과실의
하모니 오시로 사유리

　　화가가 그림 소재를 찾아 여행하면서 어떤 지역의 특징적인 풍속을 그리는 일은 드물지 않다. 제2차 세계대전 시기 일본 화가들도 그랬다. 행선지는 다양하지만, 이동 수단이 지금보다 훨씬 한정적인 시대라 여행은 쉽지 않았다. 바다를 건너는 일은 말할 것도 없었다. 그래서 일본이 통치하던 지역은 정기항로를 만들고 여관이 등장하는 등 여행하기 쉽게 시설을 정비해 갔다. 그런 가운데 화가들은 조선·대만·남양군도로 발길을 옮겼다. 이 글에서는 남양군도의 여성을 그린 작품을 소개한다.

고갱을 동경하다

　　남양군도는 처음에 스페인령, 다음으로 독일령이 된 섬들이다. 제1차 세계대전 때 일본군이 점령한 이후 일본이 통치했는데, 사이판이나 팔라우 등을 포함한 지역이다. 정기항로를 개설한 뒤 점차 이민자나 여행객이 늘었다. 물론 화가들도 여행을 떠났다.

　　기이하게도 일본이 남양군도를 점령한 전후로, 1910년대에 잡지《시

그림1 우에노야마 기요쓰구, 〈파라다이스〉, 제7회 제국미술원 전람회 그림엽서, 1926년

라카바白樺》등에서 폴 고갱Paul Gauguin을 소개하며 타히티섬 에피소드와 작품 도판을 실었다.[1] 고갱을 동경한 일본 화가들은 그의 작품 세계를 찾아 남양군도를 방문했다. 예를 들어 홋카이도 출신의 우에노야마 기요쓰구上野山清貢는 '고갱의 그림을 알기 위한 단초'[2]로서 사이판에 머물렀다. 그는 그곳에서 〈파라다이스パラダイス〉(1926)라는 작품을 그려 제국미술원 전람회에서 특선을 수상했다. 이 그림의 인물 포즈나 구도 등에는 고갱의 영향이 짙게 배어난다.그림1

탐탁한 그림 소재

당시 일본 화가들은 어느 통치 지역에서나 민속 의상을 입은 인물을 그렸다. 대개는 여성을 대상으로 삼았다. 열대지방 특유의 허리에 두르는 치마와 짧은 도롱이 차림으로 유방을 내놓은 여성은 고갱이 그린 타히티 여성과 비슷해 보였다. 이는 남양군도의 전형적인 이미지

가 되었다. 1925년에 간행된 전기 『고갱ゴーガン』의 광고문에 "타히티에서 처음 자신의 유토피아를 발견했다. 문명의 먼지더미 속에서는 도저히 찾을 수 없는 건강한 벌거숭이 여자들이 그곳에 있었다"하고 소개한 것을 보더라도, 낙원이라 하면 벌거벗은 여자 이미지가 떠올랐음을 알 수 있다.

물론 모든 사람이 허리에 두르는 치마와 도롱이 차림은 아니었다. 스페인의 영향으로 양복을 입고 서구 생활방식을 누리는 사람도 있었다. 화가들은 그런 풍속에 주목하여 양장을 한 인물을 그리기도 했다. 그러나 우에노야마 기요쓰구는 서양에 동화된 사람들에 대해 "생활도 감정도 야성적이지 않다"고 단정했다. 그는 고갱의 작품 같은 야생을 추구할 뿐, 양장을 한 인물을 그림에 등장시키지 않았다.

그 밖에도 고스가 도쿠지小菅徳二는 "늘어뜨린 유방과 짧은 도롱이를 흔들면서 야자나무 사이를 느릿느릿하게 걷고 있는 모습은 누구나 즐겨 그리는 그림의 소재"라고 여행기에 적었다.[3] 이런 여성상이 남양군도 풍속의 전형으로 나타난 예는 수없이 많다.

⌣⌣

과실 + 유방 = 풍요의 낙원

또 하나의 전형적인 모티프는 바나나·코코넛 등이 대표하는 열대과실이다. 이국적인 취미를 불러일으키는 절호의 그림 소재인 만큼 여성과 함께 그려진 예도 있다.

그중에서도 시국에 영합하는 의도가 가장 선명한 도상이 잡지《남양군도南洋群島》의 삽화였다.그림2 "상당히 무거워졌어요"라는 문구와 함께 여성이 이쪽을 향해 바구니에 한가득 과실을 보여 준다. 뒤쪽 여

성이 손을 뻗고 있는 과실에는 '남척南拓'(남양척식南洋拓
殖)*이라는 글자가 보이고, 바구니에 든 과실에는 '척
식계획拓殖計畫', '어업漁業'이라는 글자가 보인다. 이를
통해 무겁게 가득 딴 과실은 위임통치의 성과를 가리
킨다는 것을 알 수 있다. 과실과 둥그런 유방이 서로
어울려 남양군도는 일본에 이익을 가져다주는 풍요로
운 낙원이라는 메시지를 만들어 낸다.

　이런 이미지는 태평양전쟁이 발발한 이후 1943년
무렵까지 계속 그려졌다. 언뜻 시국에 어울리지 않는
여성 나체와 달콤한 과실 도상을 그릴 수 있었던 것
은, 낙원 이미지가 정치적 이념에 반하기는커녕 오
히려 안성맞춤의 메시지를 담고 있었음을 시사한다.

　때로 여성은 어머니로 등장한다. 태평양화회太平洋畫
會에 속한 후세 신타로布施信太郎의 〈남양 사이판섬南洋サイ
パン島〉(1940)⁴에는 유방을 붙들고 모유를 재촉하는 아
기와 함께 과일이 그려져 있다.그림3 그림 오른쪽에는
허리에 치마를 두른 여성이 과실과 유방(모유)을 통해
지모신地母神 같은 역할을 하며, 풍요로운 낙원의 이미
지를 강화한다. 한편 그 뒤쪽으로 양장을 한 여성들은
십자가를 향해 기도할 뿐, 과실이나 어린이 등 풍요의
이미지와는 거리가 멀어 모성과 동떨어져 버렸다. 여
기서는 서구화된 양장의 여성과 허리에 치마를 두른
원시적인 모습의 여성이 선명한 대조를 이루고 있다.

그림2
잡지 《남양군도》(제2권 8호)
삽화, 남양협회 남양군도 지부,
1936년 8월

그림3
후세 신타로, 〈남양 사이판섬〉,
1940년

▌ 1920년대 동양척식주식회사와 실업가 마쓰에 하루지松江春次를 중심으로 사이판섬에 설립했다가
포츠담선언의 수락과 더불어 폐쇄당한 주식회사.

그림4
아카마쓰 도시코, 〈야프섬〉,
1940년

~~

실은 개성적인 유방들

여성 화가로는 아카마쓰 도시코赤松俊子(마루키 도시丸木俊)가 팔라우
와 야프섬■을 찾았다. 그는 다른 작가들과 달리 섬 주민을 대할 때 스
스로 옷을 벗고 그들과 똑같이 허리에 치마를 두르고 춤을 추었다. 그
가 그린 유방의 모습[5]은 작은 것도 있고 커다란 젖꽃판도 있는 등 개
성적이었다.그림4

이들 그림에 나타난 몇몇 개성적인 유방은 화가가 대상을 있는 그대
로 그리는 것이 아니라 연출하는 것임을 가르쳐 준다.

■ 서태평양 캐롤라인제도 서부의 섬. 미국의 신탁통치령.

만화와 유방: 오카자키 교코가 그리는 젖가슴 다케우치 미호

오카자키 교코가 그리는 젖가슴의 매력

최근 만화가 오카자키 교코岡崎京子의 작품이 재평가를 받고 있다. 2012년 『헬터 스켈터ヘルタースケルター(Helter Skelter)』, 2018년 『리버스 에지リバーズ·エッジ(River's Edge)』▮가 실사 영화로 만들어졌고, 2015년 세타가야 문학관世田谷文學館에서 〈오카자키 교코전: 전장의 걸스 라이프岡崎京子展: 戰場のガールズ·ライフ〉를 개최해 전국을 순회했다.

만화가 오카자키 교코라고 하면 1980년대부터 1990년대에 걸쳐 만화 잡지, 서브컬처 잡지, 패션 잡지 등에 수많은 작품을 발표했을 뿐 아니라 시대를 대표하는 인물로서 젊은이들에게 인기를 끌었다. 그는 왜 이토록 수많은 사람의 지지를 얻고 최근 다시 주목받고 있을까? 여기서는 그 비결이 그가 하는 신체 표현, 특히 젖가슴 묘사에 있지 않을까 하는 가설을 세워 본다.

오카자키 교코가 그린 젖가슴에 관한 흥미로운 증언이 있다. 사쿠

▮ 오카자키 교코 작품으로는 처음으로 『리버스 에지』(이소담 옮김, 고트, 2019)가 한국에 번역 출간되었다.

라자와 에리카櫻澤エリカ, 안노 모요코安野モヨコ, 시마오 마호しまおまほ 등 만화가·일러스트레이터인 세 사람이 〈오카자키 교코전〉에 앞서 2014년 세타가야 문학관의 토크 이벤트를 통해 발언한 내용이다.

시마오 (…) 그리고 엄청 좋아하는 게 젖가슴의 묘사.

사쿠라자와 아아, 젖가슴, 참 잘 그리죠(웃음).

시마오 '아, 이게 바로 오카자키 씨가 그린 젖가슴이구나' 하는 말이 나오는 젖가슴을 그리잖아요. 그걸 정말 좋아해서 몇 번이나 흉내를 냈어요. 고등학교 시절 일기장에 오카자키 씨의 그림을 흉내 낸 젖가슴을 잔뜩 그리곤 했죠. 허리의 잘록함이라든지, 가터벨트garter belt를 맨 매무새라든지, 하이힐의 뒤꿈치 같은 것을 엄청나게 부러워했기 때문에 내내 즐겁게 모방해서 그리곤 했어요. 여자 몸을 그리기 좋아하는구나 하는 느낌이 들었지요. 그중에서도 역시 젖가슴이 제일 인상적이었고요.

안노 확실히 여자의 바디 라인은 특별히 멋졌어요. 저런 몸을 그리는 사람은 없어요.[1]

시마오의 발언을 통해 오카자키 교코가 그리는 젖가슴이 인상적이어서 동경의 대상이었음을 알 수 있다. 나아가 시마오는 오카자키의 그림을 베껴 그리는 '즐거움'도 언급한다. 사쿠라자와나 안노도 이에 동의하는 것을 볼 때, 특히 그림 그리는 여성들에게 오카자키 교코의 만화가 지닌 매력은 단지 젖가슴의 표상과 거기서 연상되는 여성 이미지에 머물지 않는다. 그것은 모사模寫를 할 때 실제로 선을 긋는 쾌락과 연관되어 있음을 알 수 있다.

또 〈오카자키 교코전〉의 후쿠오카 전시에서 열린 토크 이벤트 "오늘 마치코マチ子가 이야기하는 '오카자키 교코 만화'의 매력"(2016.12.3.)

당시 니와야마 다카히로庭山貴裕(세타가야문학관 학예사)는 도쿄의 〈오카자키 교코전〉을 보러 온 방문객의 코멘트 카드에 '오카자키 교코가 그린 여자를 좋아한다', '오카자키 교코가 그리는 젖가슴이 좋다'는 목소리가 잔뜩 적혀 있었다고 전했다. 이를 통해 일반 독자도 그가 그린 형태나 선의 움직임 자체에 매력을 느꼈음을 알아챌 수 있다.

젖가슴 표현의 변천

오카자키 교코는 초기부터 여성의 신체와 성, 내면의 문제를 중심적으로 다뤘다. 특히 젖가슴은 중요한 모티프로 등장하곤 한다. 초기 작품인 「카레라이스CURRY RICE」(1985)에서는 성에 관심이 있는 여고생의 첫 경험 장면을 그렸는데, 이 무렵에는 유방을 그리 자세히 묘사하지 않았고 젖꼭지도 둥글게 표현했다.

한편 〈그림1〉은 「입술에서 산탄총ちびるから散彈銃」(1987~1990)에 등장하는 주인공 사카에의 나체 그림이다. 이 작품은 고교 시절부터 친구인 20대 사무직 여성 세 명의 철없는 일상생활을 그린 것이다. 세 사람이 목욕탕에 가는 이야기 중에, 사카에의 사발을 엎어 놓은 듯한 젖가슴과 잘록한 허리를 친구들 시선 앞에 제시한다. 유방(=여성 신체)의 발달과 남성에게 흥미를 보이지 않는 사카에의 내면이 어긋나는 것을 표현한 장면이다.

초기 작품의 젖가슴 표현과 비교하면 「입술에서 산탄총」의 선이 더 매끄럽다. 유방에 둥근 맵시가 생기고 젖꼭지도 약소하게나마 표현하고 있다. 특히 젖가슴을 그리는 선의 흐름에 주목하고 싶다. 남성용 성인 만화의 여체와 달리, 옆에서 본 가슴께가 완만한 언덕길을 그리듯 부드럽게 올라가며 젖꼭지를 정점으로 해 그 아래는 작은 반원 형태다. 비현실적이고 이상적인 모양이 아니라 현실적이면서도 곡선이 실제 가슴에 선을 덧그린 듯한 매력을 풍긴다.

오카자키 교코의 대표작인 「핑크pink」(1989)에는 젖가슴이 더욱 빈번하게 등장한다. 우선 표지에 나체의 주인공 유미가 나오고, '핑크'라는 제목과 마찬가지로 입술과 젖꼭지가 핑크색으로 그려져 있다. 그 밖에 속표지나 작품 안의 그림에도 유미의 나체와 함께 위로 올라간 훌륭한 젖가슴이 나온다. 「입술에서 산탄총」의 사카에와 비교하면 젖꼭지에 스크린톤screen tone을 자주 사용했다.

후기 작품인 「헬터 스켈터」(첫 연재는 1996, 단행본 출판은 2003)는 주제를 '미美'로 압축해 신체의 문제에 초점을 맞췄다. 표지에서는 「핑크」와 마찬가지로 젖가슴을 강조하지만, 얼굴 절반이 프레임 아웃되어 얼굴보다 젖가슴에 눈을 돌리게 한다. 이 작품은 여러 번 성형수술을 받은 모델인 주인공 리리코의 벗은 유방을 그대로 노출시키는 장면이 많다. 지나치게 크고 팽팽하게 당겨진, 위로 향한 젖가슴을 그렸다.

그러나 기존 작품에서는 보여 주지 않던 처지고 추한 젖가슴도 충격적일 만큼 드러낸다.그림2 이것은 사실 리리코 본인의 젖가슴이 아니라 리리코의 옛 연인과 약혼한 여자의 젖가슴이다. 그녀는 리리코를 질투해 자신도 같은 병원에서 성형수술을 받는데, 수술 후유증으로 몸이 망가지기 시작한다. 이야기 후반부에는 리리코도 성형수술의 후유증으로 똑같이 몸이 망가지는 모습이 나온다. 부드럽고 팽팽하며 탄력 넘치던 젖가슴이 흐물흐물 무너지는 모습으로 그려져 독자에게 충격을 안겨 준다. 여기서 젖가슴은 여성의 아이덴티티를 나타내는 데 중심 역할을 하는 동시에, 여성 스스로 조절할 수도 제어할 수도 없는 것이라는 양의성을 띠는 듯하다.

그림1
오카자키 교코, 「입술에서 산탄총」(부분, 『くちびるから散彈銃』, 講談社, 1989)

그림2
오카자키 교코, 「헬터 스켈터」(부분, 『ヘルタースケルター』, 祥傳社, 2003)

오카자키 교코의 '선'과 양의적인 젖가슴

오카자키 교코의 작품을 한눈에 훑어보면, 주요 작품은 젖가슴을 중요한 모티프로 강조하고 있다. 나아가 오카자키 특유의 선 묘사로 독자에게 독특한 인상을 준다. 오카자키의 만화는 신체 표현뿐 아니라 선을 그리는 방식도 특징적이다. 일반적으로 스토리 만화는 선 자체보다는 스토리에 몰입하는 표현 방법을 취하지만, 오카자키의 만화는 거칠어 보이는 선이나 스크린톤을 덧붙인다. 이것이 손으로 그린 '만화'임을 환기하는 것이다. 이런 표현은 얼핏 '장황'해 보인다. 다만 전람회에서 원화를 보면 엇나간 스크린톤의 위치가 꼼꼼하게 지정되어 있다. 따라서 이것이 우연의 산물이 아니라 의도된 연출이라는 점도 추측할수 있다. 오카자키는 거칠고 물질적인 선을 가지고 곡선을 한껏 활용해 여성의 신체, 특히 젖가슴을 그렸다. 그리하여 그가 표현한 형상을 우리는 기호적으로는 물론, 감성적으로 읽어 낼 수 있다.

오카자키 교코의 작품은 모든 것이 기호화된 소비사회를 표상하는 것으로 자주 평가받는다. 그러나 오히려 기호성과 신체성(물질성)의 애매모호한 관계, 즉 양의성이야말로 오카자키 교코 만화가 지닌 매력의 원천이라 할 수 있다. 그는 그 양의성을 드러내는 모티프로서 젖가슴을 반복해 그리는지도 모른다. 그렇게 손에 잡히지 않는 끌림에 의해 지금도 오카자키 교코의 만화는 결코 과거의 작품이 아니라 현대의 작품일 수 있을 것이다.

세계의 젖가슴 산책
에조가시마蝦夷島* 유신
순례기 다케다 마사야

⌣⌣

젖의 신: 유신 신사

일본 각지에는 유방에 관한 명소라 할 만한 장소가 여럿 있다. 이를 테면 야마구치현 슈난시의 가와자키 관음川崎觀音, 구마모토현 유노마에정의 우시오 신사潮神社, 히로시마현 후쿠야마시의 아부토 관음阿伏兎 觀音, 아이치현 고마키시의 마마 관음間々觀音, 오카야마현 소자시의 가루베 신사輕部神社, 와카야마현 구도야마정의 지손인慈尊院 등이다. 내가 사는 홋카이도에도 그런 곳이 있다.

2014년 9월 21일 일요일, 홋카이도 도카치 관내의 우라호로정에 있는 우라호로 신사浦幌神社에서 '젖의 신'인 '유신님(지치카미사마)乳神 樣'의 추계 기원제가 열린다는 소식을 듣고 한걸음에 취재에 나섰다. 우라호로정은 삿포로에서 JR 특급열차로 세 시간쯤 걸린다. 와인으로 유명한 이케다정에 내려 완행열차를 갈아타고 30분을 더 가야 한다.

우리는 기원제 전날 우라호로정에 들어서서 역 앞 거리의 다카자

▌ 홋카이도를 지칭하는 옛 명칭의 하나로 에도시대까지 이렇게 불렀다.

그림1
우라호로 유신 신사의 간판

와高澤 여관으로 숙소를 정한 다음, 곧바로 마을을 산책하고 신사를 둘러보기 위해 나섰다. 역 앞 거리를 10분쯤 곧장 걸어가 국도 38호선 너머 언덕 위를 보니 그곳이 바로 신사였다. 국도의 길가에는 빨간 바탕에 흰색으로 '유신 신사乳神神社'라고 적은 간판이 서 있다. 이것을 보고 '뜨헉, 이게 뭐야!' 하고 지나치는 운전자가 많은가 보다.그림1 졸음운전을 방지하는 효과도 있을 듯하다.

신사의 경내에서는 우라호로정이 한눈에 내려다보인다. 대단히 멋진 전망 장소다. 그날의 임무는 신사의 위치를 확인하는 것뿐이었지만, 마을을 산책하다가 작은 전시실을 겸한 도서관 문이 열려 있어 들어갔다. 옛 농기구 등을 전시하고 있었다. 거리에는 인적이 거의 드물었다.

다음 날 여관에서 맛있는 아침밥을 배불리 먹고 여관을 나와, 11시부터 시작하는 기원제에 참여하기 위해 일찌감치 신사에 도착했다. 하늘은 청명했고 햇볕이 따갑게 느껴졌다. 어제는 사람 그림자도 보지 못해 약간 걱정스러웠지만, 막상 가 보니 수유, 자식 점지, 순산, 건강 등을 기원하는 사람들이 경내에 여기저기 제법 모여 있었다. 어제 닫혀 있던 유신님 사당을 개장開帳▌하고, 궁사宮司▌▌의 주도로 막힘없이 추계 기원제를 집행하려는 참이었다.

▌ 감실龕室을 열어 그 속에 있는 신상神像에 예를 갖추는 일.
▌▌ 신사의 제사를 맡은 최고위의 신관神官.

おっぱいの神様―「乳神神社」

大正の中頃、浦幌町瀬多来の山奥に女性の乳房に似たコブを持った、ナラの大木があ
りました。ある日、吉田という老婆がこの木を見つけ、「孫のため、母親に乳を授けて
下さい。」と一心に祈願したところ、願いが叶えられ、地元の方々に「乳神様」として
信仰されるようになりました。その後、ナラの御神木は、災害により倒れてしまい
ましたが、辛うじてコブの部分が残り、昭和三十年頃から地元の瀬多来神社の側で
おまつりするようになりました。乳神様の御神徳を広く世
に広めようと町内の婦人十四名が発起人となり、浦幌神社境内に社殿を設け、同
年九月十二日に遷座祭を斎行し、ご神体のコブをお移し致しました。現在では北
海道はもとより、全国各地から女性・母性の守り神として信仰を集めております。

祭　神　乳授姫大神(ちちさずけひめのおおかみ)
鎮座地　北海道十勝郡浦幌町字東山町十八番地の一
御神徳　乳授け・子宝・安産・縁結び・病気平癒
祭　典　各種祈願祭　年中受け付けております。(要予約)
　　　　新年祈願祭　正月上旬の日曜日(三が日を除く)
　　　　春季祈願祭　五月二十一日
　　　　秋季祈願祭　九月二十一日
連絡先　浦幌神社社務所　(電話〇一五-五七六-二四四八)

詳しくは、浦幌神社のHPをご覧下さい。
検索　浦幌神社へようこそ
http://www.urahorojinja.org/

그림2　우라호로 유신 신사 설명서

　도서관에서 본 『우라호로정 100년사浦幌町百年史』[1]나 신사의 설명서
등을 읽어 보면, 유신 신사는 다이쇼大正시대(1912~1926) 중반 무렵에
세타라이 연못瀬多来の澤에서 임업이나 숯 굽기에 종사하는 사람들에게
신앙의 대상이었던 졸참나무에서 유래한 듯하다.그림2 나무 기둥에는
젖가슴 모양의 혹이 두 개 있다고도 한다. 이 나무를 발견한 것은 '요
시다'라는 아주머니였던 모양이다. 요시다가 젖이 나오지 않는 딸을
생각하며 "손주를 위해 엄마에게 젖을 주세요" 하고 이 나무에 빌었
다. 이 일로 이 신목神木은 이 지역 사람들에게 '유신님'으로 불리며 숭
앙을 받았다.

　그 후 졸참나무는 재해를 입고 쓰러졌다. 그러나 혹이 난 부분이 가
까스로 남았다. 이에 1955년 즈음부터 지역의 세타라이 신사 곁에서

그림3
우라호로의 유석

축제를 열기로 했다고 한다. 1982년에는 유신님의 신덕神德을 널리 세상에 퍼뜨리고자 마을의 부인 14명이 발기인으로 나서서 우라호로 신사의 경내에 신전을 세우고 그해 9월 21일에 천좌제遷座祭[*]를 올렸다. 이에 도내道內는 물론 전국 각지에서 찾아오는 사람이 끊이지 않는다고 한다. 제신의 정식 이름은 '수유희대신(지치사즈케히메노오카미)授乳姬大神'이다.

궁사들에게는 사전에 이메일로 취재하겠다는 연락을 해 놓았다. 취재가 끝나고 감사 인사를 했다. 신목인 졸참나무로 만든 젖가슴 모양의 작은 부적을 샀다. 경내에는 '유석乳石'이라 부르는 둥근 돌도 있다.그림3

젖의 신: 우바스기

시리우치정은 세이칸青函 터널의 홋카이도 쪽 입구에 있다. 모토마치에 있는 시리우치 공원에는 '우바스기姥杉'(유모 삼나무乳母杉)라는 나무가 우뚝 서 있다. 삼나무에 난 혹이 유방과 닮아서 '젖이 부족해 고민하는 엄마를 도와준다'는 신묘한 힘이 알려져 신앙의 대상이 되었다고 한다. 그 옆에 신사의 기둥 문이 서 있다. 자세히 봤더니 그 지역 출신의 가수 기타지마 사부로北島三郎가 가수 생활 30주년을 기념해 1991년 봉

---

[*] 신전을 새로 짓고 수리할 때, 또는 준공한 뒤에 신체神體를 옮기는 제의.

납한 것이었다. 그가 유방에 원하는 것이 무엇인지
는 알 수 없지만 지역의 명사가 마음을 쓸 만큼 명소
인 듯하다.

이 지역의 라이코 신사雷公神社에서는 에도시대부터
이어져 온 십칠야강제(주시치야고사이)十七夜講祭가 매년
1월에 열린다. 이 축제에는 여성만 참여하는데, 유방
모양으로 쌀가루를 반죽해 만든 높이 15센티미터의
'(달걀 모양) 떡'을 두 개 바친다고 한다. 이 축제는 '젖
가슴 축제'라고도 불린다. 근처 가게에서는 '젖가슴
만주', '치치카미(젖의 신) 떡' 등도 팔고 있었다.그림4
전 세계에 널리 있는 '젖가슴 과자'의 하나다.

또 시리우치정 서쪽 가장자리에 접한 후쿠시마정의
후쿠시마 대신궁福島大神宮 경내에도 혹이 있다. 500년
된 것으로 알려진 이곳 노송나무는 '유방 노송나무'라
불리는데, 모체 안전, 자손 번영의 은혜를 베푼다고 하
는 신앙의 대상이다.그림5

홋카이도의 유방 신앙은 나무에 난 혹을 유방으로
간주하는 게 특징인가? 내가 2015년 유방문화연구회
에서 이 주제로 논문을 발표했을 때, 식물학·약리학을
전공한 다시로 신이치田代眞一 선생은 그런 특징이 한랭
지의 수목에 해당하는 것 아니냐고 지적했다. 이 부분
에 대해 더 자세히 가르침을 받고 싶다.

그림4
시리우치의 젖가슴 만주

그림5
후쿠시마의 유방 노송나무

세계의 젖가슴 산책 성스러운 젖: 후지산 기슭 '어머니의 태내' 세키무라 사키에

'유방'과의 만남

2014년 5월 어느 날, 문득 후지산 주변을 관광하려고 마음먹고 자동차를 몰아 가와구치호로 갔다. 주오 자동차도中央自動車道 가와구치호 인터체인지에서 후지산 방향으로 10분을 달렸더니, 넓은 교차점의 오른쪽에 '후나쓰 태내 신사船津胎內 神社'가 있었다. 장시간 운전의 피로를 풀기 위해 한숨 쉬려고 차를 멈췄다. 우선 신에게 예를 올렸고 기둥 문으로 들어가 새전함▼ 앞에 섰다.

그러다 깜짝 놀랐다. 새전함 바로 뒤에 쩍하고 가로로 입을 벌린 구멍이 있지 않은가. 그 구멍은 내리막 경사로 이어지는 듯했고, 땅바닥에 이르는 입구를 연상시켰다.그림1 더 자세히 들여다보았더니 정말 이 '구멍'을 지키기 위해 신사를 세운 것이었다. 도대체 이 '구멍'은 무엇일까? 주변을 둘러보니 구멍으로 들어가려면 옆 건물인 '가와구치호 필드센터'에서 접수하라는 주의사항이 쓰여 있었다. 얼른 옆 건물로

▼ 신령이나 부처 앞에 바치는 돈을 넣는 상자.

그림1
새전함 안쪽의 태내 수형 입구

들어갔다. 금세 접수를 마치자 직원이 친절하게 설명해 주었다.

나는 비로소 이 '구멍'의 명칭이 '후나쓰 태내 수형船津胎内樹型'이라는 것과 헤이안시대에 후지산이 분화할 때 흘러나온 겐마루비剣丸尾 용암류가 만들어 낸 용암수형溶岩樹型임을 알았다. 용암수형이란 나무를 감싼 고온의 용암류가 급속히 냉각해 굳어진 것으로, 안쪽의 불타 없어진 나무에 빈 공간이 생겨 나타난 자연 조형물이다. 커다란 나무 여러 그루가 옆으로 쓰러져 형성된 '후나쓰 태내 수형'은 국가 천연기념물로 지정되었다고 한다. 한마디로 '구멍'에 들어가는 것은 천연기념물인 공동화空洞化한 커다란 나무 안으로 들어간다는 말인 듯하다.

나아가 직원이 건넨 팸플릿을 보니 우키요에가 인쇄되어 있었다. 여장을 한 남자가 수형 내부의 천장에서 아래로 늘어진 유방 같은 돌기에 무언가를 하고 있다. 이건 도대체……. 이 우키요에에 마음이 사로잡힌 나는 마치 빨려 들듯 '구멍' 입구로 발길을 옮겼다.

후지산 태내 순례도

팸플릿에 있던 우키요에는 에도시대 화가 우타가와 사다히데歌川貞秀의 작품 〈후지산 태내 순례도富士山胎內巡之圖〉 중에서 '어머니의 태내母之胎內' 부분을 떼어 낸 것이다. 원화에는 수형의 전체 그림이 그려져 있다.그림2 '후나쓰 태내 수형'은 에도시대 발견된 이래, 내부 조형이 인체의 근육과 뼈, 유방을 떠올리게 했고, 후지코富士講▼ 신자가 태내를 둘러보기 위해 찾아오는 성지가 되었다고 한다. 당시 모습을 그린 것이 바로 〈후나쓰 태내 순례도〉다. 여기에는 짚신을 신고 어깨띠를 두른 후지코 신자들이 태내를 돌아다니는 모습이 그려져 있다. 곳곳에 덧붙인 설명에는 태내의 모습이나 둘러볼 때 주의할 점도 보인다. 예컨대 어머니의 태내로 이어진 길에는 "이곳은 구멍이 가장 좁은 곳", "손발을 주의할 곳", "조금이라도 손을 대면 면도칼에 베는 것 같다" 등의 문구가 있었다.

팸플릿에 실린 '어머니의 태내'그림3에는 좁은 구멍 안을 네 발로 기는 자세로 올라온 후지코 신자들이 드디어 도착했다는 표정으로 어머니의 태내에 들어와 한숨 돌리는 모습을 그렸다. 가장 안쪽에는 아미타여래(현재는 고노하나사쿠야히메노미코토木花開耶姫命)를 모시고 있는데, 그 앞에 무릎 꿇고 기도하는 신자의 모습도 보인다.

역시 눈길을 끄는 것은 천장에서 늘어진 무수한 돌기와 그 아래 신자의 모습이다. 어떤 사람은 돌기에 입을 대고, 어떤 사람은 돌기 끝에 천을 덮는다. 설명서에 따르면 천장의 돌기를 유방으로 본 후지코 신

▼ 에도시대 중기에 후지산을 숭앙하는 농민과 상인들이 수행할 목적으로 등산하기 위해 만든 단체.

그림2
우타가와 사다히데, 〈후지산 태내 순례도〉 전체 그림,
1858년, 우쓰무로센겐 無戸室淺間 신사 소장

그림3
〈후지산 태내 순례도〉 가운데 '어머니의 태내' 부분,
우쓰무로센겐 신사 소장

자가 거기서 방울방울 떨어지는 이슬을 젖으로 여겨 복대로 받아 냈다
고 한다. 그림의 남자가 손에 쥔 천이 복대인 것이다. 전체 그림을 보
면 구멍 안 입구 부근에 "복대를 내어 주는 곳"이라는 문구가 있다. 아
마 많은 신자가 여기서 복대를 받아 안으로 들어갔을 것이다. 신자는
젖으로 흠뻑 적신 복대를 가지고 돌아가, 순산을 바라는 사람이나 젖
이 적게 나오는 사람에게 건넸다고 한다. 젖이 안 나오는 사람은 이것
을 물에 타 마셨다고 한다. 그렇게 하면 은혜를 입는다는 이야기일 것
이다. 한편 이 젖은 사람의 젖으로 바뀌는 일 없이 연중 내내 마르지
않은 채 흘러넘쳤고, 심지어 체온 같은 따뜻함도 머금고 있었다고 한
다. 그야말로 '성스러운 젖'이다.

이제 구멍 안으로

수형이 만들어진 사정과 우키요에에 마음을 빼앗겨 다시 한 번 기
둥 문을 지나 새전함 안쪽으로 갔다. 구멍 안에 발을 들이자 별세계가
펼쳐졌다. 옴폭옴폭한 회색 돌기가 있는 벽에 둘러싸여 조심조심 안으
로 들어갔다. 입구 부근의 돌기는 근육과 뼈 같은 모양이라 정말로 태
내를 순례하는 듯한 실감이 났다. 구멍 안 곳곳에 조명이 아련한 빛을
담은 채 달려 있었다.

입구에서 조금 들어가 왼쪽으로 돌면 좁은 샛길이 있고, 안으로 들
어가면 어머니의 태내가 나온다. 그런데 이 길은 아주 좁고 천장이 낮
아서 쪼그려 앉은 자세로 움직일 수밖에 없다. 게다가 바위 표면이 날
카롭기 때문에 '면도칼' 같다. 우키요에에 나온 그대로였다. 그런데도
'성스러운 젖'을 원하는 마음으로 5분 남짓 힘겹게 나아가자 겨우 일

그림4
'어머니의 태내' 천장

어설 수 있는 공간이 나왔다. 허리를 펼 수 있어 다행이었다.

실제로 당도한 어머니의 태내는 우키요에에 그려진 것보다 훨씬 좁았고, 어른 세 명이 있으면 꽉 찼다. 얼른 고노하나사쿠야히메노미코토에게 기도를 올리고, 가장 기대하던 천장의 유방을 찾았다. 유방이 있기는 있었다.그림4 그러나 몹시 조그맣고 젖도 겨우 배어나올 정도였다. 그림에 그려진 풍만한 모습과는 달랐다. 오히려 입구 부근의 천장은 부풀기도 해서 끊임없이 물방울이 떨어졌는데, 에도시대에는 어머니의 태내도 이 모습이 아니었을까 하고 혼자 상상하며 그곳을 떠났다. 그다음부터는 순서대로 앞으로 나아가 출구로 쏟아지는 눈부신 빛에 눈을 찌푸리면서 바깥 세계로 나왔다.

어머니의 태내, 그곳 천장에 달린 자그마한 돌기에서 '유방'을 느낀 에도시대 사람들은 얼마나 상상력이 왕성했던가. 이어 '젖'의 은혜를 기원하는 신앙심에 감동했다. 후지산 기슭에서 우연히 만난 신비의 '유방', 거기서 흘러넘치는 '젖'은 후지산의 성스러운 은혜였다.

추기 이 글을 쓰는 동안 〈후지산 태내 순례도〉의 화상畫像 데이터를 제공해 준 '가와구치호필드센터'의 전前 관장 아라이 마사하루荒井正春 씨, 그리고 집필에 협력해 주신 '후지산뮤지엄'의 학예사 후세 미쓰토시布

施光敏 씨에게 지면을 빌려 감사드린다. 2017년 9월 현재, 〈후지산 태내 순례도〉는 '가와구치호필드센터'와 '후지산뮤지엄'에 패널로 전시되어 있다.

세계의 젖가슴 산책 '행복 가득, 가슴 가득': 마마 관음 참배기 다무라 요코

아이치현에는 고마키시 마마혼정이라는 곳에 이른바 '젖가슴 절'이라 불리는 유방의 명소가 있다. 정식 명칭은 '히쿠마산 류온지龍音寺'인데, '마마 관음間々觀音'이라 불리는 이곳 본존인 천수관음상千手觀音像이 수유의 은혜를 내린다고 한다.

고마키시는 추부 국제공항이 생기기 전까지 국제공항이 있던 곳이며, 지금도 국내선 소형기 전용인 현영県営 나고야 공항이 있다. 2017년 9월 '젖가슴 절'을 참배하기 위해 나고야의 중심지인 사카에서 메이테쓰名鉄 버스를 탔다. '마마치치 관음間々乳觀音 앞'까지는 고속도로를 타고 약 20분 달리면 되니까 교통이 좋은 편이다. 정류장에 내려 300미터쯤 직진하니 젖의 성지가 확실히 거기 있었다.

안으로 들어가니 갑자기 커다란 젖이 나를 맞이한다. "부처님의 얼굴을 마마 관음의 상징인 젖가슴으로 표현하고, 몸통을 물결 모양으로 나타냈습니다. 묵직하게 세워진 아랫부분은 깨끗한 물을 가득 채웠습니다." 데미즈야手水舎●를 설명하는 말은 한번 훑어봐서는 그 의도를

● 신사나 절의 참배자가 손이나 입을 깨끗이 씻도록 물을 받아 두는 건물.

그림1
마마 관음의 데미즈야

그림2
아미타당의 젖가슴

이해할 수 없다. 일단 여기서 몸과 마음을 씻어 내기로 하고 가까이 다가갔더니 글쎄, '부처님의 얼굴'에서 젖이 흘러넘치는 것이었다!그림1

자세히 살펴보니 부처님 발치에 두 마리 거북이가 머리를 비죽 내밀고 있다. 거북이 머리 두 개라니 어찌된 일일까? 잠시 생각하자 두 개의 유방으로 뱀이나 소를 먹여 기른다는 서양 고대의 대지모신大地母神 모습이 떠올랐다. 부처님의 젖으로 자라난 이 거북이들이 부처님을 섬기고 있는지도 모른다.

안으로 들어가니 우선은 아미타당阿彌陀堂이 나왔다. 향을 피우는 곳에도 폭신하고 향긋한 젖가슴이 있다.그림2 문 너머로 어렴풋이 아미타불의 모습이 느껴졌는데, "갓난아기에게 주는 '과자·장난감'은 참배 후에 도로 가져가시길 부탁드립니다" 하는 주의사항이 보였다. 숙연해진 나는 카메라를 놓고 진지하게 둘러보았다.

문득 옆을 보니 '자유관세음慈乳觀世音'이 둔중하게 앉아 있었다. 다른 참배객의 낌새는 없었지만 관음당 안쪽에서 어렴풋이 독경하는 소리가 들렸다. 아까부터 엄숙해졌던 기분이 정점에 올라 나도 모르게 '자유관세음'에게 비트적비트적 다가갔다. 그러자 물소리와 함께 젖이 주르륵!그림3

두려움과 전율을 느끼며 참배를 하는 둥 마는 둥 안으로 향한다. 관음에 둘러싸인 탑 주위를 돌아보는 사이에 관음 한 분 한 분이 '갓난아기'로 보인다.그림4

그림5 손으로 만든 에마의 봉납소

그림3 자유관세음

그림4 관음에 둘러싸인 탑

탑의 뒤쪽에는 "애보기守ŋ야, 어딜 가니, 하얀 버선 신고, 마마 관음의 젖을 먹으러 가자"는 자장가가 새겨진 비석이 오도카니 서 있는데, 이 도저도 다 슬프다. 허전함에 울적한 때 장대에 매단 천에 적힌 "행복 가득, 가슴 가득"이라는 문구가 시야에 들어온다. 적이 위로를 받는다.

안으로 더 들어가니 젖 모양 에마繪馬*의 수가 엄청나다. 대강 훑어 보니 수유, 자식 점지, 순산을 비는 내용이 많은 듯한데, "젖가슴이 커지기를 바라옵니다" 하고 적은 것도 눈에 띄었다. 손으로 만든 에마 봉납소도 있고, 천이나 털실로 만든 크고 작은 젖가슴이 웃음을 자아냈다.그림5

"불행은 사라지고 행운이 트인다厄除開運"고 쓰인 문을 지나면 관음당이 나온다. 그 앞에는 젖가슴 에마와 나무 패, 젖가슴 모양을 본뜬 부적 등이 널려 있다. 신발을 벗고 관음당에 들어가자 안방에 뜸직하게 자리 잡은 관음의 얼굴이 또렷하게 보였다. 금색인 관음은 굉장히 늠름하고 엄숙한 얼굴이었다. '참배자 마음가짐'에 따르면 관음당에서 참배할 때는 관음의 정면에 앉아 왼손에 있는 종을 한 번 울린다. 그다음 오른손에 있는 젖가슴 모양의 돌을 수세미로 닦고, 그것으로 자신이 은혜를 입고 싶은 부위를 가볍게 문지른다.

그런데 마마 관음은 왜 젖의 성지가 되었을까? 아이치현 향토자료 간행회에서 편찬한 『마마 관음 소사間々觀音小史』[1]에는 다음과 같이 적혀 있다. 마마치치 관음, 특히 히쿠마산 류온지는 에이쇼永正 2년(1505)에 오와리尾張** 수호직守護職*** 시바斯波의 가신이던 하야시 신사이林心

---

* 소원을 빌 때나 소원이 이루어진 데 대한 감사로 말 대신에 신사나 절에 봉납하는 말 그림 액자.
** 오늘날 아이치현 서부.
*** 가마쿠라·무로마치 막부의 직명. 1185년 미나모토노 요리토모源賴朝가 처음 설치했고, 모반자나 살인자 검거 등을 담당했다.

斎가 초암草庵을 지은 데서 유래했다고 한다. 그로부터 약 70년 지나 덴쇼天正 연간에 소겐 화상祖玄和尙이 절을 다시 세우면서 게이초慶長 2년(1597), 고마키산 중턱에 있던 고보 대사弘法大師●와 인연이 있는 천수관음을 경내로 옮겨 왔다.

이 절이 융성한 시기는 게이초 12년(1607)인데, 오와리 번주 도쿠가와 요시나오德川義直의 가신 사에구사 가즈마佐枝主馬가 '마마촌間々村'의 영주가 되어 사에구사 집안의 비호를 받기 시작했고 서민 신자도 급증했다. 그 무렵 마마촌에는 '백락白樂'이라 불리는 농부가 있었다. 이 남자는 병든 말을 건강한 말로, 둔한 말을 뛰어난 말로 바꾸는 신기한 조련술을 갖춘 덕분에 유복해졌다. 그런데 만년에 병상에 누웠을 때, 사실 병든 말을 치유한 것은 천수관음의 힘이며 자신은 말을 데리고 기도했을 뿐이라고 했다. 또 사례금 절반은 반드시 관음에게 향과 꽃을 바치는 비용으로 썼다면서 모쪼록 자기가 죽은 뒤에도 이런 기도를 계속해 달라고 했다.

한편 젖먹이가 있는데 남편이 먼저 죽어 생활이 곤궁한 여성이 있었다. 그 여성은 마을사람들에게 쌀을 얻어 살았는데, 갑자기 젖이 나오지 않았다. 그래서 천수관음에게 쌀을 바치고 사후의 안락을 기원했더니 젖이 넘쳐흘렀다. 그 여성은 자식에게 젖을 먹이고 나서, 젖이 부족한 이웃 아기에게도 남는 젖을 나누어 주었다. 이 이야기가 전해지자 멀리서도 참배자가 줄을 잇는 바람에 절이 흥성했다고 한다.

홋카이도의 유신乳神 신앙 대다수가 수목에서 유래한 것과는 달리, 이 신앙은 수유의 영험한 체험이 말의 치유와 결부되어 있다. 여기서

● 구카이空海(774~835). 헤이안시대 초기의 승려로 진언종을 일으켰다. 마음과 육체의 합일을 강조하고 현세의 이익을 인정했다. 『십주심론十住心論』, 『즉신성불의卽身成佛義』 등을 썼다.

마마 관음과 생식의 연관성을 읽어 낼 수 있다. '마마'라는 지명의 유래와 젖 신앙의 연관성이 아직 풀리지 않은 상태인데, 아쉽게도 『마마 관음 소사』는 이 점에 대해 전혀 언급하지 않는다.

슬슬 숙소로 돌아가려는데 갑자기 참배객이 늘어나 적막하던 경내가 들썩이기 시작했다. 방문객은 젊은 남녀나 어린아이를 데려온 부부, 친구끼리 온 여성 등 다양했다. 젖가슴 형상을 띤 마마 관음의 경내에 있는 동안, 젖을 기원하는 사람들의 연대감 같은 것이 싹트는 듯했다. 선남선녀가 모두 행복했으면 싶었다. 낯모르는 사람의 행복을 기도하면서 '행복 가득, 가슴 가득'이라는 말을 곱씹으며 발길을 돌렸다.

젖가슴 공부: 기초 편

수치심의 문화사: 허리에 두른 천에서 비키니까지

헤르만 슈라이버 지음, 세키 구스오 옮김

수치심과 의복의 관계에 관한 서양의 일화집. 무화과나무 잎에서 '최소한의 의복'인 비키니까지 나체의 노출과 은폐의 역사를 좇는다.

육체의 문화사

스티븐 컨 지음, 이성동 옮김

19세기부터 20세기에 걸쳐 서양의 성도덕 변천을 살펴본다. 여성과 어린이의 성욕, 성감대, 자위, 동성애 등을 둘러싼 억압과 발견의 근대사.

여성을 희롱하는 박물학: 린네는 왜 유방을 고집했을까?

론다 쉬빈저 지음, 오가와 마리코·다카라베 가에 옮김

18세기 박물학에 반영된 서양의 젠더관. '포유류'라는 분류의 배경에는 명명자 린네의 모유 신앙이 있었다! 과학사와 문화사의 교착을 읽어 낸다.

유방의 신화학

로미 지음, 다카토오 히로미 옮김

프랑스인이 사랑한 유방을 에피소드와 시로 엮은 앤솔로지. 충실한 프랑스어 유방 용어집을 비롯해 옮긴이가 기술한 일본 유방 문학지文學誌도 수록했다. 개정 문고판도 있다.

도설 유방 전집

마르탱 모네스티에 지음, 오쓰카 히로코 옮김

유방을 둘러싼 사소한 지식을 늘어놓은 두꺼운 사전. 여성의 유방을 무는 벼룩을 부러워한다고 노래한 시를 열거한 「빈대」 등 유쾌한 항목도 있다. 그림도 있지만 글이 중심이다.

유방의 역사

메릴린 옐롬 지음, 윤길순 옮김

젖가슴 연구자가 꼭 참고해야 할 책. 서양의 유방을 고대부터 현대까지 살펴본다. 신화에서 정치선전·정신분석·상품화까지 선구적인 유방 분석의 수법을 꼭 볼 것.

내 딸과 딸의 딸들을 위한-가슴 이야기

플로렌스 윌리엄즈 지음, 강석기 옮김

저자는 말한다. "네 유방을 알라." 현대의 유방을 둘러싼 환경의 변화와 위기에 대해 미국의 사례를 다수 소개한다. 남성의 유방암, 유방 절제를 다룬 장도 있다.

유방의 문화론

유방문화연구회 엮음

사회학·문학·미술사·만화·복식 등 다양하게 걸친 관점을 통해 유방 문화를 총괄했다. 아시아의 유방도 다루었다. 유방학 연구자의 나침반이 될 만한 일본의 간행물.

제 2 부

중국의 **젖가슴**, 이것저것

총론 중국 유방 문화론: 기억의 이미지 다케다 마사야

구름 한 점 없는 푸른 하늘에서, 갑자기, 1만 개나 되는 젖가슴이 내려왔다.
그것들은 조금씩 아래로 늘어져 지붕의 기와에까지 닿았다.
색깔은 빨강과 파랑이었다.

청대淸代(1616~1912) 초기의 동설董說(1620~1686)은 『서유기西遊記』 외
전에 해당하는 『서유보西遊補』 작가로 알려진 인물이다. 그는 자신이
꾼 꿈을 열심히 기록하기도 했다. 여기에 인용한 구절은 동설의 꿈을
기록한 『소양몽사昭陽夢史』에 나오는 꿈이다. 이나가키 다루호稻垣足穗의
『1001초 이야기一千一秒物語』에 나올 법한 강렬한 이미지인데, 프로이트
라면 어떻게 분석했을까? 남성이 보편적으로 품고 있는 유방 관념의
심리학에 대해서는 더욱 흥미로운 분석을 할 수 있을 것이다.
　이 글은 중국인이 유방이라는 것을 어떻게 인식하고 묘사해 왔는지
에 대해 첫걸음을 떼는 비망록이다.

유방에 무관심하다?

중국인이 문자로 적어 온 문학작품의 망망대해에
는 여성의 육체미를 찬양하는 묘사가 산더미 같다. 그
러나 유방 자체에 대한 언급은 거의 없다는 게 정설이
다. 중국 고대의 시집 『시경詩經』이 나온 이래 머리카
락·팔·손·피부·목·치아·눈썹·눈 등 여성의 몸 여러
부위에 대한 묘사는 넘치도록 많지만, 유방에 대해서
는 보고도 못 본 척하는 듯하다. '작은 유방', '모양이
가지런하다', '부드러움' 등 거침없이 추어올리는 표
현이 가끔 시야에 들어온다. 중국의 시문時文 세계에서
는 유방이 심미의 대상이 아니었던 듯하다.

그림에서는 어땠을까? 당대唐代(618~907)에 그려진
몇몇 둔황敦煌 벽화에서 풍만한 가슴을 드러낸 여성이
춤추거나 잠자는 모습을 볼 수 있다.그림1 그런데 이는
오히려 인도 회화나 조각의 영향을 떠올리게 한다. 당
대 회화에는 흉부를 커다랗게 노출한 궁정 여성이 나
온다.그림2 이 또한 서방의 영향을 받은 패션일 것이다.
송대宋代(960~1279)에는 불룩 솟은 가슴을 살짝 보이
며 일하는 서민 여성을 그린 그림도 있다.그림3 이것
은 일상생활에서 가슴을 가리는 데 무관심한 경향을
드러내는지도 모른다. 그러나 중국인이 한결같이 유
방에 무관심했다고 단정하는 것은 다소 성급한 판단
일 것이다.

그림1
둔황 벽화에 나타난 당대
여성상

그림2
당대 궁정 여성상

그림3
송대 여성상

통속적인 유방

시문과 같은 '고급 문학'에 등장하지 않는다고 해도, 명대와 청대의
통속소설, 특히 포르노그래피 부류에는 자연스레 에로틱한 묘사가 많
아졌다. 거기에 등장하는 남자들은 여자들의 유방에 손을 뻗쳐 장난하
는 데 조금도 주저하지 않는다. 이런 식의 묘사를 전개하는 페이지에
는 '수흉酥胸', '수유酥乳', '계두육鷄頭肉' 같은 글자가 난무한다. '수흉'과
'수유'는 '유제품 같은 부드러운 유방'을 뜻한다. '계두육'은 수련과의
수생식물인 가시연의 종류를 일컫는다. 당의 현종玄宗 황제가 양귀비의
젖꼭지를 보고 "막 깎아 놓은 계두육 같구나!" 하고 말했다는 고사(송
대 유부劉斧의 『청쇄고의靑瑣高議』)에서 유래한다. 명대 단편소설에서 유방
에 대한 인식을 생생하게 반영한 장면을 잠시 소개한다.

옥랑이 그녀의 가슴을 만지작거려 보더니 한 쌍의 자그마한 유방이 풍성하게 솟
아올랐고, 부드럽기가 마치 솜과 같다. 젖꼭지는 '계두육' 같아 참로 사랑스럽
다. 혜낭도 손을 뻗어 옥랑의 몸을 더듬으면서 말했다.
"언니는 참 부드럽기 짝이 없군요."
손을 뻗어 젖가슴을 만졌다. 거기에는 작은 젖꼭지가 두 개 있을 뿐이었다. 그녀
는 고개를 갸웃거리며 속으로 생각했다. '언니는 키와 몸집이 나만큼 큰데 어째
서 젖가슴은 작을까?'

위 글은 17세기 전반의 단편소설집 『성세항언醒世恒言』 가운데 한 편
인 「교대수喬太守, 잘못 판단하여 애인 두 쌍을 서로 바꾸어 짝을 지어
주다亂点鴛鴦」에서 인용한 것이다. 옥랑은 남자인데 사연이 있어 여장을

하고 혜낭이라는 처자 방에 몰래 숨어들었다. 혜낭은 여장한 옥랑을 철석같이 여자로 믿고, '언니'에게 안겨 있다고 여긴다. 약간 괴이쩍은 상황에 주의하면서 한 번 더 읽어 보기 바란다. 어쨌든 남녀 모두 일단 상대의 흥분을 만짐으로써 성적인 인식을 진척시키고 있다. 아무리 부정해 보아도 '무관심'이라 할 수는 없겠다.

춘화 속의 유방

포르노그래피 문학의 묘사와 더불어 나체를 그릴 수밖에 없는 춘화라는 장르를 살펴봐야 한다. 춘화만큼 그린 사람의 문화적 취향이 여실히 드러나는 것은 없을 듯하다. 중국의 경우 남녀의 육체적 특징을 강조해 그리는 일에는 일반적으로 무관심한 것 같다. 그러나 여성의 유방은 분명 의식적으로 크게 그렸다. 또 유방에 손을 내밀어 장난하는 남자도 그렸다.그림4 서양화의 필치를 모방한 것 가운데에는 유방을 묘사하는 방식에서 그 모방의 흔적이 보인다.그림5

이렇듯 중국의 문학과 예술에 나타나는 유방 묘사를 뭉뚱그려 '많다' 혹은 '적다'라고 단언할 수는 없다. 시문 같은 '고급 문학'에서는 문인 대다수가 유방을 직접적으로 묘사하지 않으려 했을 것이다. 반면 통속소설 작가(작품을 간행할 때 본명을 숨기는 경향이 있다)는 에로틱한 유방을 즐겨 묘사했을 것이다.

다른 종류의 문헌, 예컨대 방중술 경전『옥방비결玉房秘訣』에는 "상대방으로는 유방이 아직 발달하지 않고 살집이 통통한 여자를 선택해야 한다"고 쓰여 있다.[1] 이는 어디까지나 방중술이라는 전통 의학의 맥락에 의거한 말이다. 덧붙여 방중술과 연관이 깊은 연단술煉丹術●에서는

그림4 청대의 춘화
그림5 19세기 말 서양화풍의 춘화
그림6 수유를 그린 연화 〈자모포유규문도〉

음양의 화학적 반응을 묘사하는데, 이것이 환상적인 결합으로 간주되어 통속소설의 성교 묘사에도 활용됐다.

한편 어린아이에게 젖 먹이는 장면의 유방을 그린 것은 포스터 형태로 감상하던 민중 판화에서 찾아볼 수 있다. 연화年畵██인 〈자모포유규문도子母哺乳閨門圖〉(1901)에는 가슴을 드러낸 젊은 엄마가 수유하는 모습이 그려졌다.그림6 그림에는 찬讚███으로 오언시五言詩를 적었는데, 거기에는 젖꼭지를 '계두雞頭'라는 두 글자로 표현했다. 아마도 수유 중인 모자의 모습은 감상의 진폭이 넓기에 다양한 시선을 받았을 것이다.

██ 불로장생의 약으로 믿었던 '단丹'을 만드는 기술의 하나.
████ 세화歲畵라고도 한다. 새해를 송축하고 재앙을 막기 위해 그린 그림.
██████ 서화의 옆에 써 넣는 시詩, 가歌, 문文 따위의 글.

유방을 덮친 '서양의 충격'

청대 말기부터 중화민국(성립 1912) 초기에 걸쳐, 다시 말해 19세기 말부터 20세기 전반에 걸쳐 유방에도 변혁의 물결이 밀어닥쳤다. 이 인체 부위는 어쩐지 불안하고 유연한 살덩어리가 불룩 솟은 것에 지나지 않지만, 인류는 유방의 솟아오름을 돋보이게 담을 그릇에도 지칠 줄 모르는 상상력을 쏟아 왔다. 여기서 그릇이란 주로 유방을 감싸기 위해 고안해 낸 여러 복식의 종류를 가리킨다.

중국에서 여성의 가슴을 가리는 속옷을 이르는 말을 열거해 보자. 전통적인 것으로 '부흉扶胸(푸슝)', '두두肚兜(두더우)', '소마갑小馬甲(샤오마자)' 등이 있고, 어느 것이나 기본적으로 흉부를 덮어 납작하게 누르는 기능을 한다. 이런 것으로 흉부가 불룩 솟은 것을 누르는 풍습이 전통 중국에서는 일반적이었다. 이 풍습의 유래를 둘러싼 여러 주장이 있지만 여기서는 생략한다. 서양에서 건너온 브래지어는 처음에 '의유義乳'라 불렸지만 오늘날에는 '흉조胸罩(슝자오)', '내조奶罩(나이자오)', '유조乳罩(루자오)' 등으로 불린다.그림7

근대 중국에서는 전통적인 신체관이 주류를 차지하는 가운데 서양적인 신체관, 복식관이 흘러들어 융성했다. 다만 이는 어디까지나 도시의 부유층에만 해당한 것으로 봐야 한다. 유행을 만들어 내는 시각 미디어로 활약한 것은 《양우화보良友畵報》, 《북양화보北洋畵報》 등 1920~1930년대 대표적인 화보였다.

청대 말기와 중화민국 초기에 여성의 패션 리더는 기녀였다. 청말의 명기들 사진은 당시 잡지의 '그라비어' 페이지를 장식했는데, 여기서도 가슴이 솟아오른 것은 별로 강조하지 않는다.그림8 또 이 시기를

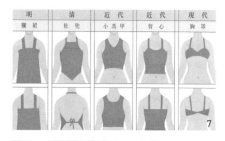

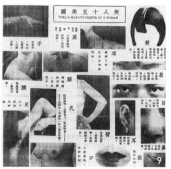

그림7 흉부를 가리는 속옷의 변천(명대~현대)
그림8 청말 상하이의 기녀
그림9 「미인십오미도」

전후로 '여학생'이라는 새로운 '인종'이 탄생해 여성 패션을 개척했다. 그러나 당시 잡지와 신문에서는 언뜻 기녀와 여학생이 구별되지 않는 만화 캐리커처를 종종 볼 수 있다.

「미인십오미도美人十五美圖」라는 제목의 페이지는 여성의 미를 어디서 찾아야 하는가라는 질문을 던진다.그림9 그러면서 남성은 어디를 감상해야 하고, 여성은 어디를 강조해야 하는지를 제시한다. 여기서 유방은 마침내 전당에 입성한다. 유방의 지위가 확립된 증거로도 볼 수 있을 것이다.

이런 화보에는 누드 사진이나 회화, 속옷을 입은 여성을 그린 스타일화, 브래지어를 비롯한 여성용 속옷의 도판 등이 늘 실렸는데, 대부분은 서양 잡지에서 슬쩍 가져온 것이었다.

《북양화보》는 앞서 말한 중국 여성의 속옷 그림을 신고, 그 기능을 분석한 해설도 넣었다. 중국 근대의 여성 속옷을 연구한 효시로 평가할 만하다. 서양의 브래지어를 소개한 도해圖解에는 "두 개의 유방을 들어 올리는 이점이 있고, 흉부를 압박한다는 폐해가 없다"고 쓰여 있다.그림10 여기서 새로운 신체관이나 유방관을 향한 편집자와 독자의 비상한 관심을 엿볼 수 있다. '폐해'에 대해서는 나중에 살펴보겠다.

화가 호아광胡亞光이 그린 〈미유美乳〉 등은 풍만한 가슴을 아름답게 보기 시작하고, 이를 표현해도 좋다고 하는 시민의 취향 변화를 드러낸다.그림11 서양식 브래지어도 널리 착용하기에 이른다.

◁ 作近君光亞胡 ▷
"The beauty of the breast", breast
By Y. K. Hu.

그림10
서양에서 온 브래지어

그림11
호아광, 〈미유〉

'속흉'에 반대하다

의복의 변혁과 병행해 '천유天乳운동'이나 '큰 가슴大奶奶주의' 등이 제창됐다. '천유'란 천연의, 자연적인 유방을 말한다. 전족纏足에 반대하며 타고난 발을 장려하는 운동이 '천족天足운동'인데, 그 뒤 20년쯤 지나 20세기인 1920년대에 유방의 해방을 제창한 것이다. 이는 유방을 속박하는 것, 즉 '속흉束胸'에 반대하는 운동으로서 구체적으로는 유방을 억압하는 속옷을 없애자는 주장이었다. 유방 해방론에 관한 주장은 여성해방·민족혁명·국가부강 등의 문맥과도 결합했다. 근대 중국에 '성학性學'을 일으킨 장징성張競生은 「나체 연구」(1926)에서 이렇게 말한다.

아름다운 유방을 속옷으로 압박해 납작하게 만들고, 그것을 아름답다고 하다니! 이렇게 여자를 남자처럼 만들어 버리면 남자가 유방을 보고도 흥분하는 일이 없어진다. 이것을 예교禮敎의 승리라 하겠지만, 그 결과가 얼마나 열악한지는 이루 말할 수 없다. 이는 흉할 뿐만 아니라 건강하지도 않다. 여성은 폐의 호흡이 곤란해지고 결국 폐병에 걸려 죽어 버린다. 또 유방을 압박하면 아이에게 먹일 젖이 나오기 어려워진다. 이에 종족에 미치는 영향이 심대하다.

장징성은「커다란 유방의 부흥」(1927)에서 '커다란 가슴을 돋보이게 하는 양복', '유방을 모아 올리는 방법', '보형물을 통해 가슴을 커 보이게 하는 방법' 등 아이디어를 내걸었다.

광저우시 대리민정청장 주지아화朱家驊는「부녀의 속흉을 금해야 한다」(1927)에서 다음과 같이 주장한다.

우리나라의 여계女界에는 육체를 파괴하는 누습陋習이 두 가지 있다. 하나는 전족이다. 전족의 고통은 20년 전 각계의 노력과 정부의 엄금 조치 때문에 이미 역사의 뒤안길로 물러났다. (…) 그러나 간접적인 고통이 전족보다 더 심한 것이 '속흉'이다. 전족은 걸을 때 불편하고 발만 고통스럽지만, '속흉'은 심폐 활동, 위장 소화 등에도 해를 끼친다. 신체의 발육을 저해할 뿐 아니라 폐병을 일으키고 수명을 단축시킨다. 여성이 가슴을 속박하면 혈류나 호흡에 영향을 준다. 신체가 쇠약해지면 태아도 영향을 받는다. 유방을 압박하면 엄마가 되었을 때 젖이 나오지 않는다. 모체가 쇠약하면 아이도 허약해진다. 모든 것이 '속흉'의 누습 때문이다.

당시 신문은 광저우시에서 주지아화 청장의 명령으로 천유운동이 확산되었다는 소식을 보도하고 있다.

베이징 피차이후동에 있는 여자부속중학교의 주임 어우양샤오란歐陽曉瀾 여사는 단발머리 여학생의 입학시험 응시를 금지했다고 한다. (…) 또 하나 큰 문제가 있다. 즉 젖가슴이 크다는 것이 갑자기 범죄가 되어 입학시험을 치를 수 없는 것은 아닐까? (…) 이미 있는 '단발죄' 이외에 '천유죄'도 더해질지 모른다. 아아, 아무래도 여성은 신체에 무언가 사정이 많기 때문에 그만큼 사는 고통도 많다.[2]

'천유'를 넘어

천유운동은 흉부를 죄는 속옷에 반대했다. 그 결과 유방을 느슨하게 받쳐 주는 서양식 브래지어의 보급을 촉구했다. 이와 동시에 원래 만주족 의상에 중화의 전통적 디자인을 융합한 치파오旗袍(이른바 차이나드레스)의 유행에도 힘입어, 흉부는 물론 여성의 신체 라인을 강조하는 의상이 일반화되어 갔다. 이와 더불어 흉부에 솜을 덧대거나 고무공을 절반으로 잘라 대는 등 가슴을 불룩하게 보이기 위한 방법도 고안됐다. 애초에 장징성의 주장도 그 취지는 '천유'를 넘어 이미 커다란 유방을 인공적으로 연출하자는 것이었다. 다시 말해 오늘날 21세기에도 열심히 연구하고 있는 가슴 확대 테크놀로지의 모색을 일찍이 외친 것이다.

새로운 유방관이 당시 문학 작품의 묘사에 영향을 미친 사태는 쉽게 상상할 수 있다. 유명한 통속 연애소설가였던 장쯔핑張資平의 작품에는 '부풀어 올랐다', '풍만하다', '비만하다', '높이 솟았다' 등 가슴의 크기를 표현하는 어휘를 사용했고, '뽀얗고 토실토실하다', '눈처럼 희다' 등 하얀 것을 강조하는 형용사도 눈에 띈다. 위다푸郁達夫의 『침륜沈淪』(1921)에서는 일본에 온 중국인 유학생이 여성의 목욕을 엿보는 장면에 "눈처럼 흰 두 개의 젖가슴 봉오리! 포동포동하고 하얀 두 개의 넓적다리!" 같은 묘사를 볼 수 있다. 큼직한 유방을 묘사하는 데 노력을 아끼지 않은 작가로는 마오둔茅盾이 있었다. 자세한 내용은 이 책에 실린 하마다 마야의 글을 참조하기 바란다.

선전되는 '좋은 젖가슴'

20세기 전반기의 '이상적인 유방'을 엿보려면, 중화민국 시대의 포스터인 '월빈패月份牌'를 참고하는 것이 좋겠다. 이 포스터들은 유방 또는 젖꼭지가 우연히 드러난 여성을 그리고 있다.그림12

당시 포스터의 또 다른 특징은 '모자상母子像'이 새로운 양식으로 즐겨 그려진 점이다. 아름답고 건강한 젊은 엄마와 포동포동하게 살이 오른 건강한 아기는 주요 소비자이자 이미지의 감상자이기도 한 남성의 욕망을 뚜렷이 반영한다. 메릴린 옐롬의 저서 『유방론』은 '남근의 왕국'에서 유방의 '좋고 나쁨'을 도마에 올리는 대목으로 논의를 시작한다. 업계의 포스터에서 수유하는 유방이라는 '좋은 젖가슴'을 핑계 삼아 남성을 유혹하는 에로틱한 유방이라는 '나쁜 젖가슴'을 숨기는 것은 어지간히 있을 법한 전략이다.그림13

여성(엄마)을 그릴 때는 풍만한 유방을 드러내거나 한눈에 알 수 있게 한다. 이때 젖꼭지까지 노출시킨다든지 얇은 비단 한 장만 걸쳐 속이 훤히 보이게 하고, 유방의 존재를 강하게 주장하듯 음영을 넣는다

● 월분패라고도 한다. 원래는 '달력'이라는 뜻으로 서양식 달력에 중국에서 쓰던 음력을 적어 넣은 달력이었다가 점차 상업 광고를 포함한 시각문화매체로 자리 잡는다.

그림12
항지잉杭穉英(지잉화실穉英畫室), 상하이중법
대약방上海中法大藥房 포스터(부분),
1930년대

그림13
항지잉, 누드 모자상을 그린 포스터(부분),
1930년대

그림14
항지잉, 자매를 그린 포스터(부분)

그림15
항지잉, 소아 약품 포스터(부분), 1929년

는 점이 중요하다.그림14 여색에 둘러싸여 번민하는 젊은 승려를 그린 약품 포스터는 모종의 웃음을 끌어내리려는 의도를 갖고 있다. 끙끙 참고 있는 승려의 표정에서 그리 싫지만은 않다는 기색이 엿보인다.그림 15 1930년대 만화 잡지《시대 만화時代漫畵》등은 지면 곳곳에 '색정 만화'라는 이름 아래 누드나 유방을 마구 실었다.

유방은 남자들의 시선을 모으는 포인트인 동시에 아이의 성장에 꼭 필요한 기관이다. 또 가족이나 가정, 나아가 자손 번영이라는 상서로움의 기호로 기능한다. 다만 포스터는 어디까지나 포스터에 지나지 않음을 강조하고 싶다. 다시 말해 포스터에 젖꼭지가 보이는 패션을 그렸다고 해서 그것이 그대로 현실에서 유행했다고 볼 수는 없을 것이다. 이것은 이상·환상·망상이며 욕망을 가시화했을 뿐이다. 미디어는 여자들에게 유방을 이야기하는 자리를 제공했는데, 이 또한 이 시대의 발명품이다. 자세한 사항은 세키무라 사키에의 글을 참조하기 바란다.

여러 번 반복하거니와 '중국인'이 단일한 집단이 아니듯 중국인의 유방관도 다양했을 것이다. 도시 지식인을 소비자로 삼는 소설이나 이미지는 유방 혁명이 도회지의 모던 걸, 여학생, 부유층 등으로 퍼져 나갔음을 말해 준다. 그러나 '라오바이싱老百姓'(일반 서민) 가운데에는 변함없이 기존의 속옷으로 가슴을 가리기만 하는 경우가 많았음은 부정할 수 없다.

남자와 똑같이 되기

1949년 성립해 오늘날에 이르는 중화인민공화국은 사회주의를 표방하는 국가다. 이 나라는 유방을 어떻게 다뤄 왔을까? 건국부터 문화대혁명에 이르는 17년 동안 표면적으로는 여체를 상상할 때 '남성을 유혹하기 위한 신체'로서는 침묵을 강요받은 듯하다. 이야기해도 괜찮은 것은 어디까지나 '어머니의 신체'였고, 유방도 수유하는 기능을 가진 '좋은 젖가슴'이라는 맥락에서만 언급해야 했다. 이런 '올바름'의 기준에 대해서는 뒤에서 다시 다루겠다.

문화대혁명 시기(1966~1976)에는 수수한 의상이 일반적이었고, 여성에게 '남성과 똑같을 것'을 권장했다. 신중국은 '남녀평등'을 국시國是로 삼았다. 언제 어디서나 '남녀평등'이란 결국 여성에게 '남성과 똑같아지라'고 하는 말이나 다름없었다. 남자들도 노동자의 상징인 근육질에 검게 그을린 육체가 표준이었고, 동시에 여자들의 육체도 건강하고 강인한 육체, 요컨대 '남자 못지않기'를 바람직하다고 여겼다.

여자 속옷은 있는 힘껏 섹스어필을 억누르는 쪽으로 변화했다. 상의와 더불어 속옷의 디자인은 남자와 다를 바 없어야 한다고 요구했다. 가슴을 가리는 데에도 주로 배심背心(민소매 셔츠)이나 간단한 브래지어를 사용했다. 남성 지식인 청년과 마찬가지로 보여야 한다고 느낀 소녀들은 커다란 가슴을 부끄럽게 여겨 가슴을 감추고 유방을 납작하게 보이려고 노력하기도 했다고 한다. '남자와 똑같이 되기'야말로 여자의 신체를 처리하는 매너였다.

유방의 해금

1980년대 초 베이징의 왕푸징 한길에 터를 잡은 여성 속옷 전문점의 쇼윈도에는 조잡한 마네킹 미녀가 브래지어와 아랫도리만 걸치고 어색한 포즈로 서 있었다. 나는 그 앞에 구름떼처럼 몰려 마네킹에게 뜨거운 시선을 쏟던 이들이 이른바 파란색이나 초록색 '인민복'에 몸을 가둔 '아저씨'들이었음을 목격한 바 있다. 그곳은 젊디젊은 여성을 위한 장소였지만 정작 여성들은 도저히 접근하기 힘든 금단의 공간이었다. 젊은 여성이 수치심에서 놓여나기까지는 좀 더 시간이 필요했다.

1986년 11월 경제개발 특구인 선전深圳에서 보디빌딩 대회가 열렸다. 여성은 '삼점식三点式'이라 불리던 비키니를 입고 참가했다. 그 영상은 전국에 충격을 안겨 주었다. 대만의 여성 속옷 회사인 오디펀歐迪芬은 1993년 중국 대륙에 진출했는데, 1996년 대륙에서 처음 속옷 패션쇼를 개최하자마자 화제를 불러일으켰다. 중국인은 1920년대를 복습이라도 하듯 여성의 가슴을 가림으로써 '서구화' 또는 '자본주의화'에 조금씩 익숙해졌다.

문학에서도 유방의 묘사는 해금을 맞이한다. 모옌莫言의 『풍유비둔豊乳肥臀』(1996)은 제목을 보더라도 아내의 눈총을 받을 만했지만 높은 평가를 받았다. 모친과 여덟 누이에게 둘러싸여 자란 주인공은 어릴 때 이렇게 선언한다. "세계의 아름다운 유방 앞에 무릎을 꿇고 유방에 충직한 아들이 되고 싶다." 또는 "이 세상에서 나만큼 유방을 잘 알고 유방을 사랑하며 유방을 지켜야 한다는 것을 아는 사람은 없다." 이렇게 말이다. 실로 유방을 통해 세계를 깨닫는 능력을 가진 남자의 이야기다. 모옌은 노벨 문학상을 받았다. 그의 작품 가운데 『풍유비둔』은 '세계 젖가슴 문학상'을 수여해도 전혀 부족하지 않은 작품일 것이다.

정치적으로 올바른 젖가슴, '홍수'

사회주의 중국의 각 시기를 통해 유방의 표현이 얼마나 요동쳤는지, 그 실상을 알아보는 데 적절한 사례로 『홍수紅嫂』(1961)를 소개한다.

실화에 근거한 리우즈샤劉知俠의 소설 『홍수』는 1941년 산둥성 농촌의 주인아주머니 밍더잉(홍수, 즉 '붉은 부인'이라 불리는 인물)이 일본군과의 전투에서 거의 죽다시피 한 팔로군八路軍*의 젊은 병사 펑린을 발견했는데, 순간적인 임기응변으로 유즙을 먹여 그를 살려 냈다는 '혁명 미담'이다.

줄거리 자체가 자기희생적인 헌신으로 타인의 목숨, 그것도 팔로군이라는 '정의'의 아군을 살린 이야기라서 정결하고 정의로운 미담 중의 미담임은 부인할 수 없다. 그러나 대다수 독자는 누군가의 아내가 지나가다 마주친 성인 남성의 입에 스스로 젖꼭지를 대 준다는 데 관심이 쏠릴 것이다. 여기서 '누군가의 아내가 다른 남자에게 어떻게 젖을 먹일 수 있을까?' 하는 의문이 자연스레 상상력의 세계를 집어삼킨다. 특히 이런 의문은 『홍수』를 회화나 영상으로 표현하는 미디어를 통해 표면으로 떠오를 수밖에 없었다.

1936년 산둥인민출판사에서 간행한 『홍수』의 연환화連環畵(그림 이

---

* 1937~1945년 일본군과 싸운 중국공산당의 주력 부대 중 하나로, 정식 명칭은 '국민혁명군 제8로군'이다. 1927년 난창 폭동 때는 홍군紅軍이라고 불렸다.

그림16
연환화 『홍수』에 나오는 직접
수유 장면, 1963년

야기)[**]에서는 원작대로 젖꼭지를 직접 병사의 입에 물려 젖을 먹이는 장면으로 그려 냈다. 이 장면은 제11칸과 제12칸에 걸쳐 있으며, 각각 다음의 설명이 붙어 있다.

(제11칸) 그녀는 얼굴을 붉히기도 하고 하얗게 질리기도 하다가 (…) 마지막에는 결국 마음을 굳혀 스스로 가슴팍을 열어젖히고는 펑린의 머리에 가까이 댔다.
(제12칸) 달착지근한 액체가 펑린의 몸 안으로 흘러들었다. 그의 입속과 가슴속 열기는 점차 온몸에 퍼져 나갔다.

텍스트와 더불어 그림에서도 직설적인 묘사는 피하려 했음을 알 수 있다. 앞서 말한 의문을 화가 나름대로 처리한 결과일 것이다.그림16

[**] 중국에서 20세기 초엽부터 유행한 만화의 장르. 여러 개의 그림으로 하나의 사건이나 이야기의 발전 과정을 서술하는 그림 형식이며 주로 백묘 기법(먹선으로 대상의 윤곽을 그린 것)을 구사한다. 1920년대에는 선전과 교육을 위해 이용하기도 했다.

간접 수유의 발명

대대적으로 선전해야 했던 『홍수』의 이야기는 연환화만 해도 몇몇 판본이 만들어졌다. 그중 하나가 1962년 상하이인민미술출판사가 간행한 연환화 『홍수』인데, 이런 문제를 해소하고자 한 가지 '발명'을 감행했다. 요컨대 '유즙을 일단 물통에 넣은 다음, 병사에게 물통에 든 젖을 먹이는' 간접 수유 방법이다.

연환화를 그린 작가가 남성의 입에 여성 스스로 젖꼭지를 물리는 원작 표현을 그대로 두는 것은 좀 부적절하지 않겠느냐고 고민한 흔적이 보인다. 물통을 매개로 삼는다는 아이디어는 1964년 예극豫劇˙〈홍수〉, 문화대혁명 때 『홍수』를 발레로 개작한 〈기몽송沂蒙頌〉(영화는 1975), 산둥성 경극단이 창작한 현대 경극 〈홍운강紅雲崗〉(1976) 등에서도 활용했다. 이를 개작한 연환화도 간접 수유 방식을 따르고 있다.그림17 젖꼭지와 성기의 노출을 금기로 여기는 사회에서는 별(★) 마크가 종종 은폐의 기능을 맡는다. 이 연환화의 표지는 '정의의 젖가슴' 자체를 직접 보여 주지는 않지만, 젖꼭지를 대신해 물통에 새겨진 '붉은 별'을 통해 숭고한 의의를 충분히 대변할 수 있다고 소리 높여 주장하는 셈이다.

덧붙여 티에닝鐵凝의 중편소설 「보리더미」(1986)는 문화대혁명 시대의 허베이 지방 농촌을 무대로 삼는다. 여기에는 마을에서 발레극 〈기몽송〉을 영화로 상영하는 장면이 나온다. 발레 장르인 만큼 영화에는 대사가 전혀 없다. 그런데 애초부터 '예술'이 무엇인지 모르는 마을사람들은 물통에 의한 간접 수유 장면을 보며 대체 무슨 일이 일어나고

˙ 허난성을 중심으로 유행한 지방극

그림17
연환화 「홍운강」, 1977년

그림18
리천, 연환화 「홍수」, 1992년

그림19
영화 〈홍수〉의 한 장면,
1997년

있는지 전혀 이해할 수 없다. 그래서 이를 안타깝게 여긴 영사 담당자가 확성기를 들고 이렇게 설명해 주었다. "저건 물이 아니에요. 젖이에요!" '젖'이라는 한마디에 꾸벅꾸벅 졸던 관중은 눈을 번쩍 뜬다. 젊은 남자들은 정신을 못 차릴 정도로 서로 세차게 때렸다. 노인들은 부끄러워 얼굴을 싸맸다. 엄마들은 가슴을 꼭 여몄다. 처녀들은 듣지 않은 척했다. 이렇게 마을 전체는 열기에 휩싸였다. 「보리더미」에는 유방의 이미지가 흘러넘친다. 주옥같은 '젖가슴 소설'이다.

직접 수유의 해금

세월이 흘러 1992년 리천李晨이 새로이 그린 연환화 『홍수』는 건군建軍 80주년 미술전에서 금상을 받은 작품이다. 이쯤에서는 홍수가 풍만한 가슴을 대담하게 드러내고 병사의 입가에 대 주는 장면을 가감 없이 그렸다.그림18 정치적으로 '올바른 젖가슴'이라면 당당하게 남 앞에 드러내도 괜찮다는 뜻이다. 문화대혁명 시대의 흐름과 분위기에 따라붙던 '의문'도 이제는 기우에 지나지 않았다.

1997년 영화 〈홍수〉(진리리金莉莉 주연)에서는 유방을 그대로 촬영했다. 단 병사는 젖꼭지를 입에 물지 않고 방울방울 떨어지는 젖을 마른 입술로 받아먹는 데 그쳤다.그림19

연극, 영화, 텔레비전 드라마, 회화, 연환화, 조각 등등 '홍수'를 주제로 한 작품은 수없이 많지만, 가장 관심을 모은 것은 수유 장면이다. 그 장면을 어떻게 표현하느냐에 대해서는 지금도 논의가 진행 중인 듯하다. 원작의 직접 수유에서 출발해 다양한 미디어의 간접 수유로 넘어갔고, 지금은 젖꼭지와 입술의 접촉을 피하면서도 거의 직접 수유로 돌아온 느낌이다. 홍수의 '올바른 젖가슴'이 헤쳐 온 파란만장한 길은 그대로 중화인민공화국의 문화사라 이야기할 수 있을 것이다.

수유의 일탈

'올바른 젖가슴'은 딱히 사회주의 중국의 프로파간다만으로 발명된 것은 아니다. 본래 젖먹이에게 대 주어야 할 젖꼭지임에도, 어떤 특수한 사정 탓에 젖먹이가 아닌 자를 구하기 위해 물려 준다는 주제는 '수유의 일탈'이라 할 만하다. 이런 예는 동서양을 불문하고 신화·전설의 세계부터 역사적 기술에 이르기까지 숱하게 찾아볼 수 있다.

서구의 전형은 '시몬Cimon과 페로Pero' 또는 '로마의 자애'로 알려진 효행담이다. 감옥에서 굶어 죽기를 기다리는 아버지 시몬을 구하기 위해 딸 페로가 면회하는 틈을 타서 자신의 젖을 아버지 입에 물려 주었다는 이야기다. 16~17세기에는 루벤스Peter Paul Rubens를 비롯해 많은 화가들이 이 이야기를 그림으로 그렸다.그림20 후카야 미치코深谷訓子의 연구에 따르면, 이 주제의 그림을 두고 효행이라는 미덕을 구실로 에로티시즘을 즐긴 것 아니냐고 후세 사람들이 쑤군거리는 것은 그야말로 억측에 지나지 않는다고 한다. 당시에는 이 주제가 결코 주류가 아니었다는 것이다.

그림20 페테르 파울 루벤스,
〈로마의 연애(시몬과 페로)〉, 1612년

그림21 '이십사효' 가운데 '당씨唐氏가 시어머니
에게 수유하다'

　반대로 고대 중국에서는 시어머니에게 젖을 주는 며느리 '당부인唐
夫人'의 모티프를 '이십사효二十四孝 •'의 하나로서 권장했다.그림21 홍수
의 이야기는 예부터 전해지는 '효'의 에피소드를, '부모'인 중국공산
당을 섬기는 '자식' 인민이 행한 기이한 효행담으로 슬쩍 뒤바꾸었다
고 할 수도 있겠다.

　• 중국의 저명한 효자 24명, 또는 그들의 전기와 시를 적은 교훈서.

부풀어 가는 유방의 상상력

중국에서는 이후에도 '홍수 정신'이라는 말을 선전하곤 했다. 1984년 중국과 베트남이 국경 분쟁을 일으켰을 때 부상당한 해방군 병사에게 젖을 먹이는 젊은 여성 민병民兵 사진을 찍고, '1980년대의 홍수'가 '헌신적으로 간호했다'는 미담을 전국적으로 선전했다.그림22 나중에 이는 '조작한 사진'이었음이 밝혀진다. 촬영반이 모델 여성을 데려오자 촬영을 '연출'하려던 간부는 "젖가슴이 더 큰 아가씨를 찾아오시오. 가슴이 작으면 '홍수 정신'의 선전 효과가 덜하지 않소!" 하고 명령했고, 일부러 유방이 큼직한 여성을 찾았다고 한다. 또 2008년 쓰촨 대지진 당시 구조 활동을 벌일 때, 쇠약한 상태의 구출 아동에게 자기 젖을 먹인 경관의 행위가 영웅적인 행동으로 화제에 올랐다. 이때도 '홍수 정신'이라는 네 글자가 중국 매스컴에 흘러넘쳤다.

한마디 더 보태자면, '올바른 젖가슴'이라는 모토는 일찍이 중국에서 성性을 슬쩍 비켜 가면서도 매우 흥미로운 기담을 낳았다. 바로 '남자의 수유'라는 모티프다. 정적의 손에 주군을 잃은 충신이 주군의 어린 아들을 데리고 도망해서 언젠가 부모의 원수를 갚을 수 있도록 몰래 키우려고 한다. 그 마음이 하늘에 통했는지 그는 여체로 변해 아이에게 젖을 먹인다. 이런 이야기는 『후한서後漢書』「독행열전獨行列傳」에 나오는 '이선'의 에피소드를 본떠 청대에 이르기까지 몇몇 소설의 재료로 쓰였다.

이제까지 중국의 유방을 둘러싼 관념을 거칠게나마 살펴보았다. 이 글은 어디까지나 대략적인 스케치일 뿐이다. 앞으로 더 넓은 시야의 제언을 통해 보충하고 수정한다면 분명 학술적 진전이 있을 것이다.

그림22
1980년대의 '홍수'

여느 문화권과 마찬가지로 중국에서도 '유방이 얼마나 큰가, 어떻게 감추는가, 어떻게 노출해야 하는가, 어떻게 수유해야 하는가' 같은 문제를 놓고 각 시대마다 의도에 따라 적지 않은 진폭을 보였다. 유방관은 언제나 흔들렸던 것이다.

민국문학 가슴 재기 하마다 마야

둥근 가슴이 아름답다?

치파오는 여성 신체에 딱 달라붙어 아름답게 곡선을 그리는 민족의 상이라는 이미지가 있는 듯하다. 그러나 앞서 「중국 유방 문화론」에서 이야기했듯, 중국에서 여성의 신체 곡선을 추구하기 시작한 것은 결코 오래지 않았다. 여기서는 중화민국 시기(1912~1949) 픽션에 나타난 유방 이미지를 살펴보겠다.

먼저 미인화 포스터를 들여다보자.그림1 최신 유행하는 패션으로 차려입은 여성들의 가슴은 평평하다. 중국에서는 전통적으로 여성 신체의 성적 아름다움을 전족에서 찾았다. 브래지어가 없던 시대에 여성은 가슴을 천으로 꼭꼭 여미고, 불룩 솟은 것이 눈에 띄지 않게 주의했다. 여성의 가슴은 솟아오르지 않아야 존중받았기에 전근대에는 흰 천으로 가슴을 동여매는 풍습이 널리 퍼져 있었다. 중화민국에서는 흰 천을 대신해 가슴을 감싸는 조끼 '샤오마자'가 유행하기 시작했다.그림2

청말부터 중화민국에 걸쳐 활약한 저널리스트 바오티엔샤오包天笑 (1876~1973)는 샤오마자에 대해 "숨을 크게 쉬는 것만으로 가슴 앞 단

그림1
1919년 홍콩의 보험 및 창고
회사의 달력 포스터(부분)

그림2
1927년 당시의 속옷 사정을
소개하는 신문 기사의 삽화

추가 튕겨 나와 떨어져 버리는 듯하다"고 했고, "예전에 젊은 여성은 가슴이 불룩 솟은 것을 부끄럽게 여겨 가슴을 감추기 위해 온갖 방안을 강구했다"고 회상했다. 가슴을 꽉 동여매는 풍습은 상당히 뿌리 깊었다. 이 풍습을 정면으로 공격한 사람이 '성 박사'라고 일컫는 장징성(1888~1970)이다. 1924년 그는 이렇게 말했다. "유방이 가슴 앞으로 불룩 튀어나온 것은 확실히 여성의 아름다움을 상징한다."

1927년 7월 민국당民國黨 광둥성 정부는 성 전체에 여자의 가슴을 동여매는 일을 일제히 금지하고, 위반하는 사람은 50위안의 벌금형에 처하기로 결정했다. 그 후 딸이나 아내, 며느리의 가슴을 묶은 상태로 두고 싶은 가장이 여자들을 집에 가두거나, 가슴 검사가 끝나면 다시 동여매는 등 여기저기서 희비극이 잇달았다고 한다.

계속 압박당하던 유방이 '해방'을 맞은 뒤에도, 여성의 가슴은 이전과 다른 기준으로 가지런히 모아지기 시작했다. 1920년대 말 서양에서 브래지어가 들어왔기 때문이다. 당시 '천유'를 의식해 '의유'라 부르던 새로운 속옷과 더불어 둥글게 모아진 가슴이야말로 여성미라는 미적 기준도 따라 들어왔던 것이다. 브래지어를 보급하는 데 막중한 역할을 한 인물이 은막의 여왕이었던 롼링위阮玲玉(1910~1935)다. 그를 비롯한 스타들의 '그라비어'에 의해 우리가 지금 떠올리는 치파오와 곡선미의 관계가 성립했다.그림3 그 뒤로는 중국에서도 풍만한 가슴, 잘록한 허리, 탄탄한 엉덩이라는 곡선미가 정착해 갔다.

이렇게 중국에 등장한 '부풀어 오른 가슴'은 문학에서 어떻게 그려졌을까? 지금부터 모던 클래식으로 평가받는 작품 속 '유방 묘사'를 탐색해 보자.

그림3
1930년대 치파오의 이미지를 대표하는 스타 롼링위

유혹하는 가슴과 꺼림칙한 가슴

중화민국 시기 모던 걸의 흉부 묘사라면, 단연 리얼리즘으로 유명한 작가 마오둔(1896~1981)을 넘어설 사람이 없을 것이다. '매력적인 가슴'과 관련해 그의 데뷔 소설 『식蝕 삼부작』 가운데 두번째 작품 「동요動搖」에 초점을 맞춰 보자.

1927년 국민혁명을 위해 동분서주하는 지방의 명사들을 쥐락펴락한 이가 젊고 아름다운 '신여성' 혁명가인 쑨우양이다. 우선은 국민당 간부 팡뤄란이 쑨우양의 육체적 매력에 포로가 되어 버린다.

긴장감 도는 공기 속에 쑨우양의 감미로운 목소리만 울렸다. (…) 빠른 어조로 말하는 바람에 그녀의 둥근 유방이 보라색 실크 치파오 안에서 솟았다 가라앉았다 하는 것이 보였다.

은밀히 반反혁명을 선동하던 토호인 후궈광도 쑨우양에게 사로잡혀 버린다.

이날은 아주 따뜻해서 쑨우양은 얇은 초록색 셔츠와 스커트를 입고 있었다. 이 셔츠는 아마도 겹옷이었을까, 상반신의 굴곡을 잘 드러나게 보여 주었다. 짧은 까만 머리에는 크림색 헤어밴드를 맸다. 요염한 검은색을 가로지른 밝은 색이 뽀얀 얼굴빛 때문에 두드러지는 새빨간 입술과 대조를 이루었다. 셔츠는 허리까지, 스커트는 무릎 아래 6센티미터까지 내려왔다. 둥글고 부드러운 엉덩이와 유려한 허리선을 통해 그녀의 온몸이 얼마나 균형감 있게 발달했는지 살펴볼 수 있었다. 여하튼 이런 여자를 후궈광은 이제까지 만난 적이 없었다.

쑨우양이 신여성인 까닭은 사상이나 행동뿐 아니라 스타일과 복장의 새로움 때문이기도 했다. 단발, 솟아오른 가슴, 잘록한 허리…….쑨우양은 신체의 곡선을 힘껏 감추도록 요구받았던 전근대 중국 여성과는 정반대의 매력으로 흘러넘쳤고, '이제까지 만난 적이 없는' 존재였다. 쑨우양의 명석한 두뇌와 과감한 행동력은 신체미와 떼어 낼 수 없다.

쑨우양은 마음이 흔들리는 팡뤄란에게 먼저 입을 맞추고, 그 앞에서 조금도 주저하는 빛 없이 옷을 갈아입을 만한 여성이다. 쑨우양의 행동에 팡뤄란은 꼼짝없이 휘둘리는데, 무엇보다 그의 마음을 사로잡고 놓아주지 않는 것이 그녀의 가슴이다. 소설이 끝날 즈음에 폭동으로 혼란스러워진 거리에서 팡뤄란과 쑨우양은 재회한다.

그것은 바로 쑨우양이었다. 그녀는 은회색 홑옷 치파오를 입고 있었다. 가슴은 평평하게 꽉 조여맨 듯하다. "거리에 나와 봤소. 이제 다들 진정한 것 같구료. 거리가 조용하더이다." 팡뤄란은 이렇게 말했지만 시선은 평소와 다른 쑨우양의 가슴께에 못 박힌 듯했다. "진정했다고요? 설마!" 쑨우양은 차갑게 말했다. 그러고 나서 팡뤄란이 자신의 가슴을 지긋이 바라보는 것의 의미를 깨달은 듯 웃으

며 말했다. "팡뤄란 씨, 내가 평소와는 다르다고 생각하죠? 오늘은 가슴을 동여
맸어요. 눈에 띄지 않도록요!"

그렇게 말하면서 쑨우양은 자신의 가슴께를 손가락으로 가리키며
흰 무명천을 훌훌 풀었다. 눈 깜짝할 사이에 팡뤄란을 매료시켜 마지
않는 유방이 원래대로 둥글게 솟아올랐다.

팡뤄란은 마치 눌렀던 용수철이 다시 튀어 오르듯 쑨우양의 흉부가 솟아오르는
것을 보았다. 셔츠에 나란히 달린 단추와 단추 사이가 하나하나 동그란 창처럼
팽창하더니, 하얀 새틴 같은 살갗이 나타났다 숨었다 한다.

'동요'라는 제목은 국민혁명의 좌절뿐 아니라 쑨우양의 흔들리는 유
방에 허우적대는 팡뤄란의 심리를 나타내기도 한다. 가슴의 풍만함 때
문에 단추와 단추 사이로 새하얀 살갗이 훤히 들여다보인다는 묘사는
'천유'운동이 가져다준 새로운 리얼리티라고 할 것이다.
　쑨우양 외에도 마오둔이 그려 낸 여주인공이 유방을 보는 남자를 향
해 하나같이 어떤 유혹의 몸짓 따위를 보인다는 점도 주목할 만하다.
남자를 유혹하는 듯한 수수께끼를 남기는 행동은 중화민국 시기의 모
던 걸을 그릴 때 공통적으로 나타난다.
　만지면 굴러 떨어질 것 같은 분위기를 풍기는 유방은 작가인 남성
의 마음을 뒤흔든다. 그런데 유방이 새로운 미의 기준에 합치하지 않
을 때는 어떨까? 우선 라오서老舍(1899~1966)의 대표작 『낙타 샹쯔駱駝
祥子』(1936~1937)를 읽어 보자. 인력거꾼인 샹쯔는 튼튼한 몸에, 순하
고 곧은 마음씨를 지녔다. 그는 묵묵한 근면함을 내세워 베이징 거리
에 자신의 세상을 개척하려 했다. 그런데 인력거 회사 사장의 외동딸

로서 그보다 연상인 호뉴가 그를 유혹한다. 호뉴는 일방적으로 샹쯔에게 한눈에 반했고, 샹쯔는 호뉴의 권유로 술을 마신 끝에 원하지 않았는데도 그녀와 육체적 관계를 맺고 만다.

호뉴 아가씨는 도대체 무슨 짓을 했는지 알 수 없었다. 그녀는 아무래도 처녀가 아니었다. 샹쯔는 몇 시간 전에 겨우 그 사실을 알았다.

여기에는 처녀가 아닌 연상의 여인이 순박한 샹쯔에게 육욕을 품었다는 비난이 배어난다. 샹쯔는 호뉴라는 이름대로 호랑이처럼 탐욕스러운 여성과 살림을 차리지만, 그 옆에 살던 샤오푸쯔라는 소극적이고 일 잘하는 여성에게 호의를 품었다. 호뉴가 난산으로 죽은 뒤 샹쯔는 샤오푸쯔가 매춘업소에 몸을 팔았다는 소식을 듣고 그녀를 찾으러 간다.

옆방의 포렴이 흔들리자 여자가 얼굴을 내밀었다. 샹쯔는 가슴이 철렁 내려앉았다. 문득 쳐다보니 그녀는 호뉴와 똑 닮아 보였다. (…) 여자는 마흔 정도였고, 머리카락은 부스스했다. 세수도 하지 않았다. 아래에는 겹옷 바지를 입고, 위에는 파란 솜옷을 입었는데 단추를 채우지 않았다. 샹쯔는 아래를 내려다보고 지나치면서 방에 들어갔는데, 입구에 들어섰을 때 그녀에게 안기고 말았다. 단추를 채우지 않은 솜옷이 벌어지며 극도로 축 처진 유방이 드러났다. (…) 여기 '포대 자루粉袋'가 필요하겠다는 말을 자주 들었는데, 필시 그녀를 가리켜 하는 말이었다. '포대 자루'라는 별명은 그녀의 축 처진 유방에서 유래했다.

샤오푸쯔를 찾아 매춘굴에 발을 들여 놓은 이 장면에서 몸을 파는 여자의 얼굴이 호뉴와 닮았다는 것은 우연이 아닐 것이다. 호뉴는 샹쯔를 욕망의 대상으로 삼은 '호랑이'로서 바람직한 여자가 아니다. 나아가 극도로 축 처진 유방은 창부가 불특정 다수의 손님을 받고 있었음을 암시한다. 호뉴와 결혼함으로써 샹쯔의 삶이 곤두박질치기 시작한 점을 고려하면, 호뉴의 얼굴과 겹쳐지는 마흔 줄 창부의 유방이 '역겨운 것'임은 분명하다. 샹쯔는 그녀에게 샤오푸쯔의 행방을 듣고 싶었을 뿐인데 '포대 자루'는 샹쯔에게 찰싹 안긴다. 이때 매력적이지 않은 여자가 성적으로 행동한 데 그가 혐오를 느꼈음을 강조한다.

'역겨운 유방'을 표현하는 또 하나의 예로, 중화민국 시기를 대표하는 남성 작가인 위다푸郁達夫(1896~1945)의 중편 「그녀는 약한 여자她是一個弱女子」(1932)를 들 수 있다. 미모의 여학생 정슈웨의 타락을 그린 이 중편소설에서 세상 물정을 모르는 정슈웨는 학교 선배인 리원징에게 맨 처음 빠져든다. 리원징은 상하이에서 들여온 섹스용품을 사용해 그녀에게 쾌락을 가르쳐 주고, 돈의 힘을 빌려 그녀를 자기 마음대로 조종한다. 성마性魔라 할 법한 리원징의 유방 묘사에는 더할 나위 없이 역겨움이 강조되어 있다.

정슈웨의 손가락이 사포 같은 피부와 탄력 없이 축 늘어진 유방에 닿았다. 가랑이 사이에 난 성긴 짧은 털은 점액으로 뻣뻣해졌다. 속살을 더듬는 동안 리원징은 그녀의 손을 하복부로 이끌었다. (…) 그녀[리원징]의 벌거벗은 상반신은 검게 이글거렸다. 전등 아래를 걸으면 거무스름한 보라색 젖꼭지가 달린 늘어진 유방이 오른쪽, 왼쪽으로 덜렁덜렁 흔들렸다.

전체적으로 신체를 묘사하는 대상은 리원징뿐이라는 점이 흥미롭다. 정슈웨라는 미소녀에 대해서는 아름다운 생김새와 화려한 손을 언급할 뿐, 의복으로 감싼 내부에 대해서는 아무것도 이야기하지 않는다. 반면 리원징의 추한 모습만은 집요하게 노출시킨다. 유방 말고도 리원징에 대한 묘사는 매우 공들인 모양새다.

'양파 같은' 액취를 풍기는 리원징은 재력으로 여학교의 동급생을 차례로 농락하고 섹스용품으로 정복한다. 그러나 잘 때는 입에 거품을 물며 코를 곤다. 늘 실 한 오라기 걸치지 않은 모습으로 자고(쭈그러진 추한 유방을 드러내 놓는다), 본가에 돌아가면 부친과 같은 이불에서 잠잔다. 부친이 면회를 왔는데 그녀가 자리에 없어서 다들 그녀를 찾아 나섰는데, 실은 과일을 너무 먹어서 설사를 하고 있었다는 식으로 이야기 전개와 별 관계없는 묘사까지 등장한다. 그런가 하면 하숙집 아들을 농락하거나 교장 선생님을 유혹하는 등 남자에게도 자주 손을 뻗친다. 그렇지만 이렇게까지 철저하게 추함을 까밝히는 것을 보면, 오히려 작가가 마음속 깊이 그런 존재를 동경하지 않았나 싶은 생각조차 든다.

덧붙여 남성의 동성애적 감정을 그린 위다푸의 다른 작품 「끝없는 밤」(1922)은 하늘하늘한 청년을 시정 넘치는 필치로 묘사한다. 남자에게 욕망을 불러일으키는 남자의 아름다움, 여자에게 욕망을 품는 여자의 추악함, 이 둘의 비대칭에는 '남자가 필요하지 않은 여자'에 대한 남성 작가의 혐오와 공포가 투명하게 내비치는 듯하다.

라오서가 그린 '포대 자루'도 그렇고, 위다푸가 그린 리원징도 그렇고 '쭈그러진' 유방의 소유자에게는 '비위생적' 이미지가 덧씌워졌다는 것을 확인했다. 두 작품에 나오는 늘어진 유방은 여성의 성적 경험을 이야기해 주는 기능이 있다. 한편 텍스트에서 그런 유방을 드러내는 여성은 보는 사람(화자)에게 혐오감을 안겨 준다. 그리고 그런 여성은 주인공(또는 화자)에게 성적 욕망의 대상이 되지 않을 뿐 아니라 거의 인격 전체를 부정당하고 만다.

아름답지도 추하지도 않은 '작은 새'

앞서 남성 작가의 유방 묘사가 '탐탁한 것'과 '역겨운 것'으로 나뉘어 가는 모습을 더듬어 보았다. 그러면 붕긋한 유방을 가진 여성들 자신은 어떻게 유방을 표현했을까? 1920년대 중반부터 여성 작가의 문학작품에서도 '가슴의 곡선'이 나타나기 시작했다. 링수화凌叔華 (1900~1990)의 단편 「이런 것도 있다」(1926)는 학생 연극으로 로미오와 줄리엣을 연기한 두 여학생이 역할 그대로 사랑에 빠졌다가 헤어지는 모습을 그린다.

잉만은 웃으면서 윈뤄 곁으로 다가왔다. 그녀의 벌어진 앞가슴 옷깃을 통해 하얀 구슬 같은 젖가슴과 옷깃 선을 따라 부드럽게 살짝 솟아오른 유방의 곡선이 드러났다가 감추어졌다 하는 것이 보였다.

앞서 인용한 마오둔의 '단추 사이의 하얀 살갗'과 마찬가지로, '살짝 솟아오른 곡선'은 동여매지 않고 자연스레 부풀어 오른 가슴을 직접 눈으로 봤을 때 소녀가 느끼는 두근거림을 생생하게 전해 준다.

유방을 묘사한 중화민국의 여성 작가를 꼽으라면 장아이링(1920~1995)이 제일 먼저 떠오른다. 마오둔보다 15년쯤 늦게 상하이 문단에 등장한 그녀는 꽉 차서 터질 것 같은 농염한 유방이 아니라 고전적이고 동양적인 미숙한 유방을 거듭 그려 냈다. 구체적으로 몇몇 작품을 살펴보자.

「붉은 장미와 흰 장미紅玫瑰與白玫瑰」(1944)는 붉은 장미 같은 정열적인 여성과 흰 장미 같은 정숙한 여성 사이에서 동요하는 남자 통전바

오가 주인공인 중편소설이다. 붉은 장미 왕자오루이와 비도덕적인 사랑에 빠져 도피하는 통전바오는 흰 장미처럼 정숙한 멍옌리와 결혼하기로 마음먹는다. 마오둔과 달리 장아이링은 도발적으로 행동하는 왕자오루이의 가슴을 묘사하려 들지 않고 어린 멍옌리의 가슴을 정성스레 묘사한다.

그녀는 키가 크고 날씬하며 날렵한 직선을 그리는 신체를 갖고 있다. 즉 약간 봉긋 솟은 어린 가슴과 골반이 있을 뿐이다. 바람 불어 옷이 날리기라도 하면 그녀의 밋밋한 몸이 더욱 도드라졌다.

통전바오는 왕자오루이의 가슴과 대조적인 '약간 봉긋 솟은 가슴'을 쥔 채 다음과 같이 생각한다.

처음에는 가끔 사랑스럽다는 생각도 들었다. 발달하지 않은 그녀의 가슴을 손으로 쥐면 잠든 새 같았다. 출렁거리는 심장이 거기 붙어 있다. 뾰족한 부리가 그의 손을 콕콕 쪼았다. 딱딱하지만 부드럽기도 하다. 아니, 부드러운 것은 자신의 손바닥이었다.

여기에 나타난 유방은 앞서 말한 '아름답다=유혹하다', '추하다=꺼림칙하다'는 이항대립에서 벗어난 것이다. 장아이링이 묘사한 유방은 가슴이라는 기관이 얼굴과 마찬가지로 아름다움과 추함이라는 양극으로 나눌 수 없다는 당연한 사실을 암시한다.

장아이링은 미와 추를 드러내지 않는 '작은 새 같은 유방'이라는 비유가 마음에 들었던 모양이다. 미국으로 이민을 떠난 뒤에 집필한 장편소설 『원녀怨女(홀몸의 여자)』(1966)는 상하이 활동 시기에 센세이션을 일으킨 단편 「금쇄기金鎖記」를 다시 창작한 작품이다. 청대 말기 돈 때문에 만족스럽지 못한 결혼을 한 여주인공이 남편의 동생에게 유혹당하는 장면이 하나의 절정을 이룬다. 난봉꾼인 이에게 마음이 흔들리지만 사랑보다 자신의 돈을 지키는 길을 선택한다는 스토리는 두 작품에 공통적이다.

『원녀』에는 원래 단편에는 없던 가슴 묘사가 나온다. 다음은 가족이 제사를 지내려고 외출했을 때 여주인공 인디가 남편의 동생에게 유혹당하는 장면이다.

그의 손이 그녀의 가슴에 닿았다. 가죽 웃옷과 딱 달라붙은 속옷, 게다가 가슴에 댄 천 때문에 확실히 느끼지는 못했다. 그녀가 몸을 휙 돌려 가 버리려고 했다. 그는 기가 죽었지만 서둘러 그녀에게 딱 붙어 겨드랑이 속으로 파고들었다. (⋯) 웃옷과 가슴에 댄 천에는 아주 얇고 작은 자개단추가 일렬로 달려 있다. 빡빡하게 달려 있기 때문에 말도 못하게 풀기 어렵다. 어둠 속이라면 더 말할 필요도 없다. 여자 옷에 이토록 정통한 그가 아니라면 도저히 불가능할 것이다. 그럴지만 단추를 푸는 일에 지나치게 열중한 나머지, 입맞춤은 건성이 되어 버렸다. 그녀의 마음은 어지럽다 못해 가슴의 단추가 다 풀리면 대체 어떤 일이 벌어질지 차마 짐작할 수도 없었다. 그가 자신의 가슴을 손에 쥐고 문지르며 모양을 확인했을 때, 그녀는 그제야 작은 새의 부드러운 부리가 그의 손바닥을 쪼아 댄다는 사실을 깨달았다. 마치 겁을 먹은 듯 앙당그러지고 움츠린 가운데 그 중심에서는 심장이 두근두근 뛰고 있다. 인디는 온몸에서 힘이 빠져나가 마치 마비시키는 약을 먹은 것 같았다. 이것은 마약이다. 그녀는 중얼거렸다. "무슨 남자가 이래?"

「붉은 장미와 흰 장미」가 남성의 시선으로 그린 유방이라는 '작은 새'를, 이 작품에서는 여성의 심리를 통해 그려 낸다. 두근대는 심장이나 부드러운 부리를 갖고 바깥 공기에 닿으면 움츠러드는 작은 새 말이다. 여기서 유방이라는 아주 사적인 기관은 마치 여성의 몸을 떠난 다른 생물처럼 낯설게 그려졌다. 이 묘사의 유방은 속옷으로 감춰 놓아 평소에는 별로 의식되지 않지만, 갑자기 타인의 손에 맡겨져 애무를 받고 성적인 욕망의 대상이 된다. 어쩐지 현실감이 부족한 감각이다.

유방의 묘사를 통해 화자가 품은 여성성의 이미지가 표면으로 떠오른다. 흔히 소설에서 아름답다거나 추하다는 형용사로 나타낸 유방은 남성의 시선을 받는 객체에 머물기 십상이었다. 그러나 장아이링이 묘사한 '작은 새 같은 유방'은 남성의 평가에 갇히지 않고, 그것을 그러쥔 타자의 손바닥을 '뾰족한 부리로 쪼아 대는' 주체성을 획득했다. 이때 두근대며 고동치는 유방은 미추라는 낡은 관념의 틀을 벗어나 하나의 생명체로 의식에 자리 잡았던 것이다.

여장 배우가 벗을 때:
전족, 나긋한 허리,
환상의 유방 다무라 요코

여자로 분장하는 남자 배우

가부키 가운데 〈나루카미〉라는 레퍼토리가 있다. 나루카미 쇼닌이라는 덕이 높은 승려에게 절세 미녀 구모노다에마히메가 찾아온다. 사실 그녀가 맡은 소임은 나루카미 쇼닌을 유혹해 그가 가두어 둔 용신龍神을 놓아 주어 비를 내리게 하는 것이었다. 구모노다에마히메는 나루카미 앞에서 갑자기 가슴을 부여잡고 "아이고, 아이고……" 하며 고통에 찬 신음 소리를 내지른다. 그러자 나루카미는 그녀의 품에 손을 넣어 잠시 문질러 주었는데, 문득 탄력 있는 것을 만지고 만다. "재미있는 것이 손에 닿았다. ……이것이 무엇인고." 구모노다에마히메는 틈을 주지 않고 대답한다. "스승님이란 분이 그것도 모르십니까. 그건 젖가슴이옵니다."

저절로 가슴이 쿵쾅대는 명장면이다. 품위 있고 고상한 구모노다에마히메를 연기하는 사람은 여장 배우로서 물론 남성이다. 나는 평소에도 중국의 연극을 주로 즐기지만, 주연 배우가 여장 배우의 가슴을 만지작거리는 가부키의 생생한 연기에 흥분이 느껴졌다. 왜냐하면 중국의 전통극인 경극에서 여장 배우가 요염함을 연출하는 신체 부위는 오랫동안 가슴이 아니었기 때문이다. 전족 풍습이 있는 중국에서는 작은 발끝이야말로 관객의 에로틱한 상상을 불러일으켰다.

여장 배우란 '남자가 연기하는 단旦'을 뜻하는데, '단'은 경극에서 여자 역할을 가리킨다. 경극에는 크게 나누어 '남자 역할生', '여자 역할旦', '평범하지 않은 남자 역할淨', '도깨비 역할丑' 등 네 가지 역할이 있다. 그러나 20세기 초까지 많은 사람이 모이는 극장에서는 일반적으로 모든 역할을 남성만이 연기했다. 그러므로 경극의 '단' 연기는 '남단男旦'의 연기로만 이뤄졌고, 남성이 여성 신체를 표현하기 위해 다양한 기교를 고안해야 했다.

그중 하나가 전족을 나타내는 '교蹺'다. 전족이란 어릴 때 여성의 발을 천으로 동여매어 인위적으로 작은 발을 만드는 중국의 풍습이다. 엄지발가락 이외의 나머지 발가락이 휘어진 상태에서, 몇 겹이나 천을 둘러 발가락 끝이 뾰족해 화사한 발을 만드는 것을 바람직하게 여겼다. '교'는 경극에서 전족을 표현하기 위한 일종의 의족이다. 극단적으로 바닥이 두꺼운 하이힐 같은 모양이다.

실제로 전족을 한 여성의 불안정한 걸음걸이를 '연보蓮步'라 칭하며, 단아하고 보기 좋다고 평했다. 한편 경극 배우들은 발에 '교'를 장착한 채 무대 위에서 하느작거리며 간들간들 걷는 것은 물론, 여자 무사를 연기할 때는 난투 장면을 보여 주기도 했다. 앞서 언급한 〈나루카미〉처럼 보는 사람이 여성을 요염하고 탐스럽게 느끼게 하는 장면을 경극에서는 '교'를 신고 작은 발을 보여 줌으로써 표현한 것이다.그림1

그러나 20세기에 들어와 중국의 여성관이 변화함에 따라 여자로 분장한 남자 배우의 연기도 차츰 바뀌어 간다. 특히 19세기 말에는 전족 폐지 운동이 일어났고 중화민국 시기에 돌입하면서 전근대적인 사회를 변혁하려는 진보적 사상이 퍼졌다. 이런 사회 분위기가 경극에도 영향을 끼쳐 '교'의 연기는 쇠퇴했다.

여장 배우와 여배우의 싸움

청조가 멸망하고 1912년 중화민국이 성립했다. 청대에는 황제가 거처하던 베이징에 있는 극장에서는 예기藝妓*가 출연하는 것을 금지했다. 따라서 예기는 개인 저택의 연회 등 은밀한 곳에서 기예를 펼쳤다. 그런데 중화민국 시기에 들어서 이런 금지는 풀려 버렸다. 상하이와 톈진 등 선진적 기풍이 만연한 항구 도시에서는 베이징보다도 먼저 극장에서 연기하는 여배우가 출현했다. 항구 마을에서 베이징으로 대거 몰려온 여배우의 존재는 여장 배우에게 대단히 위협적이었을 것이다. 실제로 베이징에서는 무대에 여배우가 등장하자마자 살아 있는 여자를 직접 볼 수 있다는 점 때문에 여배우가 나오는 연극이 일대 붐을 일으켰다.

당시 베이징에 살면서 거의 매일 극장에 다니며 신문에 연극 평론을 연재한 일본인이 있었다. 바로 쓰지 조카辻聽花라는 이름의 '지나**통支那通'이었다. 그는 여배우 연극을 다루면서 당시 여배우의 인기를 전해 주는 귀한 글을 남겼다. 하지만 글 첫머리에 "나는 그다

* 노래·춤·그림·글씨·시문 등 예능을 익혀 손님을 접대하는 기생.
** 중국의 옛 명칭.

지 여배우의 연극을 보는 편이 아니지만……" 하는 변명 비슷한 말을 꼭 덧붙였다. 쓰지 조카는 여배우 연극을 좋아하는 관객을 가리켜 "연극은 듣지도 보지도 않고, 그저 여자를 볼 뿐"이라며 야유를 보내기도 했다. 이를 통해 중화민국 초기의 여장 배우와 여배우가 놓인 입장 차이를 엿볼 수 있을 것이다. 당시 여배우에 대해서는 여장 배우보다 기예의 수련이 부족하고 정통이 아니라며 얕잡아 보는 일이 많았다. 그러나 1910년대 신문에서 실시한 배우 인기투표를 보면 확실히 여장 배우를 위협한 듯싶다.

여배우의 등장을 목격한 여장 배우들은 스스로 존재의 의의를 의문시한 듯하다. 이를테면 여장 배우의 선구자인 메이란팡梅蘭芳(1894~1961)은 재빨리 여배우 연극을 본받아 〈시장희時裝戱〉라는 신작 연극에 도전했다. '시장'이란 그 시대 최첨단 패션을 뜻한다. 중화민국 시기의 최첨단 패션이라 하면 신체의 선을 강조한 '치파오', 즉 차이나 드레스다. 여배우들은 유행하는 의상을 입고 현대적인 신작 연극에서 연기했다. 기예를 배운 지 얼마 안 되는 여배우는 전통 연극의 연기로는 여장 배우를 따라잡지 못한다. 따라서 현대 연극이야말로 '살아 있는 여자'라는 여배우만의 강점을 살릴 수 있는 레퍼토리였던 셈이다.

여장 배우가 여자로 분장할 때 '살아 있는' 신체의 처리는 상당히 어려운 문제였던 것 같다. 예컨대 미모의 여장 배우로 이름을 날린 펑즈허馮子和(1888~1942)도 서른 살이 넘어가면서 살이 찌기 시작하자, 특별히 맞춘 '속흉·배심'에 빽빽하게 달린 단추로 가슴을 꽉 조여 매는 눈물겨운 노력을 기울였다.

메이란팡은 호리호리한 몸에 남자답지 않게 치파오를 멋지게 차려입었다.그림2 밋밋한 가슴이 신경 쓰일지도 모르겠는데, 1910년대부터 1920년대까지는 여성의 가슴도 천으로 동여매어 평평해 보였기 때문에 이것이 유행하는 스타일이었다. 오히려 메이란팡에게는 연기 형태가 변해 버린 점이 문제였을 것이다. 현대 의장을 몸에 걸치면 매무새나 동작이 바뀐다. 여장 남자가 어릴 적부터 훈련해 온 기예, 즉 전통 의상을 걸치고 긴 소매, 긴 옷자락을 우아하게 매만지며 '여자다움'을 선보이는 기예는 봉인하지 않을 수 없기 때문이다.

그래서 메이란팡이 새롭게 궁리해 낸 것이 〈고장희古裝戱〉라는 신작 연극이었다.그림3 이 연극은 중국 고대 회화에 나오는 미인의 모습으로 춤을 통해 신화극神話劇을 연기하는 형식이다. 의상을 자세히 보면 상반신은 몸에 꼭 맞는 옷으로 선을 드러내어 당시 유행을 따르고 있지만, 소매나 옷자락은 길게 만들어 여장 남자가 훈련해 온 몸짓을 살릴 수 있었다. 전통 경극 의상은 품이 넓은 겉옷처럼 넉넉하고 풍성하다. 반면 신화극 의상은 허리를 조여 '버들가지 같은 허리'를 강조하는 점이 결정적으로 새롭다. 20세기에는 조명 기술의 발달 등으로 무대장치나 무대미술도 변화했다. 따라서 여장 배우도 시각적으로 신체미를 드러내도록 요구받았던 것이다.

그림2
메이란팡의 '시장희'

그림3
메이란팡의 '고장희'

메이란팡의 '버들가지 같은 허리'는 중국에서 인기를 누렸을 뿐 아니라 바다 건너 일본 관객의 시선을 사로잡았다. 1919년 메이란팡은 처음으로 일본을 방문해 도쿄의 제국극장을 비롯해 오사카·교토에서 경극을 상연했다. 교토의 중국 연구자가 엮은 『품매기品』

梅記』라는 관극기觀劇記를 보면, 메이란팡의 연기에 대해 다음과 같은 감상이 있다. "나긋나긋한 허리, 우아한 걸음걸이, 실로 여자 중에 저런 여자가 이 세상에 있는가 싶으면서도, 참다운 여자를 잃지 않은 그 모습이 이상적이라고밖에 달리 말할 도리가 없다." 당시 일본인 관객의 시선도 메이란팡의 허리에 쏠려 있었음을 엿볼 수 있다.

메이란팡은 경극에서 가장 유명한 여장 배우였고 진취적인 열의에 가득 찬 배우였다. 그는 무대 위에서 전족 연기를 펼치는 구시대 여성상이 아니라 20세기에 어울리는 새로운 여성상을 창출할 필요를 절실히 느꼈다. 메이란팡이 여배우 흉내를 내팽개치고 여장 배우가 아니고서는 감히 연출할 수 없는 여성상을 모색했고, 지난날 미인의 '버들가지 같은 허리'를 착안해 냈다는 사실은 '여자로 분장한 남자'가 환상으로만 존재한다는 것을 상징하는 에피소드라 할 수 있다.

여장 배우에서 여배우로

메이란팡과 같은 시기에 활약한 여장 배우로 어우양위첸歐陽予倩(1889~1962)이 있다. 그는 후난성의 학자 집안에서 태어나 일본으로 유학도 다녀온 지식인이다. 극작가로서 여러 작품을 남기는 한편, 유학 시절에는 도쿄에서 신파극을 배웠고 1920년대까지 경극 배우로 활약했다.

1927년 어우양위첸은 자신의 배우 생활에 종지부를 찍는 작품으로서 『반금련潘金蓮』이라는 신작극을 집필했다. 『수호전水滸傳』에 등장하는 미모의 아내인 반금련은 간통을 저지른 끝에 남편을 독살하여 시동생 무송에게 복수를 당한다. 이 이야기는 전통극에도 올랐던 것은 물론, 『수호전』에서 갈라져 나온 『금병매金瓶梅』라는 포르노그래피를 낳기도 했다. 원작의 반금련은 고지식한 무송에게 구애하는 음탕한 형수지만, 어우양위첸의 각본에서는 반금련을 1920년대 후반의 신여성으로 묘사한다. 클라이맥스에서 반금련이 비수를 손에 든 무송 앞에 목숨을 걸고 사랑을 고백한다. "내 마음은 벌써 당신이에요. 여기 있는데 아직 가져가지 않았어요. 저기, 보세요. [스스로 옷을 풀어헤친다.] 눈처럼 하얀 이 가슴, 가운데에는 새빨갛고도 뜨거운 진짜 마음이 있어요. 자, 가져가요!"

그림4
어우양위첸이 분장한 반금련
(오른쪽)

멜로드라마를 방불케 하는 이 장면에서 어우양위첸이 연기하는 반금련은 상하이 경극의 명배우 저우신팡周信芳(1895~1975)이 연기하는 무송에게 가슴께를 벌려 보여 준다.그림4 당시 사진을 보면 어우양위첸이 가슴에 아무것도 대지 않고 남자의 하얀 가슴을 그대로 드러낸 채 반금련을 연기하며 무송에게 구애했음을 알 수 있다.

『반금련』을 무대에 올리기 1년 전, 어우양위첸은 상하이를 방문한 다니자키 준이치로谷崎潤一郎와 친교를 나눴다. 이 무렵 어우양위첸은 다니자키 준이치로를 사모했다. 『반금련』에도 다니자키 준이치로와 오스카 와일드Oscar Wilde의 『살로메』의 영향이 엿보인다. 『살로메』는 일본에서 1910년대부터 1920년대에 걸쳐 유행했고, 마쓰이 스마코松井須磨子나 가와카미 사다얏코川上貞奴 같은 여배우, 미인 곡예사 쇼쿄쿠사이 덴카쓰松旭斎天勝가 살로메를 연기했다. 그때 특히 관객의 이목을 모은 것은 살로메가 한 장씩 베일을 벗으며 춤추는 선정적인 '살로메 댄스' 장면이었다. 일본에 유학한 경험이 있는 어우양위첸은 이런 여배우의 무대 사진을 잡지 등을 통해 봤을 가능성이 있다. 왜 냐하면 중국에서 최초로 『살로메』를 번역해 상연한 극작가 톈한田漢 (1898~1968)은 살로메 붐 시기에 일본에 머물렀고, 어우양위첸의 〈반 금련〉 상연에도 극단 주재자로서 관여했기 때문이다. 어우양위첸은 다 니자키 준이치로나 톈한과 교류함으로써 반금련을 '중국의 살로메'로 꾸며 냈을지도 모른다.

흥미롭게도 어우양위첸은 경극의 여장 배우를 연기하는 동시에 1923년 남녀가 함께 연기하는 신극 상연에도 힘을 보탰다. 대사가 있 는 연극을 상연한 점에서 남녀가 각자 성별에 따라 배역을 맡은 〈종 신대사終身大事〉와 남자 배우만 나오는 〈발부潑婦〉는 비교 대상이 되었 다. 전자를 본 다음 후자를 상연하자 객석에서는 웃음이 터져 나왔다 고 한다.

어우양위첸의 〈반금련〉은 1930년대 후반부터 여배우가 연기하기 시작했다. 반금련 역할을 이어받은 배우 가운데 바이위솽白玉霜(1907~ 1942)은 같은 시기 상하이에서 요염한 연기로 일세를 풍미했다. 다만 여배우는 가슴에 천을 대고 앞서 말한 장면을 연기했다고 한다. 극평 을 보면 이 작품을 연기한 여배우 신펑샤新鳳霞는 하얀 천을 노출했고, 다른 여배우 시차이렌喜彩蓮은 빨간 천을 착용했다고 한다.

여장 배우가 옷을 벗을 때

경극 의상은 인물의 속성을 드러내는 하나의 기호다. 그렇기에 '남단' 배우가 무대에서 여자 의상을 벗고 남성의 신체를 노출하는 일은 드물다. 청대의 기록에 따르면, 메이란팡의 조부이자 고명한 여장 배우였던 매교령梅巧玲이『서유기』의 한 장면인 〈반사동盤絲洞〉이라는 레퍼토리에서 옷을 벗은 적이 있다. 그러나 거미 요괴가 목욕하는 모습을 보여 주는 대목을 다른 배우는 연기하려 들지 않았다. 기록을 남긴 이는 그 이유를 "아마도 옷을 벗어야 하기 때문에 새하얗고 윤기 나는 피부가 아니면 어울리지 않기 때문"이라고 기술한다. 비록 청대이긴 해도 '맨살 노출' 연기라면 보는 이의 상상을 부추기는, 하얗고 고운 피부가 적합하다. 이런 점에서 남성의 신체를 둘러싼 현실과 환상의 갈등이 엿보인다.

그런데 20세기에 저 홀로 남자 가슴을 내보인 여장 배우가 있었다. 샤오양웨러우小楊月樓(1900~1947)는 저장성 사오싱에서 태어나 상하이에서 활동했다. 그는 원래 남자 역할이 전문이었지만, 이후 변성 때문에 여장 배우로 전향했다. 가창을 특히 중시하는 경극에서는 변성기에 목이 나빠져 도중에 역할을 바꾸는 배우도 드물지 않다.

샤오양웨러우도 1926년 일본에 공연하러 왔다. 당시 극평론가 이하라 세이세이엔伊原青々園은《미야코신문都新聞》에 실은 관극기에서 이렇게 말했다. "남자가 여자로 분장해 그토록 요염하고 여자답다니! 나는 일본의 여장 배우나 미소년 배역을 맡은 배우가 옛날에는 이렇지 않았을까 생각한다." 샤오양웨러우는 미모의 여장 배우였지만, 당시 일본에 온 여배우 스싼단十三旦의 공연과 겹치는 바람에 그의 일본 순회공

연은 흥행 성적이 썩 좋지 않았다. 《도쿄아사히신문東京朝日新聞》은 "차압당한 명배우 샤오양웨러우, 식비 2000여 엔을 지불하지 못해 연극을 상연할 수 없는 혼고 극장本郷座"이라는 제목으로 보도했다. 그가 일본 공연 당시 각지에서 빚을 졌다는 말도 전해진다.

샤오양웨러우가 활약한 1920년대 후반부터 1930년대의 상하이에서는 여성 신체관에 격심한 변화가 일어났다. 특히 외국인 거주 지역, 즉 조계租界였던 개항 도시 상하이에서는 해외 문화가 발 빠르게 소개되고, 잡지·광고 등 매스컴을 중심으로 '모던 걸'의 새로운 생활양식이 널리 유통되었다.

모던 걸이란 제1차 세계대전과 제2차 세계대전 사이에 여러 지역에서 유행한 새로운 여성상을 말한다. 상하이의 모던 걸은 전족에서 해방된 '천족', 즉 자연 그대로의 커다란 발에 하이힐을 신고, 넓적다리나 가슴을 드러내면서 신체의 윤곽이 또렷이 드러나는 패션을 연출하는 것이 특징이었다. 모던 걸은 여성의 주체성을 표현한다는 평을 받는 한편, 서양의 식민지 지배를 좋아간다는 비판을 받기도 했다.

상하이의 경극은 보수적인 베이징의 경극과 달리 독자적으로 발전했다. 여장 배우도 전혀 망설임 없이 모던 걸이라는 새로운 여성상을 표현하려 했다. 샤오양웨러우가 경극 무대에서 세미누드를 연출했다는 기록도 있다.

〈그림5〉는 1920년대 후반부터 1930년대에 걸쳐 일대 인기를 누린 상하이 경극 '봉신방封神榜' 시리즈에서 샤오양웨러우가 달기로 분장한 모습이다. 그는 비키니 같은 의상에 박쥐 무늬가 있는 웃옷을 걸쳤고, 맨발을 보이며 하이힐을 신고 있다.

샤오양웨러우의 연기를 본 기자는 1936년 잡지에 다음과 같은 감상을 남겼다. "샤오양웨러우가 〈삼본 봉신방三本封神榜〉['봉신방' 시리즈

그림5
샤오양웨러우가 분장한 달기(오른쪽)

의 세 번째 작품]에서 달기로 분장해 백읍고를 놀리는 장면을 보면 흘러넘치는 음란한 자태에 소화불량을 일으킬 듯하다. 웃옷을 벗어 던져 팔과 가슴을 드러내고 실 한 올 걸치지 않은 모습은 모델로 오해할 만하다. 그 가짜 몸을 바이위샹이 보면 반드시 나 살려라 하고 백리는 도망갈 것이다. 이미 그저께 사회국에서 경고를 받았을 정도다."

여기서 '모델'이라는 말은 1920년대 중국의 미술학교나 미술전에서 종종 물의를 일으킨 누드모델을 가리키는 듯하다. 메이지시대 일본에서도 서양화를 둘러싸고 '나체화 논쟁'이 구설수에 올랐듯, 1920년대 초 중국에서는 서양 미술의 나체화나 누드모델은 아직 저속하다고 여겨졌다.

그런데 이 글이 발표된 1936년에는 상황이 바뀌어 여성 신체는 더이상 감춰야 할 것이 아니었다. 글에 이름이 오른 바이위샹은 이미 〈반금련〉 상연으로 살아 있는 모던 걸로서 무대에 출현한 셈이었다. 현존하는 사진을 보면 샤오양웨러우가 과연 어디까지 '가슴을 드러냈는지'

는 알 수 없다. 여배우를 직접 거론하고 여장 배우를 '가짜 몸'으로 규정한 이 기사에는 진짜 여성이 맨살을 드러내는 일이 그리 드물지 않은 시대에 모던 걸에 대항해 세미누드에 도전하는 여장 배우를 야유하는 논조가 엿보인다.

1920년대 메이란팡은 이미 치파오를 입은 모습의 '시장희'와 선을 그었다. 메이란팡은 무용과 '버들가지 같은 허리'를 보여 주는 '고장희', 즉 여장 배우의 매무새를 연출하는 허구의 신체미로 담판을 지으려는 방향으로 돌아섰다. 한편 샤오양웨러우의 도전은 여장 배우가 자신의 신체를 노출한 채 여성인 척하며 모던 걸이 되고자 했다는 점에서 중국 연극사에 남을 특이한 이미지라 할 수 있다. 이와 아울러 샤오양웨러우의 시도는 성별이나 신체에 대한 사람들의 사고방식이 과도기적으로 흔들리는 양상을 보인 중화민국 시대를 상징하는 듯하다.

여장 배우가 옷을 벗을 때 그들이 가장 고민하던 문제는 유방이라는 부위의 표현이었을지도 모른다. 20세기에 들어와 '서양의 충격'이 여성 역할을 맡은 배우의 가슴을 겨냥하자, 여장 배우의 '여자다움'을 보여 주는 부위도 전족에서 가는 허리, 그리고 가슴으로 옮겨 갔다. 애초에 경극처럼 연기해야 하는 형식이 있는 전통극, 그리고 남녀가 선천적인 성별로 나뉘어 연기하는 신극 사이의 거리는 너무나도 멀게 느껴졌을 것이다. 역대 여장 배우들은 자기 나름대로 두 가지 극 양식의 거리를 극복하려고 시도했다.

이를테면 메이란팡은 가슴 부위를 환상 그대로 두는 여성상을 창출했다. 어우양위첸이 숨김없이 보여 준 '하얀 가슴'은, 현실에 존재하기 때문에 천으로 감춰야 했던 여배우의 유방을 대체했다. 1920년대는 관객이 여장 배우가 연출하는 환상의 유방을 상상할 수 있었던 마지막 시대가 아니었을까?

특별히 주의를 환기하고 싶은 것은 여배우에 맞서 온 샤오양웨러우의 만년이다. 중일전쟁이 끝난 뒤 1946년 상하이로 돌아온 그는 46세의 몸으로 무대에 섰는데, 그 용모는 여전히 '아가씨' 같았다고 한다. 또 그가 질투에 못 이겨 여배우를 들볶아 울렸다는 기사도 볼 수 있다. 1947년 그는 사망하기 직전까지 타블로이드 신문이나 잡지의 가십 기사에 올랐다. 샤오양웨러우는 여배우와 똑같이 천으로 동여매어 감춘 자신의 가슴 부위를 '가짜'나 환상으로 여기지 않았을지도 모른다.

'내 가슴은 정상인가요?'
:《부녀 잡지》로 읽는 유방
문답 세키무라 사키에

1920년대 중국에서 유방은 큰 전환기를 맞았다. 이전까지는 가슴을 누르는 기능성 속옷으로 단단히 조여 맨 작은 유방이 유행이었다. 부녀자의 '몸가짐'이란 볼록하게 나온 가슴이 두드러지지 않도록 단속하는 것이었다. 그러나 '그때'는 불현듯 찾아왔다. 주로 서양에서 귀국한 지식인들이 '커다란 유방'을 권장하기 시작했다. 여성의 유방이 자연스레 발육한 상태로 부풀게 내버려 두면, 건강에도 좋고 출산이나 육아에도 바람직하다고 주장한 것이다. 심지어 유방을 계속 동여매면 폐병에 걸리기 쉽다고까지 말했다. 나아가 여성의 신체미라는 관점에서도 '밀로의 비너스' 같은 곡선미를 새로운 개념으로 수입했다.

그러자 지금까지 유방을 동여매던 여성들은 곤혹스러워졌다. 지식인이 권장한다 해서 기존 유행이 금방 사라지지는 않는 법이다. 그렇지만 가슴을 옥죄면 건강에 해롭다고 한다. 하물며 앞으로 출산이나 육아에도 영향을 미친다고 하니, 젊은 여성들로서는 그들의 주장을 무시할 수 없는 노릇이었다. 가슴을 동여매야 할까, 아니면 동여매지 말아야 할까? 기로에 선 유방이 나아갈 길은 과연 어떤 길인가?

당시 여성들은 자신의 유방을 실제로 어떻게 생각하고 어떤 길을 선택했을까? 특히 여배우나 유명 인사가 아닌 보통 여성은 무슨 생각을 했을까? 당시 중국에서 간행된 《부녀 잡지》(1915.1.~1931.12.)▪에 '그런 목소리'가 있었다. 권말에 의사가 연재하던 신체 상담 코너 「의사 위생 고문醫事衛生顧問」에는 유방에 관한 고민이 담긴 투고가 실렸다.

◡◡

작은 가슴의 유행

저는 스무 살입니다. 아직 결혼하지 않았어요. 몸은 약한 편이지만 젖가슴은 아주 큰 편이고, 보라색 핏줄이 몇 가닥 퍼져 있습니다(하지만 언제나 있는 것은 아닙니다). 이것은 왜 그런 것인가요? 게다가 움직이면 흔들리기 때문에 아주 불편합니다. 요즈음 겨우 소배심小背心[뷔스티에]을 해봤는데(하지만 그다지 꽉 조이지는 않습니다), 해롭지 않을까요? (제14권 제8호, 1928.8.)

오늘날로 말하면 '거유'의 고민이다. 질문자는 지나치게 큰 유방을 동여매면 폐해가 생기지 않느냐고 걱정한다. 유방 압박과 몸에 미치는 해를 관련짓는 것은 지식인들의 영향 때문일 것이다. 여성들의 마음속에 유방을 압박하는 데 대한 공포가 확산되고 있던 듯하다.

유방의 발육에 대해서는 다음과 같은 고민도 있다.

어릴 적 발육 단계에서 보기에 아름답도록 젖가슴을 동여맸습니다. 지금은 젖가슴이 작아지고 말아 여성이 아닌 듯합니다. 때때로 통증도 느낍니다. 출산에 장애는 없을까요? (제13권 제9호, 1927.9.)

▪ 이하 본문에서 《부녀 잡지》를 인용한 경우 제호와 발행 연도를 괄호에 표시했다.

저는 지금 열여섯 살입니다. 열세 살이 되는 정월에 이미 초경을 경험했습니다. 지금은 매달 닷새 정도 월경을 치르는데 아주 순조롭습니다. 다만 젖가슴의 발육은 불완전해서 지금도 별로 커지지 않았습니다. 특히 젖꼭지가 작은데 앞으로 아기를 낳았을 때 충분히 젖을 먹일 수 있을까요? 저 말고도 이런 경우가 있을까요? (제17권 제3호, 1931.3.)

질문한 두 사람 모두 유방이 작은 것이 출산이나 수유에 악영향을 미치지 않을까 우려하고 있다. 유행하는 작은 젖가슴이 이제는 불안의 씨앗이 되었다는 뜻일 터다. 첫 번째 여성이 '보기에 아름답도록' 발육 단계의 유방을 동여매어 버렸다고 고백하는 것도 주목할 만하다. 당시 여성들은 커다란 젖가슴을 패셔너블하게 여기지 않은 것 같다.

당시 중국은 '납작한 가슴'의 전성기였다. 평평해 보일 만큼 가슴을 압박하고, 유행하는 의상을 맵시 있게 입는 사람이 최첨단 멋쟁이였다. 이런 유행의 발신지는 사실 기녀(중국의 유녀 또는 게이샤)다. 시정의 부녀자는 이를 모방했다고 한다. 기녀로부터 유행했다는 사실이 뜻밖일지 모르지만, 당시 기녀, 특히 상하이의 기녀는 남성에게 인기 있는 주목의 대상이었다. 기녀의 인기를 나타내듯, 1917년 상하이 신시지에新世界에서 '화국花國 대통령 선거'라는 기녀 인기투표를 했는데 그 결과가 신문에도 실렸다. 후원자가 투표용지를 매입해 마음에 드는 기녀에게 투표하는 방식의 '선거'를 치렀다. 선거는 회를 거듭할수록 열기가 뜨거워졌고, 결국은 스폰서를 자처하는 기업도 나왔다.

인기가 높은 기녀의 '젖가슴'은 하나같이 납작했다. 기녀 입장에서는 손님을 별로 받지 않았다는 '처녀성'을 호소하고자 젖가슴을 강하게 동여맸다는 눈물겨운 이유도 있을 것이다. 그러나 일반 부녀자는 그런 일과 별 상관이 없었다. 인기 있는 기녀가 동여맨 보기 좋은 '젖가슴'을 모방했을 따름이다. 더욱이 예교禮敎의 관념 때문에 부녀자가 가슴의 풍만함을 드러내는 것을 '상스럽다'고 보는 사고방식이 뿌리 깊었다. 그리하여 기녀 같은 젖가슴이 더욱 쉽게 받아들여지고 널리 퍼졌을 것이다.

그런데 이제 이런 유행이 유방에 해롭다고 한다. 갑자기 뒤바뀐 가치관에 여성들은 당혹스러웠다. 과연 「의사 위생 고문」 코너를 비롯해 《부녀 잡지》는 여성의 고민에 어떻게 대응했을까? 투고한 고민 내용과 그에 대한 대응을 조금 더 살펴보자.

〜〜 '정상적인' 가슴

나는 발육이 시작되었을 때 금방 소배심을 입었습니다. 지금은 열여덟 살인데 젖꼭지가 너무 작고 안쪽으로 함몰되어 있습니다. 이것은 소배심을 입은 탓일까요? 지금은 벗어 버렸는데, 앞으로 젖꼭지는 정상적으로 커질까요? 결혼이나 출산에 장애는 없을까요? 정상으로 돌아가려면 어떻게 해야 할까요? 가르쳐 주세요. (제16권 제11호, 1930.11.)

젖꼭지가 함몰 상태입니다. 약국에서 파는 착유기를 사용해 봐도 효과가 없었습니다. 이미 출산을 경험했는데 모유를 먹이지 못했습니다. 가엾지만 어쩔 수 없지요. 어떻게 하면 둘째 아이가 가엾지 않도록 모유를 먹일 수 있을까요? 이게 가슴을 꽉 동여매는 일과 상관이 있나요? (제14권 제9호, 1928.9.)

절실한 고민이다. 결혼하지 않은 18세 여성과 출산 경험이 있는 여성인데, 입장이 다른 두 여성이 젖꼭지에 관해 같은 고민을 털어놓는

婦女雜誌

郭建英 作

青春的煩惱

第十四卷 第三號

그림1
궈젠잉郭建英, 〈청춘의 우울〉,
《부녀 잡지》(제14권 제3호,
1928.3.) 속표지 그림.
풍만한 유방을 가진 여성의
누드화를 배경으로, 납작한
가슴을 가진 여성이 고개를
푹 숙이고 있는 모습

다. 이 질문에 답변자인 청한장程瀚章 의사는 유방을 동여매는 것과 젖꼭지가 함몰되는 것의 연관성을 분명히 제시하고, 유방을 동여매지 않도록 강력히 권한다. 또한 착유기를 사용해 마사지를 하면 정상적인 발육 상태로 돌아갈 것이라며 대처법을 알려 준다.

나아가 청한장 의사는 「의사 위생 고문」을 통해 유방을 압박하는 데 대해 일관되게 반대 의사를 나타낸다. 때로는 강력하게, 때로는 친절하게 있는 그대로의 유방으로 유도하려는 노력을 기울인다. 이는《부녀 잡지》전체를 관통하는 자세와도 맞아떨어진다.

《부녀 잡지》는 격동의 시대에 유방 때문에 당혹스러워하던 여성 한 사람 한 사람의 '목소리'를 듣고 고민을 해결해 주며, 유방이 나아갈 길을 알려 준 좋은 상담 상대였을 것이다. 「의사 위생 고문」은 그런 여성들의 목소리를 담아 '당혹스러운 유방'을 표현한 셈이다.그림1

근대 상하이의 건강미와
젖가슴 후지이 도쿠히로

중국의 유명한 장편소설로 청대 중기의 『홍루몽紅樓夢』이 있다. 주인공 임대옥은 시를 잘 짓고, 섬세하며 유려한 체격에 병약한 여성이다. 이 소설이 쓰였을 때는 그런 여성이야말로 아름답게 여겨졌다. 그러나 '전족'의 폐지 등 신체 해방의 기운이 들끓자 여성의 아름다움에 대한 기준은 병약한 몸에서 건강한 몸으로 서서히 변해 갔다. 젖가슴도 예외가 아니다.

신체 해방의 움직임은 '동아병부(동아시아의 병든 사내)東亞病夫'라는, 서양에서 유래한 호칭이 풍기는 중국인의 열등감에 뿌리내리고 있었다. '병부'란 약골 국가를 빗댄 말이다. 그 이미지가 중국인 자체, 나아가 개인의 신체에 덧씌워졌다. 20세기 초에는 병약한 신체를 극복하기 위해 학교교육에 체육을 도입했고 무술이나 스포츠에도 눈을 돌리기 시작했다.

이상적인 신체를 만들려면 알기 쉬운 목표가 필요하다. 이를 선전하는 데 단단히 한몫을 한 매체가 사진이었다. 이를테면 중화민국 시기 상하이에서 영향력 있던 잡지 《양우화보》(창간 1926)에는 '이상적인 몸'이나 '인체의 미'를 주창한 수많은 '그라비어'가 성별을 불문하고 실렸다. 스포츠 선수와 영화 스타의 사진뿐 아니라 나체 사진도 많

그림1
『건미』 표지

왔다. 사진 캡션에서는 풍만하고 건강한 여성의 신체를 추어올렸다.

나체 사진은 20세기 초 독일에서 시작한 나체주의 운동과 관련이 있다. 이 운동은 도시 문명에 반발하고 '자연 회귀'를 제창하는 한편, 야외 활동이나 벌거숭이 생활을 실천했다. 중국에서는 1930년대 초부터 '건강미'를 치켜세우면서 영화나 서적을 통해 이 운동을 소개했다.

이 시기 상하이에서는 '건강미 운동의 제창', '인체 예술의 발양'을 내건 월간지 《건미健美》(창간 1934)를 발행했다. '인체 예술'이란 '인체의 미'를 표현하는 서양 미술의 나체화 등을 가리킨다. 예술이라는 이름 아래 감상을 허용한 나체라는 측면도 있었기에 당연하다고 해야겠지만 호기심 어린 시선이 쏟아지기 마련이었다. 어느 쪽이든 이 잡지의 등장은 나체를 허용하는 이유로서 '건강미'가 대두했다는 사실을 말해 준다. 이 잡지는 유방을 드러내 놓은 여성의 사진을 당당히 실었다.그림1

'건강미'는 당시 모던 걸에게도 관심사였다. 상하이 일간지 《신보申報》에서 1934년 전후에 나온 몇몇 기사를 보자. 1933년 12월 14일 「건강미의 여성」이라는 기사는 모던 걸에 대해 이렇게 지적한다. "그들은 박래舶來의 건강미를 연애·결혼·이혼의 자유와 더불어 여성의 지위를 높여 주는 것이라 생각하고 있다." 그리고 이 시기 여성의 건강미를 상징하는 것으로 재차

내건 것이 '불룩하게 솟아오른 젖가슴'이었다.

그러나 건강미의 지향에는 종종 지나친 면도 있었다. 이 무렵 작가 차오쥐런曹聚仁이 「하나의 항의」(1933.8.24.)라는 글을 '자유담' 난에 기고했다. 이 글에 따르면, 최근 어떤 여배우가 다음과 같이 모던 걸의 새로운 유방론을 제시했다. "유방의 아름다움을 유지하고자 한다면 무엇보다도 아이에게 젖을 먹여서는 안 된다." 차오쥐런은 신시대의 여성을 향해 육아를 유모에게 맡기는 일은 사회의 악폐라 지적하며, 모던 걸을 향락주의자라고 통렬하게 비판했다. 여배우의 말은 어느 정도 극단적인 예로 보이긴 하는데, 어머니 역할을 방기하면서까지 유방을 건강하고 아름답게 유지해야 한다고 하는 이야기가 마음에 걸린다. 여하튼 '건강미'를 동경하는 여성에게는 그 나름의 고충이 있었던 것 같다.

같은 시기《신보》증간호 '전영 전간電影傳刊(영화 소식)' 난에는 「중국인 여배우가 생각하는 유방의 미: 내용은 다른 사람에게 말하지 말 것」(1933.4.1.)이라는 기사가 실렸다. 이 글에 따르면 여성 영화배우는 어떠한 때에도 시대의 최첨단에 맞춰야 하고, 그러려면 '불룩하게 솟아오른 젖가슴'을 보여 주기 위해 갖은 수를 다 써야 한다. 고무로 만든 '가짜 젖가슴'을 넣는 것은 비장의 카드였다.

이 이야기가 실화인지 아닌지는 알 수 없지만, 실화라 느껴질 만큼 리얼리티가 있는 게 아닐까? 신체 해방을 재촉해야 할 건강미라는 기준이 오히려 이를 추구하는 사람을 구속하고 옥죄기도 한 것 같다.

중국어에 반영된 '유방' 의식 마쓰에 다카시, 네기시 사토미, 양안나

중국어 방언의 '유방' 어형

언어는 화자의 의식을 반영하곤 한다. 이 글에서는 고금의 중국어에서 '유방'을 나타내는 다양한 표현, 즉 '어형語形'과 그 용법을 둘러보고, 이로써 '유방'에 대한 중국인의 의식을 엿보려 한다.

현대의 표준 중국어로 '유방'을 나타내는 어형은 '루팡乳房'이고, 이것은 '젖'을 뜻하는 '乳'와 '구분지어진 부분'을 뜻하는 '房'을 붙여 '유방'을 표현한 것이다(원래는 '젖의 방'이라는 의미). 객관적인 설명이라고 할 발상에 근거한 어형이지만, 다양한 중국어 방언의 세계로 눈을 돌리면 여러 발상에 따른 어형이 더 존재한다.

우선 가장 널리 쓰이는 어형으로는 '나이쯔奶子', '나이투奶頭', '나이얼奶兒' 등 '奶'가 붙은 계열이 있다. '奶'는 일반적으로 '젖'을 뜻하고, '子', '頭', '兒'는 실질적 의미가 없는 접미사다. 따라서 '奶' 계열은 본래 '젖'을 나타내는 어형이며, 그것이 '유방'을 나타내는 어형으로 전용되었을 가능성이 있다.

남방 지역의 '즈汁', '즈즈汁汁', '즈얼汁兒' 같은 '汁' 계열은 액체인

'젖'을 나타낸 말일 것이다. 북방 지역의 '짜짜얼哳哳兒' 등 '哳' 계열도 '젖'을 '핥다·빨다'라는 행동의 의성어에서 유래하는 것 같다. 광둥성·푸젠성 등 남단 지역에서는 '嬭'라는 속자俗字로 표기하는 요소를 포함한 어형도 사용하는데, 이것도 '젖'을 나타내는 어형과 관계가 있을 법하다(嬭는 고대 중국어 '노쓰嬭'라는 선진음先秦音에서 유래했을 가능성이 있다).

이렇듯 넓은 범위에서 쓰이는 주요한 방언 어형은 '젖'과 관련 있는 발상에서 나온 어형이 많다. 다만 양쯔강 이북에서 널리 쓰이는 '마媽', '마마媽媽', '마얼媽兒' 등 '媽' 계열은 상이한 유형에 속한다. '媽'는 일반적으로 '어머니'를 의미하기 때문에 '어머니'를 나타내는 어형을 전용한 셈이다.

이렇게 보면 중국어 방언의 세계에서는 '유방'을 나타내는 어형이 대개 수유·육아에 관한 다른 개념을 나타내는 어형의 전용이라고 정리할 수 있다. 또한 좁은 지역에서만 쓰이는 어형까지 고려하면 수유·육아 이외의 발상에서 나온 것도 찾아볼 수 있다. '만두'를 나타내는 어형과 같은 '파오쯔包子'(청두 젊은이들의 속어), 유방의 불룩함을 강조하는 '가오가오高高'(인촨 지역) 등은 유방의 형태를 염두에 둔 어형이라 할 수 있다. 그 밖에도 가슴에 관한 속옷의 어형과 같은 '가오펑高封'(류저우 지역) 등도 있다.

'친할머니'라는 말과 구별하기

'유방'을 나타내는 방언 어형을 둘러보면 하나의 의문이 생긴다. '奶' 계열에는 '나이奶', '나이나이奶奶'라는 어형이 포함되는데, 이는 적지 않은 지역에서 '친할머니'를 의미하는 어형과 겹치기 때문이다. 그렇다면 무엇 때문에 '친할머니'와 어형이 같은가라는 물음이 떠오른다.

'친할머니'를 나타내는 어형의 역사적 연구에 따르면, 원래 '유모'를 나타내는 '나이무奶母'라는 어형이 나이 든 여성을 가리키는 말이 되고, 여기서 '친할머니'로 전용된 듯하다.[1] '유방'을 나타내는 '奶'는 '젖'에서 유래하기 때문에, '유방'과 '친할머니'는 오랜 어형의 변화를 거치는 가운데 '유모'의 중개로 같은 어형이 되었다는 말이다.

그런데 여기서 의문이 또 하나 생긴다. 그것은 '유방'과 '친할머니'를 구분하지 않아도 괜찮으냐는 것이다. 이에 대해서는 실제로 다양한 방법을 동원해 둘을 구별하려 했던 것 같다. 각각을 나타내는 데 '奶奶' 이외에 다른 전용 어형을 준비하는 것이 가장 일반적인 방법이다. 나아가 똑같이 '奶'를 사용하더라도 모음의 음색이나 '성조'라 불리는 억양 차이로 구별할 수도 있다.

예컨대 상하이 방언으로는 '奶奶'가 '유방'과 '친할머니' 모두를 가리키지만, '친할머니'만 나타내는 다른 어형도 마련해 두었다. 또 '奶奶'라는 같은 어형이라도 '친할머니'는 'na na', '유방'은 'ne ne'와 같이 모음을 바꾸어 발음한다. 다롄 방언에서도 '유방'을 나타내는 '奶'는 'nai'(한 번 내려갔다가 금방 올라가는 높은 억양)지만, '친할머니'는 'ne'(내려가는 억양)로 발음해 교묘히 구분하고 있다.

⌒⌒

존재감 없는 표준 어형 '유방'

'유방'을 나타내는 중국어 방언의 어형을 훑어보면 더욱 기묘한 생각에 빠져든다. 바로 표준 어형인 '乳房'을 사용하는 방언이 거의 없다는 점이다. 사실 자료에 따라서는 '乳房'을 방언 어형으로 보기도 하지만, 더욱 **방언다운** 어형도 쓰이는 등 과연 토착 방언의 어형인지 자주 의심스럽다. 중국어 어휘 가운데 표준 어형이 이토록 존재감 없는 경우는 드물다.

그렇다면 언제, 누가 표준 어형의 '유방'을 사용하느냐가 문제다. 여러 지역에서 의학적·학문적 문맥 등 새로운 유형이 필요한 경우에만 '유방'을 쓰고, 일상적으로나 스스럼없이 말할 때는 방언 어형을 사용하는 듯하다. 다만 어형이 반드시 이항대립으로 구별되지는 않는다. 일상적이거나 스스럼없는 말도 때로는 둘로 나눌 필요가 있다. 예를 들어 다롄 방언의 경우 수유·육아의 문맥에서는 '나이얼奶兒'을 많이 쓰지만, 성적 문맥에서는 '나이쯔奶子' 또는 대소大小를 붙여 '다나이쯔大奶子', '샤오나이쯔小奶子'를 사용한다. 다른 지역에서도 수유·육아에 관한 문맥과 성적 문맥이 다른 어형을 취할 가능성도 충분히 있다.

◡◡

구분 사용의 유래

앞서 본 어형은 역사적으로 어떻게 구분되어 갔을까? 문맥상 인간 여성의 '유방'을 나타내는 가장 오랜 어형은 한대漢代의 『사기史記』 등에 나오는 '乳'다. 이것은 은대殷代(기원전 1600~기원전 1046경) 갑골문에서 '젖', '젖을 주다' 같은 뜻으로 사용했다. 옛날에는 '젖'만으로 다양한 문맥의 '유방'을 나타냈다고 볼 수 있다.

그러다가 남북조南北朝시대(420~589)에 들어서면 '乳房' 전용의 어형이 만들어진다. 바로 현대의 표준 어형으로 이어지는 '뉴부앙'(수대隨代의 발음)이다. 이 어형이 쓰인 예를 살펴보면, 물리적인 대상으로서

'유방'을 객관적으로 나타내는 문맥일 때가 많다. 따라서 원래 새로운 어형과 일상적이거나 스스럼없이 쓰는 어형을 구분해 사용하는 일은 남북조시대까지 거슬러 올라갈 가능성이 있다.

그러면 똑같이 일상적이거나 스스럼없는 어형이더라도 수유·육아에 관한 문맥과 성적인 문맥을 구분하는 현상은 언제부터 생겨났을까? 안타깝게도 중국 고대 문헌에 성적인 장면이 나오는 일이 그리 많지 않아 정확하게는 알 수 없다. 다만 일본에서도 친숙하게 읽어 온『유선굴遊仙窟』에 '니에이부앙嬭房'(수대의 발음)이라는 성적인 문맥으로 사용한 '유방'을 뜻하는 어형이 주목할 만하다(글자는 '嬭房'으로 표기한다).

꽃 같은 얼굴이 눈에 가득 어리고, 향기는 바람에 실려 코를 찌른다. 이끌리는 그 마음을 금할 길이 없고, 다가오는 마음을 막지도 않았다. 손은 붉은색 아랫도리에 속으로 집어넣고, 비취색 이불 위로 다리를 겹치고서 두 입술을 맞대고, 한 팔로는 [십랑의] 머리를 받치며 유방 근처를 부드럽게 애무하면서 허벅지 언저리를 만졌다.

花容滿眼, 香風裂鼻. 心去無人制, 情來不自禁.
插手紅褌, 交脚翠被. 兩唇對口, 一臂支頭.
拍搦嬭嬭房間, 摩挲髀子上.

'嬭房'의 '嬭'(奶)는 '젖으로 아이를 키우다'라는 의미가 남북조시대의 사전인『옥편玉篇』에 등재되어 있다. 따라서 '嬭房'은 '乳房'과 마찬가지로 '젖 + 구분되는 부분'이라는 발상으로 만들어졌을 것이다. 그러나 '嬭'가 명·청대 이후 성적 표현으로 상용된 점을 참고하면, 당대唐代의 '嬭房'도 성적인 문맥에 어울리기 쉬운 스스럼없는 어감을 지닌 어형이었을 가능성이 높다. 어느 쪽이든 '嬭' 계통의 어형은 새로운 유형에는 별로 쓰이지 않는 경향이 있었다.

어형에 반영된 중국인의 '유방' 의식

위에서 이야기한 '유방'을 나타내는 어형과 각 어형을 구분해 사용하는 양상을 통해, '유방'에 대한 중국인의 의식을 살펴보자. 현대의 방언에서 '유방'을 둘러싼 어형에는 새로운 유형과 일상적이거나 스스럼없는 유형을 구분하는 사용법이 있다. 후자의 경우도 수유·육아 같은 '공명정대한' 사안과 성행위 같은 '은밀하고 감춰야 할' 사안을 구분해왔다. 이는 중국인이 '유방'의 존재와 그 역할을 다양한 관점으로 인식해 온 결과라 할 것이다. 새로운 문맥에서는 종종 물리적인 대상으로 보고, 일상적이거나 스스럼없는 문맥에서는 수유·육아나 성행위의 '도구'로 파악했던 것이다.

'도구'는 용도마다 다른 존재일 수 있다. '유방'이 '도구'로서 '공명정대'한 것과 '은밀하고 감추어야 할' 것이라는 양극의 사정과 연관될 때, 둘을 상당히 이질적인 존재로 여기고 별도의 어형을 부여하기에 이르렀을 것이다. 동시에 별도의 존재라고는 해도 이들 어형에 공통 요소를 부여하여, 가능한 '유방'이라는 개념의 한 측면임을 담보하게 했다.

영웅의 문신, 남자의 젖가슴 가베 유이치로

벌거벗은 영웅

중국 4대 기서奇書 가운데 하나로 유명한 『수호전』은 세상과 등을 진 유협遊俠 108명이 부패한 조정을 전복시키려고 양산박이라는 지역에 모인 이야기다. 무대에 오른 영웅들은 각각 이름과 별명, 배경을 이루는 에피소드를 갖고 있다. 다만 인물이 너무 많기 때문에 일일이 구별하기 어렵다. 여성 영웅 세 명을 제외한 105명은 모조리 섬쩍지근한 사나이들이다. 따라서 이야기를 읽는 독자는 능력·소지품·용모·동행인 등 주변 정보를 통해 캐릭터를 상상한다. 후세에 덧붙여진 수많은 그림과 영상도 이들을 차별화하는 데 기여했다. 그런데 그중 몇몇 사람이 옷을 벗고 벌거숭이 모습으로 등장한다는 점이 눈에 띈다.

중국에서 1998년 제작한 텔레비전 드라마 〈수호전〉(전 34편, 중국중앙텔레비전中國中央電視台 제작)에서도 영웅은 언제나 벌거벗었다. 그중 으뜸가는 인물은 흑선풍黑旋風 이규다. 그는 두령 송강에게 충성을 다하는 망나니인데, 또록또록한 눈에 헝클어진 구레나룻 수염, 야성적인 가슴털이 특징이다.그림1 맨손으로 호랑이를 때려잡았다는 에피소드가

있는 수행자 무송도 자주 몸을 노출한다. 불룩 튀어나
온 그의 가슴근육은 형수 반금련의 음탕한 시선에 먹
잇감이 되었다. 화화상花和尙[•] 노지심은 당당한 거구에,
싸우는 모습이 마치 불법佛法을 수호하는 인왕상 같다.
그의 몸에는 한때 깡패였다는 증거가 새겨져 있다.『수
호전』의 '자청刺青'[••] 하면 부랑아 연청을 떠올리지 않
을 수 없다. 드라마에서도 그의 희고 드넓은 등에는
붉은색과 남색의 문신이 아름답게 펼쳐져 있다.그림2

표식이 되는 문신

1940년대 후반 상하이에서 활약한 리퉈지李拓之
(1914~1983)는 소설 「문신文身」(1946)[1]에서 『수호전』
의 영웅이 새긴 문신을 육체에 깃든 성질을 시각화한
'무늬文'라고 묘사한다. 그리고 여성 영웅인 일장청一丈
青[•••] 호삼랑의 시선을 통해 남자들 문신의 미와 그 표
상의 특징을 언어화한다.

호삼랑은 곤드레만드레 취한 영웅들의 벗은 몸을 훑
어보고 깊이 감탄하며 남편인 왜각호矮脚虎[••••] 왕영의
문신 없는 몸을 한숨 섞인 어조로 이야기한다.

그림1
드라마 속 이규

그림2
드라마 속 연청

[•] 키가 8척에 이르고 등에 꽃문신을 새겨서 얻은 별명.
[••] 바늘로 찔러서 먹물 따위를 들인 글씨나 그림, 무늬. 또는 그렇게 한 물체.
[•••] 한 마리의 긴 푸른 뱀을 뜻하는 별명.
[••••] 키 작은 호랑이라는 뜻으로, 키가 무척 작지만 사람됨이 사나움을 일컫는 별명.

그림3
문신으로 덮인 구문룡의 등

고대수顧大嫂에게 매력을 느낀 그녀는 자신의 방으로 돌아오자마자 곁에서 깊이 잠들어 있는 왜각호를 지긋지긋하다고 생각하기 시작했다. 아무런 무늬도 없는 밋밋한 남편이란! 이 사람은 화화상과 같이 끝없는 기상이 있지도壯大無邊 않고, 단명이랑短命二郎(완소오)과 같이 용맹영걸勇猛英傑도 아니고, 나아가 구문룡九紋龍(사진)그림3과 같이 우람하고 건장하지도頑健雄壯 않고, 물론 부랑아 연청과 같이 얼굴빛이 희고 잘생기지도文雅白晳 않았어. 이 사람의 겉모습은 이토록 촌스럽고, 자태는 이토록 천하고, 어떤 유형에도 속하지 않아. 무분류, 무속성, 한 마리 평범한 가축이구나!

호삼랑의 말을 곰곰이 되새기면, 여기에는 눈에 보이지 않는 인품(내면)과 눈에 잘 보이는 신체 특징(외면)이 연관되어 있다는 사고방식이 깔려 있다. 마치 유방 크기나 젖꼭지 색깔이 여성의 정숙함을 나타내는 지표로 기능할 수 있다는 뒤틀린 담론을 연상시키는 대목이다. 유방이 없는 남자들에게는 문신이 유방 같은 기능을 했음을 말해 주는 예라 할 수 있다.

유방 없는 남자?

그런데 지금 말한 대로 '유방이 없는 남자'라는 게 과연 사실인가? 남자도 젖꼭지나 젖꽃판이 있거니와 유방암에도 걸리는 만큼, 유방이 없다고 하는 것도 이상하다. 가슴께에 붙은 살이 처진 모양이라면 여자만 그렇지도 않다.

언뜻 씨름꾼이 떠오른다. 그러나 '천하장사 씨름꾼의 유방'이라는 표현은 들은 바 없다. 일본에서 가장 일반적인 사전 『고지엔廣辭苑』도 유방을 "포유류 암컷의 가슴·복부에 있는 융기"로 설명한다. 우리는 인식 밑바닥에서 유방을 암컷 특유의 것으로 여긴다. 그리고 '천하장사 씨름꾼의 유방'에 대해서는 다른 식으로 얘기한다. 만일 남성의 흉부에 뜨거운 관심을 돌리는 사람이라면 '남자 젖가슴雄っぱい'◆이라는 말을 사용할지도 모른다. 최근에는 남자의 젖꼭지가 셔츠에 비치는 것을 문제 삼는 목소리가 높아지는 등 남자의 가슴도 조금씩 입에 오르기 시작하는 듯하다. 하지만 남자 대다수는 자신의 가슴이 그런 식으로 보인다고는 꿈에도 생각하지 못한다.

남자의 가슴은 '발견'의 역사가 일천한 탓인지, 남자 스스로 의식이 낮은 것은 말할 것도 없고 눈앞의 문제가 산더미 같다. 우선은 젖가슴이라고는 할지언정 유방이라고는 부르기 어려운 남자의 젖가슴도 어느 정도 유용하겠다는 인식만 확보해 두자. 젖가슴은 유아성과 애매모호함을 무기로 세력을 넓히고 있다. 또한 문신과 마찬가지로 겉에 드러나지 않지만 험상궂은 남자들을 바라볼 관점을 제공해 준다.

◆ 수컷雄을 오ぉ라고 발음하는 것을 구실로 옷파이(남자 젖가슴雄っぱい/젖가슴おっぱい)라는 같은 발음을 이용한 말장난.

영웅의 가슴

중국 전통 회화와 연환화를 그리는 화가로 알려진 다이둔방戴敦邦 (1938~)은 신화나 소설에서 주요 소재를 얻은 회화 작품을 여럿 남겼다. 대표적으로 『수호전』은 그가 즐겨 그린 작품인데, 앞서 언급한 드라마의 캐릭터 디자인에 참여했을 정도다. 여하튼 그는 남자의 벌거벗은 몸이 지닌 매력을 이해하고 그리려던 모양이다. 이 점은 특히 이규의 묘사에 두드러진다. 새까만 알몸을 드러낸 우락부락한 사나이가 양손에 도끼를 들고 뛰어다니는 모습은 용맹무쌍하고 저돌적인 성격을 차고 넘치게 전한다.그림4 이규의 강인한 완력을 받쳐 주는 흉부는 적당히 살집이 잡혀 불끈 부풀어 있다. 젖꼭지 부근의 세세한 묘사와 가슴털이 뿜어내는 풍부한 표정에서 범상치 않은 화가의 집념을 엿볼 수 있다.그림5

그림4 양손에 도끼를 들고 뛰어다니는 이규의 모습
그림5 적당히 살집이 잡혀 불끈 부풀어 있는 이규의 가슴

이규의 벗은 몸은 그의 천진난만한 캐릭터와 떼어 낼 수 없다. 아이가 양말을 벗어 던지듯 이규는 옷을 벗어 던진다. 그렇게 그는 비할 바 없는 힘을 감춘 일탈자로 변모한다. 그때 그 벗은 몸은 의상이나 다름없다.

이규가 오랫동안 사람들에게 사랑받은 이유는 '벗어 던지는 캐릭터'이기 때문일 것이다. 오늘날처럼 남자 가슴에 관심이 쏠리고 있다고 해서 티 나게 힐끔힐끔 쳐다본다면, 이규 역시 시원스레 옷을 벗어 던지지 못하고 머뭇거릴지도 모르겠다.

괴수 '야인'의
젖가슴 나카네 겐이치

⌒⌒

커버 걸은 뒤돌아보는 '야인'

중국의 '야인野人'을 아는가? 야인은 1970년대 중반 이후 주로 후베이성 선눙자임구에서 목격했다는 보고가 잇따른 반인반수의 생물로, 이른바 미확인 동물이다. 일본의 '설녀雪女'에 빗대어 중국판 '설남雪男'이라 여길 법하다. 중국과학원에서는 국가 차원의 조사대를 조직하는 등 한때 대단히 성행하는 모습이었고, 국내외에서 이를 대대적으로 보도했다. 당시 일본의 신문을 심심치 않게 장식하는 화제였기에 어느 세대 이상이면 반가운 존재일지도 모른다.

결국에는 야인을 발견하지 못한 채 1980년대 무렵 소동은 가라앉았다. 그러나 '야인'에 매료당한 사람들이 독자적인 조사 활동을 계속했고, 1981년에는 아마추어가 주체가 되어 '중국 야인 고찰 연구회'라는 조사 단체를 설립했다. 이 연구회의 기관지 《야인탐기野人探奇》창간호[1] 표지를 보자.그림1 중국 최초의 기념비적인 야인 잡지를 장식한 커버 걸cover girl은 풍만한 한쪽 유방을 흘깃 내보인 채 치렁치렁하게 긴 머리를 휘날리면서 내키지 않는 듯한 눈초리로 정면을 바라보는 여자 야인(상상도)이다.

　야인을 목격했다는 보고에는 남녀 성별을 언급한 것이 많다. 둘 다 실꽉하고 거대한 체격, 전신에 털이 수북한 풍모(당연히 하복부는 가려져 있다)를 가진 야인인데, 성별의 판단 근거는 거의 '풍만한 유방의 유무'에 달려 있었다. 그리고 무슨 까닭인지 '풍만한 유방이 있는 여자 야인'을 각종 서적과 매스컴에서 야인의 비주얼로 거듭 사용하는 경향이 있다.

　일련의 야인 소동 이후 1980년대에는 야인을 주제로 한 창작물이 여럿 나왔다. 제시한 그림은 야인과 인간의 연애소설(!) 선집, 『야인구우기野人求偶記』[2]의 표지다.그림2 양쪽 유방을 다 드러내고 질주하는 여자 야인의 겨드랑이에 안겨 매달려 있는 것은 인간 남자다. 가엾게도 처음 눈에 띄자마자 납치당해 야인의 남편이 되고 말았다.

　20세기가 끝날 즈음 오랜만에 중국 매스컴을 떠들썩하게 한 야인은 선능자의 관광 홍보에도 한몫했다. 더욱이 당시 야인을 목격했다는 보고가 늘면서, 야인은 신문과 잡지, 새롭게 떠오르던 매스컴인 비디오VCD 등을 통한 선능자 관광 프로모션의 주인공으로 광고탑에도 받들어졌다. 다음에 나오는 그림은 그 무렵 1998년 말에 선전시 박물관에서 개최한 '야인' 행사의 핵심 비주얼이다.그림3 이것이 전단지나 포스터 등 각종 매체에 가장 많이 등장한 디자인이다. 여기서도 거대하게 부풀어 오른 양쪽 가슴이 특징이다.

그림1
《야인탐기》 창간호 표지

그림2
『야인구우기』 표지

그림3
〈야인 비종 대전野人秘踪大展〉
광고(부분)

展出时间: 1998年12月28日
展出地址: 深圳市博物馆

    물론 남자 야인이 표지에 나온 관련 서적도 많지만, 일반 사람에게 '바로 이거야!' 하며 내밀 때는 젖가슴에 호소했다는 인상이 짙다. 여기서 야인은 '인간 취급을 받지 못한다'는 점이 핵심이다. 어디까지나 동물로 취급하고, 유방을 그대로 그려도 아무런 제재를 받지 않는다. 그러나 한없이 인간에 가까운 존재치고는 유방의 묘사가 어딘지 생동감이 떨어지는데, 결과적으로 이것이 사람들의 눈길을 사로잡는다. 인간과 동물의 경계에 있는 존재이기 때문일 것이다. 덧붙여 어린이 대상 '야인' 그림책에 나오는 상당히 의인화된 캐릭터라도 유방을 감춘 것은 없다. 아마도 야인의 유방 때문에 '뭔가'에 눈뜨는 아이가 없다고는 못할 것이다.

⌣⌣

달리는 야인, 흔들리는 젖가슴

    인간이 야인에게 성적 매력을 느낄지 아닐지는 차치하고, 그 반대 경우라면 꽤 있는 것 같으니 주의하기 바란다. 야인을 둘러싼 서사 가운데에는 인간을 잡아 배우자로 삼는 야인이 자주 등장한다.

현대 중국의 야인 형상이나 서사는 사실 예부터 전해 오는 '원숭이 산의 요정'의 재탕이 대부분이다. 20세기 야인 소동이 일어났을 때도 종종 남자 야인이 인간 여성을 낚아채 아이를 낳게 하는 이야기가 그럴듯하게 나돌았다. 이런 모티프는 옛날에 원숭이와 닮은 요괴가 아내를 납치해 간 남자의 이야기를 실은 후한後漢(25~220)의 『역림易林』, 미녀만 납치해서 자신의 아이를 낳게 한 괴물이 등장하는 육조六朝시대(220~589) 지괴소설 『수신기搜神記』의 '가국猳國', 유괴해 온 인간 여성에게 자식을 낳게 하는 흰 원숭이 요괴를 그린 당대唐代 전기傳奇소설▼ 『보강총백원전補江總白猿傳』 등에 반복해 나왔다. 한편 여자 야인이 인간 남성을 납치했다는 이야기도 있다. 이 또한 송대宋代 작품인 『제동야어齊東野語』의 '야파野婆' 가운데 인간 남성을 발견하면 "등에 업고 데려가 짝으로 삼는" 대목 등을 기원으로 볼 수 있다.

실제로 현대 티베트에서 채집한 설화에는 풍만한 유방을 갖고 남성을 즐겨 쫓아가는 여자 야인이 나오는데, 그에 대한 대처법은 매우 단순하다. 만일 운 나쁘게 산에서 여자 야인과 마주치면 내리막길 경사면으로 달려 도망쳐야 한다. 여자 야인은 거치적거리는 자신의 유방 때문에 아래쪽이 잘 보이지 않아 빨리 달리지 못하는 것 같다. 어허, 참, 도대체 얼마나 유방이 커다랗다는 말일까……. 어느 날 야인이 생각다 못해 시험 삼아 자기 유방을 어깨에 짊어지고 남자를 쫓아갔다고도 한다. 그러나 몇 걸음 내달리지도 않았는데 젖가슴이 미끄러져 내려와 다시 짊어지기를 반복하다가, 결국 속도를 내지 못했다고 한다.

원대元代(1271~1368)에 엮은 『이역지異域志』에는 '대야인국'에 대한 설명이 나온다. 이에 따르면, 이 나라 사람들은 일찍이 달단韃靼▼▼에 쫓길 때 '표주박처럼 긴 유방'을 손에 올려놓고 달렸다고 한다. 과연 앞서 본 티베트의 여자 야인 이야기와 매우 닮았는데, 놀라지 마시라.

『이역지』에서 말하는 긴 유방을 가진 야인은 남성이다. 이 야인은 사람의 언어로 말하고 나뭇잎을 먹는다고 한다.

명대明代의 『삼재도회』에도 같은 내용이 있다. 여기에는 유방이 긴 남자 야인의 그림도 실려 있다.그림4 달릴 때 거대한 유방 때문에 고민한 것은 남자 야인도 비슷했나 보다. 어허, 참, 앞서 유방의 유무로 성별을 구별할 수 있다고 썼는데 이마저도 의심스러워진다. 야인은 사람/동물, 그리고 남자/여자라는 경계를 아예 모르겠노라는 표정으로 경계를 뛰어넘는 '모든 것을 초월한 존재'인 듯하다. 그래서 우리를 매료시키고 불안하게 만드는지도 모른다.

마지막으로 선농자에서 팔던 야인 공예품을 소개한다.그림5 야성적이고 힘센 야인 모습이 대부분인 가운데 특이하게 시선을 붙잡는 뛰어난 작품이다. 엄마 무릎 위에서 젖을 빨다가 잠든 아기 야인이 사랑스럽다. 괴수 야인은 실제로 있는지 없는지 알 수 없는 존재지만, 우리의 상상 속에서는 당당히 젖을 먹여 자식을 키우고 있었다.

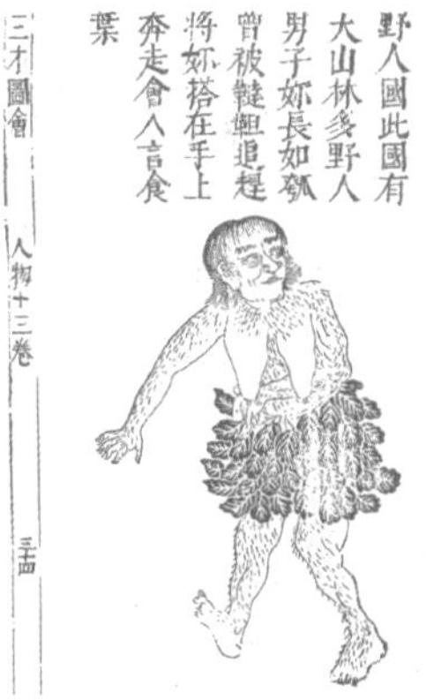

그림4
『삼재도회』에 수록된 '야인'

그림5
선농자의 토산품 '야인'
모자상

▼ 문어를 구사해 괴기·애정 등의 내용을 다뤘고, 설화와 소설의 중간 단계에 있는 문학 양식.
▼▼ 몽골계의 한 부족인 타타르를 말하는데, 이후 몽골 민족 전체의 호칭으로 바뀌었다.

세계의 젖가슴 산책 여성 동지의 듬직한 젖가슴: 사회주의사상과 유방의 표상 다카야마 요코

사회주의의 유방은 견고한 듯하다. 사회주의혁명(1921~1949)이나 사회주의 건설(1949~1976)을 주제로 한 조각상이 여기저기 심심치 않게 있는데, 소재·표정·포즈 모두 부드러움을 거절하는 듯하다.

사회주의사상을 표현하기 위해 구사하는 예술 양식을 '사회주의 리얼리즘'이라고 한다. 스탈린 시대 소련에서 출발한 이 양식은 1940년대 중국으로 들어왔다. '예술을 위한 예술'이 아니라 사회주의사상을 나타내기 위한 양식이었다. 주로 육체노동자와 병사가 모델이었고, 프롤레타리아트의 신체적 강건함을 드러내기 위해 남녀 다 손발·몸통·몸이 굵직굵직하다.

남성 조각상은 옷을 입더라도 팔뚝에 이두박근이 또렷이 보일 정도이며, 매끄럽고 선명한 복근이 두드러진다. 여성 조각상은 봉긋한 가슴이 겨우 보일락 말락 하고, 허리와 팔뚝은 그다지 두드러지지 않는다. 이는 여성의 유방이 수유를 위한 것일 뿐, 남성을 유혹하는 도구가 아니라고 이야기해 준다. 사회주의 건설을 시작하면서는 여성도 남성 못지않게 노동자로서 사회에 공헌하기를 기대했다. 실제로 수많은 여성이 사회의 일원으로서 사회주의 건설에 온힘을 다했다.

그림1 〈경풍수〉
그림2 마오쩌둥 동상

1959년 제작된 〈경풍수慶豐收(풍작을 기원함)〉는 표현한 신체와 구성이 모두 탄탄하다. 높이 8미터에 이르는 이 조각상은 농민 18명과 네 마리 말로 이뤄진 군상이다. 말 위에서 상반신을 벗은 남성이 큰북의 채를 휘두르는 모습과 여성이 심벌즈를 높이 들어 치는 모습그림1이 짝을 이룬다. 말 위의 여성은 전족에 가는 허리를 가진 온화한 전통적 중국 여성과는 전혀 관계가 없다. 나아가 팔이며 고개며 다리며 몸통이 다 굵직하고 튼튼하다. 당당하게 기를 편 여성의 신체가 새로운 시대를 상징하는 듯 방정하다.

사회주의사상은 개인의 신체뿐 아니라 군상이라는 형식에서도 드러난다. 군상은 사회주의 건설을 위해 남녀 구별 없이 싸우고 일한다는 이상을 이야기하는 데 적합한 양식이었다. 이를테면 선양의 종샨광장中山廣場에 있는 마오쩌둥毛澤東 동상은 병사와 농민 56명에게 둘러싸여 있다.그림2

이 군상은 혁명의 역사를 표현한다. 1921년 성립한 중국공산당은 1927년 8월 1일 장시성 난창에서 처음으로 무장봉기를 일으켰다. 봉기는 어이없게도 실패하고 공산당군(홍군)은 징강산이라는 산속으로 도망가 혁명의 근거지를 만든다. 이것을 묘사한 작품이 〈징강산의 별 똥별 빛井岡山的星火〉(1927~1936)이다. 그 후 군상은 중일전쟁(항일전쟁)을 표현하는 〈항일 봉화抗日烽火〉(1937~1945), 국공 내전(해방전쟁)을 묘사한 〈매장 장가 왕조埋葬蔣家王朝〉(1946~1949)로 이어진다.

1949년 건국 선언 이후에는 〈사회주의 좋다社會主義好〉(1949~1957), 〈삼면 홍기 만세三面紅旗萬歲〉(1958~1965), 〈무산계급 문화대혁명 승리 만세〉(1966~1969)라는 세 개의 군상이 세워진다. 베이징의 '마오쩌둥 주석 기념당' 앞에 있는 병사와 농민의 군상은 이를 모델로 삼은 것이다.

다음에 나오는 여성은 홍군 병사다.그림3 미간을 찌푸린 심각한 표정과 바람에 나부끼는 단발머리는 이 시기에 고유한 여성의 표현이다. 홍군 병사는 두꺼운 허리띠로 구깃구깃한 군복을 단단히 졸라매고 소매를 걷어붙이는 것이 통상적이었다. 실제로 소매를 걷어 올렸는지 아닌지는 알 수 없지만, 사회주의혁명을 그린 영화나 드라마에 나오는 홍군 병사는 어느 계절이든 소매를 걷어 올려 팔뚝의 굵기를 강조한다.

반대로 국공 내전을 다룬 군사 드라마의 국민당 병사는, 좋은 군복을 입어도 얼굴 표정이나 육체가 느른하기 짝이 없다는 느낌을 준다. 부르주아다움을 나타내기 위해서인지 국민당 장교들은 식사할 때마다 적포도주를 마신다. 또 여성 국민당 병사나 여성 특무(스파이)는 예전 소녀 만화처럼 세로로 둥글게 말아 늘어뜨린 머리카락에, 눈썹을 가늘게 그리고 빨간 립스틱을 바른다. 그들은 몸의 윤곽이 두드러지는 복장을 입고 있으며 목소리는 새되다. '못되먹은 부르주아 여성'의 전

그림3 여성 홍군 병사
그림4 〈영용취의〉

형이다. 이와 대조적으로 여성 홍군 병사는 머리카락과 몸이 자연스럽고 정의감이 흘러넘친다. 다만 사회주의적 자연스러움이기 때문에 현대의 시선으로 보면 퍽 튼실하다.

싸우는 여성 병사와 마찬가지로 사회주의 시대에는 혁명 열사(혁명의 희생자)의 조각상이 만들어졌다. 이런 작품은 주로 열사능원烈士陵園이라는 열사의 묘지에 세워졌다. 난징의 위화타이열사능원이나 상하이의 룽화열사능원, 충칭의 거러산열사능원 등이 대표적이다. 모두 공산당원이 국민당에 의해 처형당한 장소다.

충칭 해방 직전에 거러산에서 살해당한 공산당원을 모델로 삼은 작품으로『붉은 바위紅岩』(1961)가 있다. 이 소설은 몇 번이나 드라마로 만들어졌다. 소설에서는 거러산에 투옥당한 공산당원들이 인민해방군의 도움으로 목숨을 건지지만, 실제로는 다수가 살해당했다. 드라마에 등장하는 여주인공 장제(장주쥔)는 자연스러운 사회주의식 신체를 갖고 있다. 다시 말해 단발머리에 단아한 몸이다. 드라마에서 장제는 육체미가 물씬 풍기긴 하지만 여성 국민당원처럼 요염한 자태를 뽐내는 신체는 아니다.

〈그림4〉는 위화타이 열사능원에 세워진 〈영용취의英勇就義(열사가 용감하게 혁명을 위해 목숨을 바치다)〉다. 열사능원은 사회주의혁명 때 희생당한 사람들을 열사로 받드는 공동묘지를 가리킨다. 중국 각지의 열사능원은 주로 1950년대 이후 지어지기 시작했다. 열사능원은 열사의 묘, 열사 기념비, 열사의 유품을 전시하는 자료관 등을 포함한 종합적인 사회주의혁명 시설이다. 1990년대부터 애국주의 교육정책에 따라 개보수 공사를 벌이면서 동상을 새로 설치한 곳이 많다. 높이 10미터의 거대한 군상은 어깨를 맞대고 미간에 주름을 지은 채 비스듬히 위쪽을 노려보며 처형의 순간을 기다리고 있다. 화강암의 매끄러운 표면은 9명의 남녀를 연애 관계가 아닌 '동지'라 느끼게 해 준다. 실제로 연애가 어떠했는지는 논외로 치고, 사회주의 조각상은 그 이상을 드러내는 만큼 정결한 남녀 관계를 바람직하게 여긴다. 따라서 그것을 저해하는 매혹적인 유방은 불필요했다.

룽화열사능원에는 '무명 열사'나 '소년 영웅', '독립·민주', '해방·건설', '상하이 해방' 등 다양한 주제를 표현한 조각상이 있다. 어느 것이나 울퉁불퉁한 근육이 두드러진다. 높이 7미터인 〈독립·민주〉, 〈해방·건설〉은 모두 22명의 인물로 이루어진 군상이다. 〈독립·민주〉는 상하이 해방까지를 그렸고, 〈해방·건설〉은 그 뒤의 사회주의 건설을 묘사했다.

〈그림5〉는 〈해방·건설〉의 사진이다. 정면에 보이는 남성은 상반신을 벗고 앞치마를 입은 모습이고, 뒤쪽의 남성은 상반신을 벗고 조끼를 입은 모습이다. 둘 다 튼튼한 근육질 육체를 보여 준다. 정면의 여성은 근육질 몸통에 붙은 동그란 가슴이 어딘지 모르게 부자연스럽고, 위쪽 가운데에 있는 여성은 웬일인지 흉부를 드러내고 있다. 그 가슴은 부드럽지는 않아 보이는데, 그렇다고 해서 〈경풍수〉의 여성처럼 욕

그림5
〈해방·건설〉

망의 대상이기를 거부하는 것도 아니다.

이 조각은 사회주의 작품을 에로틱한 눈길로 보아서는 안 된다는 암묵의 이해를 깨뜨리는 듯하다. 유방을 노출하더라도 "이 유방은 사회주의사상을 나타낸다. 견고하기 때문에 야하지 않다!" 하고 주장했더라면 보는 사람도 안심할 수 있었을 텐데…….

세계의 젖가슴 산책 '젖가슴'이 뭐 잘못됐어요? 가베 유이치로

'젖가슴'을 샀습니다

2014년 3월 중국 다롄에 있는 벼룩시장에 갔을 때입니다. 길거리에는 물건을 늘어놓은 사람들이 끝없이 이어졌습니다. 냄비에 식칼, 대패에 쇠망치, 바지에 팬티, 삽화가 그려진 읽을거리에 마오쩌둥 배지 등 없는 것 없이 다 있었습니다. 도중에 한눈을 팔았더니 과일과 해산물, 견과류와 담배가 있었습니다. 닭이나 토끼, 꽃을 파는 가게도 있었습니다.

이와 더불어 성인용품을 파는 가게가 있는 것을 보고 깜짝 놀랐습니다. 길을 걷다가 그런 가게와 마주치는 일 자체가 중국에서는 그다지 드물지 않지만, 노상에서는 찾아볼 수 없습니다.

진열한 물품이 보통 가게와 별반 다르지 않은 듯합니다. 피임기구, 선정적인 속옷, 약, DVD 등 크고 작은 다양한 물건이 놓여 있었습니다. 사람들은 사양하면서도 물건을 손에 들어 보고 가게 주인과 환담을 나눕니다.

사람들 어깨 너머로 넘겨보다가 갑자기 '젖가슴'이 시야에 들어왔

그림1
젖가슴을 손에 쥐고
가게 주인과 흥정

습니다. 사람들 사이로 비집고 들어가 손에 쥐어 보니, 피부 색깔도 좋고 부드러움과 탄력 있는 감촉이 좋았습니다.그림1 그래서 가게 주인에게 값을 물어보았습니다.

"아주머니, 이거 하나에 얼마예요?"

아주머니는 의아하다는 듯 내 얼굴을 들여다봅니다. 중국어가 통하지 않았나 싶어 다시 한 번 물었습니다.

"이걸 사고 싶어요. 하나에 얼마예요?"

"그거 하나만 팔지는 않아요."

과연 그렇구나. 두 개 합쳐서 50위안(일본 돈으로 1000엔 정도)이라고 했습니다. 값을 깎아 봤지만 아주머니가 완고해서 결국 부르는 값에 샀습니다.

가격을 물어볼 때까지는 별로 그렇지도 않았는데, 물건을 검은 봉지에 넣어 내 손에 건네받을 때 졸지에 창피함이 몰려왔습니다. 외국에 와서 벌건 대낮에 '젖가슴'을 구입하다니! 검은 봉지를 허둥지둥 배낭에 넣고는 그 자리를 떠났습니다.

호텔에 돌아와 확인해 보니 봉지 안에는 '젖가슴' 두 개 말고도 요상한 검은 알약이 들어 있었습니다. 이것도 50위안에 포함되었겠지요. '젖가슴'처럼 두 개씩 줄지어 들어 있습니다.그림2 뒷면에는 '농축·순천연'이라고 쓰여 있습니다. 무엇을 농축한 것인지는 모릅니다. 비행기를 타는 날 아침 그대로 휴지통에 버렸기 때문입니다.

귀국 후 인터넷으로 알아보았더니 일본에서도 똑같은 것을 '내 젖가슴'이라는 이름으로 팔고 있었습니다. 가격은 하나에 450엔입니다. 집안 어디에 두어도 이질감 때문에 툭 불거지는 물건입니다. 하는 수 없이 우리 집에서는 정갈한 책 옆에 두고, 그 색깔과 모양에 잠재된 신비한 힘을 즐기고 있습니다.그림3

그래서 뭐가 잘못됐나요?

거리를 걷다가 '젖가슴'을 구입한 이야기는 중국의 성 산업에 대한 사람들의 의식이 일본과는 퍽이나 다르다는 것을 드러내 주는 듯합니다. 아직 해가 중천에 훤히 떠 있는데 건어물과 작은 동물을 파는 거리에서 성인용품과 마주치는 일은 일본인에게 그리 일반적이지 않겠지요. 가게 아주머니도 피임도구나 성욕 증진 약媚藥을 마치 옷이나 꽃과 동급인 듯 취급하면서 뒷골목의 어둑하고 퀴퀴한 이미지는 조금도 풍기지 않는 듯했습니다. 일본에도 성인용 잡지를 진열하는 편의점을 비판하는 의견이 있지만, 적어도 겉모양이 즉물적이지 않다는 점에서 따로 생각하는 것이 좋겠습니다.

그러고 보면 예전에 상하이였다고 기억합니다만, 공공버스에 앉아 차가 떠나기를 기다리던 참에 커다란 비닐봉지를 든 사람이 차에 올라탔습니다. 그가 들고 있던 투명한 봉지에 무엇이 있을까 뚫어지게 쳐다보았습니다. 그 안에는 놀랍게도 음경 모양으로 만든 여성용 자위 기구가 대량으로 들어 있었습니다. 순간

그림2
이 알약은 도대체……?!

그림3
따분한 책장도 이렇게 하면 순식간에 느낌이 달라진다

적으로 주위의 승객을 둘러보았지만 누구 하나 별다른 기색을 보이지 않았지요. 외국인인 나만 '감추지 않아도 될까?' 하고 괜히 가슴을 졸이는 게 왠지 바보같이 느껴졌습니다.

중국에서는 거리에서 만나는 사람들이 너무나 다양하기 때문에 여성용 자위 기구쯤에 일일이 놀라지는 않을지도 모릅니다. 그곳에는 성기나 성행위처럼 사람들이 일반적으로 소유하거나 영위하는 것에 유별나게 놀라지는 않는다는 '어른의 태도'가 깔려 있는 것도 같았습니다. 젖가슴인데 뭐가 잘못됐어? 성인용품인데 뭐가 어쨌다는 거야? 이것이 표면적인 태도에 불과한지, 아니면 내면적인 태도가 드러난 결과인지, 나는 중국을 여행할 때마다 궁금해서 못 견딜 정도였습니다.

～～

유방보다 중요한 것

현대 중국의 작가인 위화余華(1960~)는 소설 『형제兄弟』(2005~2006)에서 이광두와 송강이라는 의형제를 중심으로, 격동하는 사회주의 중국과 거기서 살아가는 사람들을 묘사했습니다. 후반부의 '개방경제편'부터는 문화대혁명 이후 돈벌이에 흥분해 나서는 사람들이 주축을 이룹니다. 특히 송강이 사기꾼 주유와 함께 파패波覇▮ 도장이 찍힌 가슴 커지는 크림을 팔러 다니는 장면은 이미 서술한 상황의 연장선상이라고 말할 수 있겠지요.

송강은 본래 조용하고 성실한 남자입니다. 반면 상대방인 주유가 손을 대는 상품은 강장제, 인공 처녀막 등 수상한 물건뿐입니다. 그런데

▮ 속어로 가슴이 큰 여자.

도 송강은 사랑하는 아내 임홍에게 유복한 살림살이를 마련해 주려는 일념으로 그와 행동을 같이합니다. 두 사람이 풍만한 가슴을 위한 크림을 취급하기 시작했을 때, 송강은 자신의 가슴에 히알루론산을 넣고 가슴을 부풀릴 것을 결심합니다. 그리하여 상품을 더욱 효과적으로 선전하려고 했습니다.

가슴을 부풀린 송강은 모두의 앞에서 셔츠를 벗고 크림의 효능을 설명합니다. 관중은 흥미진진하게 그의 커다란 가슴을 쳐다보고 그가 남자인지 여자인지, 그것이 가슴인지 유방인지 따집니다. 두 사람의 기획은 성공을 거두고 크림은 날개 돋친 듯 팔려 나갑니다. 주머니에 쏠쏠하게 돈이 들어오자 처음에는 호기심 어린 시선을 굴욕으로 느끼던 송강도 점차 익숙해져 아무렇지 않게 여깁니다.

나중에 그가 한때 알고 지내던 아들 관 가새라는 칼을 파는 사람과 재회했을 때입니다. 아들 관 가새는 변해 버린 송강의 모습을 보고 놀라지만, 커진 가슴에 대해서는 한마디도 하지 않습니다. 다만 서로 나이를 먹었다는 이야기를 하고는 옛 추억담을 이야기하기 시작합니다. 아들 관 가새가 아내에게 송강을 소개하는 장면을 보면, 집요하게 성性을 기술해 온 이 작품의 밑바닥에는 도리어 건조함이 깔려 있다는 것이 훤히 비쳐 보입니다.

송강은 그 여자를 향해 고개를 끄덕이며 웃었다. 여자는 수상쩍다는 듯 송강의 가슴에 불쑥 튀어나온 유방을 쳐다보았다. 아들 관 가새는 송강을 손가락으로 가리키며 말했다. "송강이야. 내 고향 친구인데……." 아들 관 가새는 아내가 시선을 돌리지 않고 송강의 가슴을 뚫어지게 쳐다보는 것을 보고 기분 나쁘다는 듯 말했다. "뭘 쳐다보고 있어? 이건 가짜야. 장사에 필요한 거야." 아들 관 가새의 아내는 그 말을 이해하고 고개를 끄덕이며 송강을 향해 웃었다.[1]

풍만한 가슴을 위해 수술하는 대목은 위화의 경쾌한 필치와 어우러져 웃음을 자아내기도 합니다. 그러나 송강이 성실한 인간이기 때문에, 또 그의 육체 개조가 사기 행위로 이어지기 때문에 전체적으로는 차마 딱 꼬집어 말하기 어려운 슬프고 아련한 느낌을 자아냅니다. 그러한 가운데 아들 관 가새와 같이 그런 행위를 완전히 무시할 수 있는 인물의 등장이 일종의 구원으로 비칩니다. 남자의 풍만한 가슴이 어쨌다는 거냐? 이렇게 받아치는 늠름한 기상은 현대 일본인에게 낯설지 않을까요? 송강은 말할 것도 없고, 아들 관 가새 같은 사람도 중국에는 수도 없이 많다는 생각이 들 따름입니다.

세계의 젖가슴 산책 중국 최초의 브래지어박물관 탐사 히노스키 다다히로

'먹을거리는 광저우에 있다'고 알려진 광둥성 옆에 포산佛山이라는 마을이 있다. 쿵푸 스타 '엽문葉問'이나 '이소룡李振藩'의 고향으로 유명한 곳이다. 이 마을의 옌부塩步라는 지구는 약 500개의 속옷 관련 기업이 모여 전국에서 손꼽히는 속옷 생산 기지를 형성하고 있다. 이곳에 중국 속옷 업계의 최초 박물관이 있다는 정보를 듣고 2017년 3월에 홀몸으로 잠입했다.

2013년 문을 연 이 박물관의 정식 명칭은 이리다이依黛麗내의內衣박물관이다. 이리다이는 2012년 창업한 속옷 제조회사다. 회사 자체는 그다지 유명하지 않지만 주요 브랜드인 '시엔옌繊妍'은 상당한 지명도를 자랑한다. 시엔옌의 얼굴은 저명한 여성 사회자 리시앙李湘이 맡고 있다.

중국어로 '내의'는 보통 속옷 전반을 가리킨다. 그러나 이 박물관에 전시해 놓은 것은 거의 브래지어다. 브래지어의 일반적인 호칭은 '흉조胸罩'나 '유조乳罩'인데, 그렇게 하면 지나치게 노골적이기 때문에 순화한 명칭으로 바꿨을 것이다.

5층 빌딩인 박물관 가운데 전시 공간은 1·2층이다. 3층은 회의실,

4층은 오락실(노래방 시설 완비), 5층은 숙박 시설이다. 이 빌딩 한 채에 숙박하며 연수를 진행할 수 있게끔 해 놓았다.

필자가 이곳을 방문한 때는 점심시간이었다. 직원으로 보이는 여성과 경비 아저씨 몇 명이 바깥에 책상을 내놓고 느긋하게 점심식사를 하는 참이었다. 그 직원에게 박물관을 보고 싶다고 말했지만, 오늘은 바빠서 문을 열지 않는다는 대답이 돌아왔다. 내일은 문을 여느냐고 물었더니 그렇다고 해서 다시 가기로 했다. 중국의 박물관은 언제나 개관 상태라고 단정할 수 없다. 모든 일은 그곳에 있는 사람이 하기 나름이다.

다음 날 다시 방문했더니 어제 마주친 직원이 나 한 사람을 위해 박물관을 열어 주고 관내 가이드까지 도맡았다.

1층부터 견학을 시작했다. 우선 중국과 서양의 속옷 발전사를 패널과 복제품(일부는 원본도 있었다)을 통해 훑어보았다. 2층은 기업 박물관답게 이리다이의 제품 소개가 중심이었다. 아마추어인 내 눈에는 색깔이나 디자인이 일본 브래지어와 견주어도 손색이 없어 보였다. 이리다이의 광고·홍보 실력은 동종 회사에 비해 뒤떨어지지만 품질만큼은 상당히 신경 쓰고 있다며 직원이 자랑스럽게 말했다. 자부심을 뒷받침하듯 2층에는 브래지어의 제조 과정(51가지에 달하는 수작업이 들어간다!)을 그림으로 설명한 패널, 업계 최초로 해면海綿이 아닌 무공해 소재를 사용한 패드의 통기성을 검증하는 코너 등이 있었다.그림1

전시의 마지막은 유방 건강에 관한 코너였는데, 직원이 가장 공들여 설명한 대목이기도 하다. 특히 몸에 맞는 브래지어를 고르는 일이 얼마나 중요한지를 강조했다. 몸에 딱 맞지 않는 브래지어로 가슴을 옥죄면 유방암 발생률이 올라간다고 했다. 진위 여부는 알 수 없다.

그러고 보면 이리다이와 같은 주장을 펼친 사람이 또 한 사람 있었

다. '중국의 하와이'라 불리는 하이난섬에 사는 천칭주陳清祖라는 남성이다. 이 사람은 몇 년 전에 브래지어 5000개로 자기 방을 채워 넣고 일반인에게 공개해 주목을 끌었다(일본의 인터넷 뉴스에도 나왔다). 그는 20년 전부터 브래지어 선택의 중요성을 주장하며 돌아다녔다. 그가 소장한 브래지어는 전부 여성들이 자기 몸에 맞지 않는다고 양도한 것이었다. 아무리 불필요해졌다고는 해도 자기 브래지어를 아무렇지 않게 남에게 줄 수 있을까? 나는 그 심리가 잘 와닿지 않았다.

한바탕 설명이 끝나고 나자 자유롭게 둘러보라고 했다. 그 덕분에 운 좋게 사진을 찍었다. 중국의 박물관은 사진 촬영에 너그러운 곳이 많다. 박물관을 나서니 옆에 직영 가게가 있었다. 갖가지 색깔의 브래지어가 산더미처럼 진열되어 있었다. 그런데 마흔 살 독신남인 나는 갑자기 쑥스러움에 못 이겨 흘깃 쳐다보기만 한 채 발길을 돌리고 말았다. "아내에게 선물로 사 가야겠어요" 하면서 여유 있게 둘러보지 못한 것이 약간 후회스럽기도 하다.

세계의 젖가슴 산책 중화 성문화박물관 답사기 다케다 마사야

    류다린劉達臨은 중국의 성 문화에 관한 여러 저서로 알려진 상하이대학 사회학과 교수다. 일본에도 『성애의 중국사』[1], 『중국 성애 박물관』[2] 등의 번역이 나와 있다. 류다린은 1995년 상하이에 성 문화 문물을 수집한 사설 박물관을 열었다. 그 뒤 사정이 있어 어쩔 수 없이 박물관을 이전했다고 하는데, 2004년 이후 쑤저우 교외의 우장시 퉁리전에 다시 설립했다는 소식을 들었다. 그것을 직접 확인하는 일이 이번 답사의 과제였다.

    2013년 10월 쑤저우 역에서 버스로 몇십 분을 달려 도착한 퉁리라는 마을은 강남江南의 다른 곳처럼 관광지로 잘 가꾸어진 수향水鄕*이다. 답사할 박물관은 '중화성문화박물관'이라는 이름으로 리저여고麗則女高의 옛 학교 건물을 쓰고 있었다. 1906년 창설한 이 여학교는 도서관, 실험실, 영사실, 그랜드피아노가 있는 음악실 등을 구비한 만큼, 향진鄕鎭**치고는 이례적인 근대식 여학교였다. 현재 남아 있는 건물은 1916년에 지은 것이라 한다.

＊ 물가에 있는 마을. 늪과 연못이 아름답기로 이름난 지역.
＊＊ 읍면 단위의 행정구역.

옛날 여학교에 개설한 성문화박물관은 과학 보급 및 교육 기지라는 낙점도 받았던 듯하다. 넓은 부지에는 현대 아티스트가 제작한 것으로 보이는 성 오브제가 점점이 놓여 있다. 먼저 쇠사슬로 둘러친 거대한 남근을 가진 빌리켄Billiken●과 닮은 남자가 맞이해 주었다.그림1 '속박할 수 없는 곳'이라는 제목을 붙인 소상塑像은 비슷한 작품으로 알려진 아티스트 위칭청于慶成의 모방작이라 한다. 또 거대한 유방으로 아이들에게 젖을 먹이는 대지모신 같은 소상은 중화 문명의 어머니인 황하를 상징한다고 한다.그림2

학교 건물을 이용한 전시실은 네 가지 주제로 나뉘어 있는데 상당히 넓은 편이다. 전시물은 춘화, 피화도避火圖, 도자기 등이다. 피화도란 성교 장면을 그린 일종의 춘화를 말한다. 이것을 서재 등에 걸어 놓음으로써 화재의 발생을 막는다고 한다. 성행위는 음陰이 양陽을 완전히 넘어뜨리는 행위이기 때문에 양陽인 화재가 발생하지 않는다는 뜻인 듯하다.

『금병매』에서 모티프를 가져온 현대 작가의 소상 등도 있었다. 도자기를 구워 만든 판화 기법의 무수한 춘화는 꽤 비싼 값에 팔리기도 했다.그림3 그다지 유용하지는 않지만 『중화성문화박물관 소장품 정품精品 도록』이라는 작은 도록도 판매했다.그림4

우리가 견학을 끝내고 문을 나설 때, 젊은 남자 두 명이 키득키득 웃으며 박물관으로 들어왔다. 그러고 보니 동성애를 다룬 전시품도 몇 가지 있었다.

● 미국의 복신상福神像으로 머리끝이 뾰족한 나체상이다.

그림1
속박할 수 없는 곳

그림2
어머니인 황하

그림3
도판화로 그린 춘화

그림4
『중화성문화박물관 소장품 정품 도록』

젖가슴 공부: 도상 편

유방의 역사

후쿠다 가즈히코 지음

구석기시대부터 20세기에 걸친 유방 도상을 수집했다. 여성의 유방에 한정했고, 서양 및 고대 이집트, 인도, 아라비아, 일본의 유방 이미지도 수록했다.

유방 미술관

긴시로 엮고 지음

여성의 유방을 묘사한 서양화를 모은 문고본 미술서. 잠·연애·유혹·죽음 등 주제별로 총 천연색 유방을 감상할 수 있다. 젖꽃판과 젖꼭지를 확대한 그림에 정성을 쏟았다.

섹시 걸의 기원

아라마타 히로시 지음

20세기에 그려진 핀업 걸pin up girl의 총집합으로 프랑스의 파리에서 미국까지, 코르셋에서 브래지어까지, 섹시 걸의 '나이스 바디'가 이야기하는 시대와 지역을 가로지르는 풍속 문화사를 기술했다.

육마도보: 중국 춘화론 서설

나카노 미요코 지음

'육마'란 '느글거리고 낯간지럽다'는 뜻이다. 과연 중국의 춘화는 '육마'할까? 일본 춘화

'오쓰비에大開繪', 서양과 일본의 성애 도상, 중국 포르노 문학과 나란히 풀어내는 중국 춘화론이다. 문고본도 있지만 눈을 즐겁게 하고 싶다면 양장본을 권한다.

문신과 누드의 미술사: 에도부터 근대로
미야시타 기쿠로 지음
서양의 누드와 일본의 나체 표현을 비교했다. 벌거숭이가 흘러넘치던 에도시대부터 사진가 아라키 노부요시荒木経惟에 이르기까지 '응시하는 에로티시즘'을 논한다. 문신과 누드의 관계도 언급했다.

관능 미술사: 누드가 이야기하는 명화의 수수께끼
이케가미 히데히로 지음, 송태욱 옮김, 전한호 감수
서양 미술이 그려 낸 성애를 풍부한 컬러 도판과 함께 풀어 이야기한다. 여성의 유방이 전체를 뒤덮는 가운데 컬러판으로 남성 화가가 그린 남성의 젖꼭지 도판도 볼 수 있다.

에로 만화 표현사
기미 리토 지음, 문성호 옮김
제1·2장에서 일본의 '에로 만화'에 나타난 유방과 젖꼭지의 도상 표현사를 다룬다. 유방의 동태動態를 그린 '젖꼭지 잔상'의 발명자와 인터뷰한 내용도 수록했다. 청년 잡지, 소년 잡지 이외에도 레이디 코믹스レディースコミック, TL(틴즈 러브)의 유방 도상도 있다.

＊

제 3 부

서양의 **젖가슴**, 이것저것

총론 서양 중세의 유방: 풍요로움과 죄, 페티시즘과 고문 사이에서 오가와 기와코

서양 미술사의 기나긴 역사에서 유방은 어떻게 그려지고 유방의 의미는 어떻게 변해 왔는가. 메릴린 옐롬의 저서 『유방론』은 이를 자세히 다룬다. 그러나 중세 미술에 나타난 유방에는 별반 지면을 할애하지 않으며, 특히 12세기 이전의 양상은 언급하지 않는다. 그것도 무리는 아니다. 대체로 서양 중세는 누드나 유방을 매력적으로 그리지 않은 '유방 수난의 시대'라 부르고 싶을 정도이니 말이다.

왜 서양 중세 미술의 유방은 매력적이지 않을까? 12세기 중반 이후 파리를 중심으로 일드프랑스 지방에서 고딕 미술이 발흥했다. 사실적인 표현이 돌아오는 르네상스 전까지 인체, 특히 나체 자체를 그리는 기법은 데포르마시옹déformation(변형)과 단순화였다. 음영이 없고 평면적인 데다 가지런하지 못한 신체는 미적 감동이나 성적 욕망 같은 감정을 환기하는 리얼리티가 없다.

고대 그리스에서는 대우주와 호응하는 소우주로서 인간의 신체도 조화롭고 아름답다고 여겼다. 특히 '누드'는 하나의 장르가 될 정도로 서양 미술에서 인체는 아주 중요한 주제다. 르네상스 이후 회화와 조각은 유방을 노출한 고전적 여성 누드를 다시 그리기 시작했고, 명확하게 에로틱한 성격을 띤 유방이 마욜리카 도기 같은 도예 장르에도 퍼져 나갔다. 이 점에 대해서는 가토 시호의 글에 자세히 나와 있다.

고대의 나체가 자랑스럽고 아름다운 것과 달리, 중세 기독교 미술의 '벗은 몸'은 오히려 부끄러운 모습이다. 「창세기」(3장 13~19절)에는 죄를 모르고 살던 아담과 이브가 금단의 열매를 먹고 낙원에서 쫓겨난 뒤, 자신들이 벌거벗었다는 것을 깨닫고 수치스러운 감정에 눈뜨는 경위가 나와 있다. 아담과 이브가 범한 죄 때문에 대지는 저주를 받았다. 아담은 고된 노동으로 땀을 흘리며 땅을 갈아 일용할 양식을 구해야 했으며, 영원한 생명을 잃고 자신이 경작한 땅으로 돌아갈 운명에 놓였다. 이브는 자식을 낳는 고통으로 벌을 받았다. 낙원에 살던 아담과 이브의 나체는 '순진무구'한 상태를 나타냈지만, 원죄를 지은 뒤에는 원죄와 깊이 관련된다. 따라서 기독교가 중심이었던 중세에는 나체를 아름답고 사실적으로 묘사하지 못했고, 나체를 통해 욕망을 환기하는 일도 금기시했다.

그러면 중세에 이브의 유방은 어떻게 묘사했는지를 살펴보자. 9세기에 나온 『산 파올로 푸오리 레 무라San Paolo fuori le mura 성서』를 보면 화면의 왼쪽, 중앙 왼쪽, 오른쪽 끝 등 세 번에 걸쳐 그린 이브의 유방이 시들고 축 늘어져 있다.그림1 같은 시대 『무티에그랑발Moutier-Grandval 성서』 가운데 '아담과 이브의 창조' 장면을 보자. 원죄를 알기 이전 에덴동산에 살던 이브에게는 본래 유방이 봉긋해야 할 곳에 평평한 가슴밖에 없고, 남녀의 신체적 차이가 확실치 않다. 풍만한 유방을 묘사한 것은 아이에게 젖을 먹일 때뿐이다.그림2 아담의 성기도 또렷하게 그리지 않았다. 원죄를 짓기 이전 아담과 이브는 생식 행위 및 육아와 무관했다고 말해 주는 듯하다. 반대로 중세의 나체는 유방과 성기가 종종 기독교의 '육욕' 즉 '음탕'이라는 악덕을 뜻하거나 '뿌리 깊은 죄'의 기호

그림1
〈이브의 창조와 원죄〉,
『산 파올로 푸오리 레 무라
성서』, 870~875년,
산 파올로 푸오리 레 무라
수도원 소장

그림2
〈젖을 먹이는 이브와 밭을
가는 아담〉, 『무티에그랑발
성서』, 830~840년,
영국도서관 소장

로 나타난다. 그리고 성적 쾌락과 관련된 유방은 죄에 물든 육체에서
도 특히나 죄가 깊다고 여겨졌다.

한편 대지모신의 '다산'이나 '풍요'를 상징하는 유방 개념도 중세
내내 살아남았다. 여기서 잠시 기독교 이전의 유방 표상을 간단히 짚
어 보자. 그리스·로마 미술은 가지런한 원추형 유방과 이상적인 비율
을 자랑하는 여성을 그렸다. 그러나 그에 훨씬 앞서 석기시대에는 유
방과 둔부를 두드러지게 강조했다. 이른바 '원시시대의 비너스' 석상
이 그렇다.그림3 다산, 즉 풍요를 기원하는 존재인 대지모신에 대한 기
억이 단절되지 않은 채, 풍만한 유방은 여전히 풍부한 결실을 상징했
다. 열매가 주렁주렁 달린 파파야 나무처럼 셀 수 없이 많은 유방이 달
린 〈에페소스의 아르테미스Artémis d'Ephèse〉그림4는 말할 것도 없고(대추야

자 나무 등이 실제 모델이라고 알려져 있다), 양쪽 유방이 달린 이집트 여신 이시스Isis, 메소포타미아 여신 이슈타르Ishtar, 비너스 같은 여신들도 다산과 성애를 염원하는 역할을 이어받았다. 근현대 미술에서 유방 이미지를 통해 열매를 연상시키려 한 데 대해서는 오시로 사유리의 글을 참조하기 바란다.

이 글에서는 다산과 풍요의 대명사였던 고대 대지모신의 유방이 어떻게 살아남았는지, 또 죄와 나체(유방)를 연결짓던 기독교 중세에는 어떤 모습으로 변했는지를 민간신앙의 영역과 아울러 살펴보고자 한다.

대지의 유방에서 죄가 깊은 유방으로

중세의 필사본이나 조각 등을 보면 종종 고대 대지의 여신 텔루스Tellus를 모델로 삼은 여성상을 그리고 있다.그림5 대양의 신 오케아노스Oceanus 모습인 남성상과 짝을 이루는 이 여성상은 자신의 유방으로 뱀이나 소처럼 대지와 관련 깊은 동물을 길러 낸다. 비록 이교도의 신이었지만, 대지의 여성상이 드러내는 너그러운 모습은 11세기 무렵까지 기독교 미술에서 부정적 의미를 띠지 않았다. 예수가 못 박힌 십자가 아래 평온하게 누워 자신을 희생해 죽음에 이르는 구세주의 역사적 순간을 지켜보는 '바다'의 의인상擬人像과 '대지'의 의인상은 우주를 구성하는 요소다. '바다'와

그림3
〈빌렌도르프Willendorf의 비너스〉, 2만 9500년 전, 빈 자연사박물관 소장

그림4
〈에페소스의 아르테미스〉, 120~140년, 나폴리 국립고고학박물관 소장

'대지'는 만물을 구성하는 네 가지 원소 가운데 각각 '물'과 '흙'에 대응한다.그림6

9세기 독일 풀다 지역의 주교 라바누스 마우르스Hrabnus Murus가 저술한 백과사전 『사물의 본성에 관하여De rerum naturis』를 가지고 11세기 초에 제작한 필사본 삽화를 보면, 유방으로 수소와 뱀을 기르는 대지의 의인상이 그려져 있다. 여기서 '홍해紅海'는 바다짐승 두 마리를 유방으로 기르는 여성상으로 나타난다.그림7 대지의 의인상에 달려 있는, 만물을 기르는 유방이 '바다'로 전이된 예라 할 것이다. 서로마제국의 전통에서는 '바다'를 그릴 때 해신海神을 모델로 한 남성상이 일반적이었는데, 동로마제국의 비잔틴 미술에서는 여성상으로 변모하는 쪽으로 영향을 받았다고도 한다.

특히 12세기 이전에 네 가지 원소는 동물과 함께 자주 그려진다. 바이에른 주립도서관이 소장한 필사본에서는 소우주인 인간 그리스도의 신체를 중심으로 사계와 사원소가 그려지고, 불에는 사자, 물에는 물고기, 대기에는 독수리, 흙에는 켄타우로스Kentauros가 올라타 있다.그림8 육지 동물들은 '대지'를 상징하며, 하반신이 말이나 당나귀인 켄타우로스도 '대지'를 나타낸다. 켄타우로스 등에 업혀 켄타우로스에게 젖을 먹이는 여성상에도 동물에게 젖을 먹이는 고대 대지모신상의 흔적이 남아 있다.그림9

이렇듯 중세 기독교 도상에도 여전히 만물을 기르는 존재인 대지의 이미지가 긍정적으로 나타나기도 했다. 아이를 여러 명 안은 여성의 그림은 14세기 무렵부터 '카리타스Caritas(자애)'라는 기독교의 미덕을 의미했다. 또 같은 무렵, 대지에 주저앉아 아기 예수를 무릎에 앉히고 젖을 먹이는 성모를 나타낸 '겸양의 성모'라는 성모자상도 등장했다. 수유하는 성모상은 호루스Horus에게 젖을 먹이는 이시스와 같이 지중

그림5 〈대지 텔루스〉, 『에크술테트Exsultet』,
1075~1100년, 바티칸 도서관 소장

그림7 〈대지〉와 〈홍해〉, 『사물의 본
성에 관하여』(라바누스 마우르스),
1022~1023년, 몬테카시노 수도원
도서관 소장

그림6 〈십자가 책형〉, 상아 장정판, 980~1000년,
퉁글 대성당 소장

그림9 〈켄타우로스에게 젖을 먹이는
대지의 의인상〉, 『딕타 크리소스토미』
(부분)

그림8 〈마이크로 코스모스〉, 『딕타
크리소스토미Dicta Chrysostomi』,
12세기, 바이에른 주립도서관 소장

그림10 〈대탕녀 바빌론〉, 『오스마 베아투스
Osma Beatus』, 1086년, 엘 부르고 데 오스
마 대성당 소장

그림11 〈음탕Luxuria의 풍자상과
악마〉, 1110~1130년, 무아사크 생피에
르 수도원

해 세계에 널리 퍼진 대지모신을 모델로 삼았다고 알려져 있다. '겸양의 성모' 도상의 경우 '겸양humilitas'이라는 말도 '대지humus'에서 유래한 것이다.

그러나 앞서 말했듯 기독교는 나체와 유방을 죄의 증거로 간주했다. 「요한계시록」(17~18장)에는 부패한 도시 바빌론을 의인화한 '대탕녀大蕩女 바빌론'이 등장하는데, 보통 옷을 입고 있지만 드물게 나체로 그려진 예도 있다.그림10 고대 비너스의 이미지를 빌리면서도 이상적인 신체와는 거리가 먼, 축 늘어진 유방을 가진 이 나체는 '음탕'이라는 '악덕'을 의인화했다고 말할 수 있다. 남프랑스 무아사크에 위치한 생피에르Saint-Pierre 수도원 중앙문 입구에 있는 '음탕'한 의인상이 한 예다.그림11 뼈가 보이는 가슴에 늘어뜨린 양쪽 유방에는 뱀이 매달려 있다. 의인상은 그 뱀을 양손에 감은 채, '대탕녀 바빌론'과 마찬가지로 음란함을 나타내는 긴 머리카락을 잡아당기고 있다.

대지모신이 대지의 동물인 뱀에게 젖을 먹이는 모습은 유대교와 기독교에서 뱀이 갖는 부정적 의미와 어우러진 기독교의 여성 멸시로 인해 '음탕'이라는 악덕의 표상으로 변해 갔다. 토리노 근교에는 사크라 디 산 미켈레Sacra Di San Michele의 '음탕'한 조상彫像이 있다. 긴 머리카락을 리본으로 아름답게 꾸민 이 창부상의 유방에 뱀이 매달려 있다.그림12 중부 프랑스 타방에 위치한 생니콜라Saint-Nicolas 성당 프레스코화에 그려진 여성상을 보면, 머리는 풀어헤치고 뱀이 착 달라

그림12
니콜로, 〈음탕Luxuria〉, 사크라 디 산 미켈레 황도십이궁의 문, 1128~1130년

그림13
〈음탕Luxuria〉, 타방 생니콜라 성당, 지하 예배당 벽화, 1150년경

그림14
〈음탕의 풍자인 세이렌〉, 파리 생니콜라 성당 정면 문, 1089~1197년

붉은 한쪽 유방에는 창을 찔러 꽂았다.그림13 이는 '음탕'과 '분노'라는 두 가지 악덕의 이중 이미지를 나타낸다고 한다.

12세기의 어느 사제는 지옥에 있는 망자를 가리켜 "벗은 그들의 유방에 황소개구리·뱀·거북이가 매달려 있다"고 했고, 어느 수도사는 지옥에서 벌을 받는 창부를 가리켜 "보라, 그녀는 구더기의 희생물이 되고 뱀의 먹이가 된다. 뱀이 그녀의 머리를 휘감고, 살무사가 그녀의 가슴을 파괴하는구나!"하고 묘사했다. 성직자가 말하는 이미지를 반영하듯, '최후의 심판' 그림에는 지옥에서 유방과 성기에 고문을 받고, 뱀과 개구리의 공격을 받는 죄인을 많이 그려 넣었다. 유방에 뱀과 개구리 같은 생물을 매단 모습은 유혹하는 도구로서 유방이 벌을 받는 모습이기도 하다.

유방에 뱀이 매달린 형상으로 '음탕'을 풍자하던 것이 12세기쯤부터 세이렌의 모습으로 나타나기도 했다. 세이렌은 고대에는 처녀의 상반신에 새의 하반신, 9세기 무렵부터는 물고기의 하반신으로 그려졌다. 그것은 인간과 동물의 양면성과 열매 맺지 못함을 상징했다. 뱃사람을 고혹적인 노랫소리로 유혹해 바다의 심연으로 끌어가 버리는 세이렌이 '유혹자'로서 '음탕'과 동일시되는 것은 자연스러운 흐름일 것이다.그림14

자기 아이에게 젖을 물리는 세이렌도 중세 조각이나 필사본의 여백에 등장한다. 세이렌의 젖이 고대의 긍정적인 의미를 회복한 것은 르네상스 시대다. 이 점에 대해서는 뒤에 「불을 끄는 젖가슴: 나폴리의 세이렌」에서 소개하겠다.

〜〜

성인의 유방: 사드적인 성욕과 페티시즘

풍요의 상징으로서 젖을 먹이던 대지모신의 유방이 중세 기독교 미술에서는 '죄를 저지르는 기관'으로서 고문을 받는 양상을 살펴보았다. 그런데 예수를 향한 신앙과 순결을 끝까지 지키고 순교한 성녀들까지 유방을 포함한 다양한 신체 부위에 고통을 받는다는 것은 불합리하다. 기독교 박해 시대의 성인들 대다수는 남녀를 불문하고 이교도에게 고문을 받고 순교했지만, 마들렌 캐비네스Madeline H. Caviness가 말하듯 성인들이 고문을 받고 순교하는 장면을 시각적으로 묘사한 데서는 젠더의 차이가 나타난다.

남성 성인은 목이 잘리거나 철망 위에 얹혀 불태워지거나 돌에 맞는 형벌을 받고 산 채로 가죽이 벗겨지기도 한다. 하지만 대개는 고문을 받지 않은 채 그 자리에서 바로 처형당한다. 반면 여성 성인은 빠짐없이 집요하게 고문을 당한다. 순교 장면을 그린 숱한 시각 표상을 살펴보면, 여성 성인은 벌거벗겨져 능욕당하고 때로는 유방에 가혹 행위를 당하거나 가슴이 도려내진다. 반면에 남성 성인이 성적으로 처벌받는 그림은 눈에 띄지 않는다. 또 잔인한 고문 장면이 없는 성인들의 초상화에도 성인을 구별하는 소지품, 즉 순교의 표징attribute에 차이가 보인다. 남성 성인의 경우 성 바울의 검이나 성 라우렌티우스의 석쇠 같은 순교의 도구가 두드러진다. 반면 여성 성인의 경우 절단당한 유방, 도려낸 눈, 뽑힌 치아 같은 훼손당한 신체 부분이 눈에 띈다.

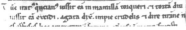

그림15 〈유방을 잘라 내는 성 아가타〉, 『제2 팜플로나Pamplona의 성서』,
1200년, 아우크스부르크대학 도서관 소장
그림16 〈유방에 고문을 받는 성 아가타〉, 『바이세나우Weißenau 순교 이야기집』,
1170~1200년, 보드머 재단 소장

유방이 잘려 나간 여성 성인 중에는 3세기 시칠리아섬 카타니아에
서 태어난 성 아가타Agatha가 가장 유명하다. 아가타는 총독 퀸틸리아누
스Quintilianus의 구애를 물리치고 순결을 지켜 내기 위해 온갖 고문을 받
고 유방을 절단당했다.그림15·16 상처 입은 아가타는 감옥에 갇혔지만,
성 베드로의 환영이 나타나 가슴의 상처를 낫게 해 주었다고 한다. 그
것을 본 퀸틸리아누스는 결국 아가타의 목을 베었다. 물론 기독교 신
자들은 고문을 받은 성인의 고통을 상상해 자기 것처럼 느끼면서 성인
을 향해 경배하는 마음을 더욱 키웠다고 한다. 그러나 사람들이 순교
한 여성 성인의 그림에서 유방을 도려내거나 나체를 훼손하는 장면을
특히 좋아했다면, 사드적인 남성의 폭력적 욕망을 반영한다고 할 수
있을 것이다. 다만 마들렌 캐비네스는 여성 성인의 고문 장면이 고딕
미술보다 앞선 로마네스크 미술의 치졸한 양식으로 그려질 경우, 에
로티즘보다는 도리어 참담한 감각을 불러일으킬 것이라고 말한다. 로
마네스크 미술의 고문 장면은 때로 어린이를 위한 옛날이야기 삽화처

그림17
〈성 마르게리타의 수난〉, 13세기 초,
포르노보 산타 마리아 아순타 교구
교회당

럼 보인다.그림17 여하튼 에로티즘과는 거리가 먼 표현이다. 그러나 중
세 후기 고딕에서 르네상스로 넘어가며 점차 사실적인 묘사를 추구하
기 시작했다. 이에 따라 현장감이 두드러지면서 확실히 사드적인 에로
티시즘의 양상을 띠었다.

 여성 성인의 잘린 목, 유방, 도려낸 눈 등은 14세기 이후 성인 표상
에서는 더할 나위 없는 귀중한 보물처럼 접시나 쟁반에 얹어 정중하
게 받들어진다.그림18·19 실제로 가톨릭과 그리스정교 신앙에서는 성인
의 신체 일부나 성인이 몸에 지니던 것을 성스러운 유물로 섬기고 있
다. 4세기 이후 성유물의 교환·수집·순례가 활발해지고 로마의 카타
콤Catacomb 등 순교 성자의 묘에 매장됐던 유해와 성물聖物을 매매하거
나 때로는 훔치는 일이 빈번하게 일어났다. 성인의 신체 일부(피 또는
액체를 포함)는 물론, 성인이 지니고 있던 의복처럼 성인과 접촉하여
(때로는 공기를 매개로 하여) 성물로 여겨지는 것도 많다. 성 아가타의 출
신지인 카타니아의 대성당은 수호성인 아가타의 여러 신체 부위를 넣
은 성물 보관함 한 벌을 보관하고 있다. 성 아가타의 두개골·흉곽·내
장의 일부는 14세기에 만들어진 눈부시기 짝이 없는 관이라든지, 귀
중한 돌로 뒤덮은 아가타 흉상 모양의 성물 보관함에 들어 있다. 또한

그림18
〈성 아가타〉, 산타가타 데 고
티 대성당

그림19
피에트로 로렌체티Pietro
Lorenzetti, 〈절단당한 유방을
가진 성 아가타〉, 1340년경,
바티칸 회화관 소장

팔·손·대퇴골·정강이·발·베일 등은 팔이나 다리를 본
뜬 성물함에 들어 있고, 투명한 원형 유리기 속에는 성
아가타의 유방 한쪽이 보관되어 있다. 그러면 나머지
한쪽 유방은 어디에 있을까?

이탈리아 남부의 풀리아주 갈리폴리에 전해지는 이
야기가 있다. 1126년 8월 어느 여성의 꿈에 성 아가
타가 나와 그녀의 갓난아기 입에 성 아가타의 유방을
물렸다고 한다. 눈을 뜬 여성이 온갖 방법을 다 강구
해 봤지만 갓난아기는 젖꼭지를 뱉어 내지 않았다. 결
국 사제와 성직자들이 연도連禱(위령기도)를 하는 동안
성인의 이름을 차례로 외쳤다. 그러자 성 아가타의 이
름이 불릴 즈음 갓난아기는 입에 물고 있던 젖꼭지를
뱉어 냈다고 한다. 이 성물은 1389년에 갈리폴리에서
갈라티나라는 마을로 이관하여 오늘에 이르는데, 갈
리폴리는 지금도 성물을 돌려받기를 절실히 바란다고
한다. 성물을 서로 빼앗아 오려는 일은 결코 드물지 않
다. 카타니아 대성당에 있는 성 아가타의 유방 한쪽도
실은 1112년 비잔틴제국에서 탈환한 것이다.

신체의 일부를 성물로 떠받드는 페티시즘적 숭배
를 생각하면 '엑스보토ex-voto'라 불리는 봉납품이 떠오
른다. 영화 〈로마의 휴일Roman Holiday〉(1953)에서 앤 여
왕과 미국인 신문기자 조는 유명한 '진실의 입' 장면
다음에, 성모상을 보관한 사당을 에워싸듯 거리의 벽
이 둘러쳐 있고 엑스보토가 가득 걸려 있는 장소를 방
문한다. '소망의 벽'이라고 하는 이 벽은 영화 팬의 순

레지가 되었는데, 1960년 로마 올림픽을 유치했을 때 경관을 정비한다는 구실로 부서뜨렸다고 한다.

성모와 성인에게 병이나 상처의 치유를 기도하고 소원을 이뤘을 때 은총에 감사하기 위해 엑스보토를 바친다. 엑스보토는 〈로마의 휴일〉에서처럼 글자가 새겨진 석판이나 회화일 때도 있고, 상처가 나은 신체 부위를 밀랍이나 금속으로 본떠 만든 것도 많다.그림20 유방의 경우에는 병의 치유뿐 아니라 모유가 잘 나오기를 빌기도 했다. 엑스보토의 관습은 가톨릭 신앙보다 훨씬 더 오래됐다. 이를테면 고대 로마의 선주민인 에트루리아 사람들도 테라코타terra-cotta로 다양한 신체 부위의 엑스보토를 만들었고, 유방이나 자궁을 본뜬 것은 여신의 신전에 봉헌했다.그림21 현재 교회당에 봉납된 것은 얇은 은 접시 형태가 많은데, 최근에는 온라인 판매로도 살 수 있는 듯하다.

성 아가타가 은 접시에 담아낸 절단당한 유방은 맛있는 음식처럼 그려진다. 카타니아 지방에는 '성 아가타(또는 처녀)의 카사텔라cassatella'라는 과자가 있다. '카사타 시칠리아나'라는 리코타치즈를 사용해 조그만 유방 모양으로 만든 시칠리아의 전통 과자를 가리킨다. 이 과자는 기독교 이전 시칠리아에서 이집트 여신 이시스Isis를 숭배한 데서 유래했으며 성 아가타 기념일인 2월 3일부터 5일까지 먹는다고 한다.그림22

성녀가 손에 든 접시에 조심스레 담긴 것은 잘려진 유방만이 아니다. 도려내진 성 루치아Lucia의 눈알

그림20
은제 엑스보토, 미즈노 치요리 소장

그림21
유방을 본뜬 엑스보토, 테라코타, 기원전 4세기, 타르퀴니아 국립박물관 소장

그림22
성 아가타의 카사텔라

그림23
카를로 크리벨리Carlo Crivelli,
〈성 루치아〉, 1476년경, 런던
내셔널갤러리 소장

도 아몬드처럼 접시에 얹혀 있다.그림23 이탈리아 남부 풀리아주에서는 '루치아의 눈'이라는 이름의 과자를 만들어 12월 13일 성인 축일에 바친다고 한다. 성인의 조각난 신체조직이나 기관에 은총이 깃들어 있다고 믿는 성물 숭배는 페티시즘, 우상 숭배와 위태롭게 짝을 이루기 때문에 프로테스탄트는 이를 엄하게 금한다. 신체 일부를 본뜬 과자를 먹는 관습은 예수의 몸과 피를 빵과 포도주로 여기는 성찬 의식에서 비롯했다고 할 수 있을 것이다. 그 밑바탕에는 희생물 짐승의 고기를 먹는 '카니발리즘cannibalism'이 깔려 있다. 성찬 의식이란 예수의 몸과 피를 비유하는 희생물인 어린 양을 신자들이 나누어 먹고, 자기 몸속에 받아들임으로써 상징적으로 예수와 일체를 이루려는 행위일 것이다.

성 베드로가 유방을 치료해 준 인연으로 성 아가타도 유방의 병을 고쳐 주는 성인으로 여겨진다. 눈알을 도려냈어도 앞을 볼 수 있었기 때문에 사람들은 성 루치아가 눈병을 고쳐 준다고 믿는다. 성인의 신체 일부를 본뜬 과자를 먹는 행위는 순교의 뜻을 높이 숭앙하고 그들의 미덕을 자기 것으로 받아들이는 동시에, 유방과 눈의 건강이라는 은총을 입고 싶다는 뜻일 테다.

수습한 유방: 성모의 젖과 예수의 피

마지막으로 중세 성모의 유방에 대해 간단히 언급하려 한다. 앞서 살펴보았듯 지중해 세계에 널리 퍼진 젖 먹이는 대지모신에 대한 기억은 기독교 성모자상에도 잔존했다. 초기 기독교에도 수유하는 성모 그림이 눈에 띄지만, 그 뒤 수유하는 성모상을 특히 왕성하게 그린 곳은 14세기 토스카나 지방이다.

한편 13세기 중반부터 잉글랜드 성당의 프레스코화나 필사본에 그려진 '최후의 만찬'에는 유방을 노출한 성모상이 보이기 시작한다. 이는 1300년경 만들어진 저명한 세계지도 〈헤어포드 마파문디Hereford Mappa Mundi〉에도 그려졌다. 이 지도의 '최후의 심판' 장면에서는 예수가 두 팔을 벌리고 옆구리에 난 상처를 보이는데, 바로 그 아래서 성모가 가슴께의 옷자락을 헤치고 유방을 보여 준다. 성모의 유방은 젖을 먹고 자란 예수의 '인간성'과 민중을 향한 자애심을 불러일으킨다. 12세기 중반에 클레르보Clairvaux 수도원 원장 베르나르Bernard(1090~1153)는 성모마리아가 예수에게 유방을 보여 주고 예수가 아버지 신에게 상처를 보여 주는 것이 이중의 '중재仲裁'라고 말한다. 한편 잉글랜드에서는 프란체스코회의 설교를 통해 성모의 젖과 유방이 중재의 상징이 되었다고 한다.

인간 마리아의 젖을 먹고 자란 예수는 십자가에서 피를 흘려 인류를 구원했다. 그리하여 성모의 젖과 예수의 피가 동등하게 여겨지고, 이는 예수의 모성 또는 예수의 여성성이라는 개념으로 이어진다.[1] 예수는 자신이 구원하는 중생에게 더 가까운 존재가 되기 위해 자신의 인간성을 강조하고, 나아가 연약한 존재인 '여성'에 친근해질 필요가 있

그림24
〈새끼를 죽이고 만 펠리컨,
자신의 가슴을 부리로 찔러
새끼를 소생시키는 펠리컨〉,
『피터버러Peterborough
동물지』, 1300~1320년

었던 게 아닐까. 성 아가타를 비롯한 여성 성인들처럼 예수는 상처 입고 고통받으며 모욕당하고 경멸받았다. 이 모습이 '여성성'을 띠면서 민중에게 더 친근한 존재가 되었다고 할 수 있다.

피와 젖을 동일시하는 개념은 2세기 이집트의 알렉산드리아에서 편찬한 기독교 동물 우화 『피지올로구스*Physiologus*』를 통해 이미 엿볼 수 있다. 『피지올로구스』에 나오는 펠리컨은 실수로 새끼를 죽이고 만다. 이때 어미 새가 자신의 겨드랑이를 쪼아서 흘러나온 피로 죽은 새끼를 소생시킨다.그림24 펠리컨은 한번 위장에 들어간 것을 게워 내어 새끼에게 먹이는 습성이 있다. 이 모습이 마치 어미 새가 제 가슴을 찌르는 것처럼 보여 이런 이야기가 나왔다는 지적도 있다. 자기 피로 새끼를 다시 살린다는 펠리컨의 이야기는 분명 십자가에서 피를 흘려 인류를 구원한 예수의 모습과 겹쳐진다. 또 어미 펠리컨의 가슴에서 흘러나온 액체는 소박하게 젖을 연상시키는 것 같다.

성 아가타의 잘려 나간 유방이나 성 루치아의 도려낸 눈알은 과자라는 먹을거리가 된다. 마리아의 젖, 예수의 피와 살도 '먹을거리'가 되어 신자들에게 자양분을 공급하여 몸의 일부가 된다. 프란체스코회의 설교도 예수의 신체를 종종 과실에 비유하며 '맛있다'고 상찬한다.

　지금까지 서양 중세의 유방을 간략히 살펴보았다. 여기서 유방의 표상은 만물을 기르는 존재인 모성을 찬미하는 한편, 성적 묘사를 금기시하는 등 여러 측면을 반영했다. 죄 짓는 기관으로서 벌을 받아야 할 유방과 대지모신의 풍요로운 유방 사이에서 동요한 것이다. 그리고 오랫동안 유방은 나체 자체와 마찬가지로 현실감 없는 '징표'로 그려졌다. 14세기 회화의 어린 예수는 변함없이 가늘고 길게 늘어뜨린 평평한 성모의 유방을 빨고 있었지만, 같은 시대 고딕 조각에서는 유방이 자연스럽게 둥근 모양을 되찾았다. 조반니 피사노Giovanni Pisano는 피사 대성당의 설교단을 지탱하는 원통 기둥에 여성상을 만들었다. 이런 여성상은 '절제'를 나타내는 나체의 풍자상이든, 양쪽 유방으로 수유하는 모습으로 '자애'와 겹쳐지는 기독교회의 의인상이든, 고대 조각을 모방한 아름다운 육체와 유방을 갖고 있다. 그리하여 유방은 겨우 단순한 기호에서 벗어나 다시 현실성을 띠기 시작했다.

총론 젖소와 유모: 러시아 문화에 나타난 '젖의 대리인' 고시노 고

이 글에서는 서구를 염두에 두면서 동구, 그중에서도 러시아 문화에 나타난 유방의 표상을 살펴본다. 유방의 문화사를 성스러운 모성의 유방과 욕망의 대상이 되는 에로틱한 유방의 대립으로 거칠게 양분할 수 있다면, 러시아 문화에서는 전자의 요소가 더 우세하다. 고대 이래 전해지는 이교도의 대지모신(어머니인 윤택한 대지)에 기독교의 성모마리아를 중첩시킨 어머니의 이미지는 러시아 전통문화의 토대를 이루어왔다.그림1 민중을 기르는 것은 어머니 러시아의 젖이다.

1917년 러시아혁명은 전통적인 종교·문화의 요소 대부분을 사회주의적 가치로 치환하려 했다. 예를 들어 1920년대에 성행한 '부엌 박멸 운동'은 가정의 어머니 역할을 '부엌 공장'으로 집단화하려는 시도였다. 이는 여성해방론의 입장에서 보면 혁신적이었지만, 사회주의 유토피아에 깔려 있는 여성혐오misogyny가 읽힐 수도 있다. '어머니 러시아'라는 이미지는 혁명 후 일시적으로 시각적 프로파간다에서 자취를 감추었다.

그런데 제2차 세계대전 때 나치 독일의 침공을 받은 소련에서는 국민의 애국심을 고취하기 위해 '어머니상'이 다시 필요해졌다.그림2 이는 혁명 전 어머니상의 단순한 회복이 아니라 어떤 가치의 단절과 전환을 포함했다. 이 글에서는 그것이 전통적인 어머니상을 교체한 '젖의 대리인'이라 가정하고, 젖을 먹인다는 어머니의 기능을 대행할 수 있는 젖소와 유모가 소련 및 현대 러시아에서 어떻게 그려지는지 검토할 것이다. 이를 위해 주로 아동 문화와 관련이 깊은 애니메이션 작품을 끌어오고자 한다.

유모의 이미지: 젖의 대리인

어머니를 대신해 유모가 아이에게 젖을 먹이거나 아이를 보살피는 관습은 귀족 계층을 중심으로 널리 퍼져 있었다. 그러나 18세기 무렵부터 프랑스·영국 등 서구에서는 부르주아 시민 계층이 대두하며 모유 수유를 바람직하게 여기기 시작했다. 이에 따라 유모는 구체제의 귀족 문화를 상징하는 존재로서 무대 뒤로 물러났다. 한편 귀족 세력이 강하고 19세기까지 농노제가 존속한 러시아에서는 루소Jean-Jacques Rousseau의 영향을 받은 톨스토이Lev N. Tolstoy가 모유 수유를 강력히 권하기도 했지만, 유복한 가정에서 유모를 고용하는 구조는 서구에 비해 훨씬 나중까지 남아 있었다.

그림1
〈블라디미르의 성모〉, 12세기

그림2
〈어머니 조국이 부른다〉
포스터, 1941년

농촌의 평민 가운데서 선발한 유모는 옛날이야기 등 러시아의 민중 문화를 아이들에게 전해 주는 역할을 맡았다. 모어母語란 본래 어머니의 말을 듣고 익

그림3
알렉세이 베네치아노프
Alexei Venetsianov,
〈젖먹이와 모유〉,
1830년대 초

히는 언어라는 뜻이지만, 유복한 귀족 가정에서는 어머니가 육아를 담당하지 않았을 뿐 아니라 세련되지 못한 러시아어보다 프랑스어 등 외국 문화를 선호하는 경향이 있었다. 그래서 어머니를 대신해 고용된 유모가 어린이에게 모어를 가르칠 수밖에 없던 셈이다.

투르게네프Ivan S. Turgenev의 『귀족의 보금자리』, 톨스토이의 『유년 시대』 등은 19세기 귀족 가정을 묘사한 소설로 아동의 양육 과정을 보여 준다. 여기서 유아는 유모의 손에 길러지는 동안 러시아의 기층문화를 익히고, 철이 들면 프랑스인이나 독일인 가정교사에게 서구풍 교육을 받는다. 유모를 러시아어로 '냐냐няня' 라고 하는데, 전반적으로 나이가 적은 아이를 보살피는 역할을 맡는다. 한편 어머니를 대신해 젖을 먹이는 유모를 가리킬 때는 별도로 '코르밀리차кормилица'라는 용어를 사용한다.그림3 이 글에서는 넓은 의미에서 어머니의 대리인인 '냐냐'를 유모로 간주한다.

톨스토이의 『유년 시대』에 나오듯이, 19세기 러시아 문학에서는 유년기를 일종의 유토피아로 여겨 이상적으로 묘사하는 경향이 있다. 유년기에 완벽하게 행복했다는 말을 뒤집어 보면, 성장하는 가운데 반드시 상실감을 맛본다는 숨은 뜻이 연상된다. 유년기의 기억을 행복으로 채우는 데는 모성의 역할이 지대하다. 그것은 종종 어머니의 대리인인 유모의 역할이었다.

러시아에서 가장 유명한 유모

알렉산드르 푸시킨Aleksandr S. Pushkin은 이해하기 쉬운 구어체 문장으로 유려한 작품을 만들어 근대 러시아 문학의 창시자가 되었다. 어린 시절의 국민 시인 푸시킨을 보살펴 준 아리나 로디오노브나Arina Rodionovna는 러시아 문학사에서 가장 유명한 유모로 일컬어진다.그림4 푸시킨은 유모 아리나에게 「유모에게」라는 시를 바쳤고, 아리나가 들려준 옛날이야기를 주요 소재로 삼아 서사시 몇 편을 썼다. 푸시킨은 성서를 우롱한 패러디 시를 쓰고 전제정치를 비판한 탓에 권력층의 노여움을 샀다. 그래서 러시아 북서부의 영지 미하일롭스코에 마을로 쫓겨났다. 1824년부터 1826년까지 2년간 고독하게 칩거하는 동안 푸시킨에게 위안을 준 것은 유모 아리나와 나눈 따뜻한 교류였다.

푸시킨 가문이 소유한 농노였던 아리나는 사실 다른 아이들에게도 젖을 먹인 적이 있는 듯하다. 푸시킨이 태어났을 때 아리나는 이미 40대였다. 그래서 이 미래의 시인에게 젖을 먹인 사람은 다른 젊은 유모로 알려져 있다. 그렇지만 아리나가 푸시킨에게 들려준 민중 문화라는 자양분은 유모가 먹여 주는 젖에 맞먹는다는 상상도 해 볼 수 있다. 1880년 모스크바에서 푸시킨 동상의 제막식이 열렸을 때 슬라브주의 문인 이반 악사코프Ivan S. Aksakov가 연설에서 표명했듯, 푸시킨은 모유 대신 "그녀가 들려준 이야기에서 나로드народ(민중)의 언어와 정신을 빨아들인" 것이다.

가부장적인 귀족 문화에서 유모의 역할은 혁명과 함께 소멸한다. 그러나 농민 여성은 하층 민중(인민) 문화의 담당자로서 사회주의 가치관에서는 오히려 높은 평가를 받는다. 덧붙여 일본어의 '인민'은 사

그림4
아리나 로디오노브나의 초상
화, 1820년대

회주의의 뉘앙스가 강하지만, 러시아어로는 민중이나 인민을 모두 '나로드'라고 한다. 농노를 착취하는 귀족 계급은 말할 것도 없이 비판의 대상이지만, 유모 아리나의 존재 덕분에 소련의 문예비평에서 푸시킨의 귀족성은 무리 없이 받아들여진 듯하다. 한편 육아에 직접 관여하지 않는 귀족 어머니에게는 본래적인 어머니 이미지가 옅어질 수밖에 없다. 소련의 문학연구자 레오니드 그로스만Leonid P. Grossman이 저술한 푸시킨 평전(1958) 가운데 푸시킨의 유년기를 서술한 대목을 보면 유모 아리나를 꽤 호의적으로 그린다. 이와 반대로 친모 나제쥐다Nadezhda Osipovna에 대해서는 교양이 높다는 점을 인정하면서도 자식에 대한 애정이 없다고 지적한다. 러시아 민중 문화를 체현하는 유모와 프랑스 문화를 배운 친모를 대조적으로 그렸다고 할 수 있다.

소련을 떠나 망명한 지식인들에게서는 푸시킨의 유모를 지나치게 신격화하는 것을 경계하고 거리를 두려는 경향도 보인다. 블라디미르 나보코프Vladimir V. Nabokov는 푸시킨의 대표작 『예브게니 오네긴Evgenii Onegin』을 영어로 번역하고 자세한 주석을 붙였다. 이 작품에는 허구의 등장인물 사이에 섞여 가끔 푸시킨 자신이 등장한다. 당시 시인이 유폐되어 있던 미하일롭스코예 마을에는 자기가 쓴 시를 들려줄 만한 사람이 "우리 청춘의 친구인 늙은 유모뿐"이라고 한탄하는 장면이 나온다(4장 35절). 나보코프는 이 대목에 붙인 주석을 통해 무학無學에다 실은 술꾼인 유모를 상대로 『예브게니 오네긴』을 낭독해 주는 일은 있을 수 없다고 단정한다. 즉 푸시킨이 낭만주의 시학에 따라 소박한 민중을 이상화했을 뿐이라고 주장한다. 한편 그로스만이 푸시킨의 전기를 쓴 것과 마찬가지로, 최근에는 '위인전' 시리즈에 유모 아리나 편이 간행되어 러시아 독자들을 깜짝 놀라게 했다. 저자 미하일 필린Mikhail D. Filin은 손색없는 문학사가인데도 나보코프를 언급할 때는 왠지 냉정을 잃고 "사랑이 없는 곳에 진실은 없다"는 푸시킨의 말을 인용하면서, 유모 아리나를 냉정하게 바라본 망명 작가를 비판했다.

유모 아리나의 신격화는 영상 작품에서도 찾아볼 수 있다. 예컨대 바실리 곤차로프Vasili M. Goncharov가 만든 초기 무성영화 〈푸시킨의 생애와 죽음〉(1910)은 5분 정도의 길이로 시인의 일생을 다 다룬다. 첫 장면은 물론 아리나와 노는 어린 푸시킨이 채운다(부모는 등장하지 않는다). 근래에는 세르게이 세료긴Sergey N. Seryogin 감독의 애니메이션 영화 〈루코모리예, 유모Lukomorye, Nyanya〉(2000)가 미하일롭스코예 마을에서 단둘이 생활하는 시인 푸시킨과 아리나를 묘사한다. 유모의 힘을 빌려 시인이 지어낸 민속적인 환상이 애니메이션 기법으로 현실과 교차한다.

'루코모리예'란 러시아 민속 문화에 나오는 가공의 지명이다. 푸시킨은 영웅서사시의 유쾌한 패러디 작품 『루슬란과 류드밀라Ruslan i Lyudmila』 서두의 일절("루코모리예에는 푸른 떡갈나무가 있고 / 떡갈나무에는 황금 쇠사슬이 걸려 있지. / 낮에도 밤에도 박식한 고양이가 / 쇠사슬을 따라 천천히 걷는다. / 오른쪽으로 가면 노래하기 시작하고 / 왼쪽으로 가면 옛날이야기를 들려준다") 가운데 이것을 언급한다. 1820년에 처음 이 작품을 펴낼 당시에는 이 대목이 없었다. 그 뒤 미하일롭스코예 마을에서 유모

그림5
〈루코모리예, 유모〉

가 들려준 민화民話를 소재로 삼아 1828년 개정판에 루코모리예의 일
절을 포함한 '에필로그'를 추가했다. 그 결과 말하는 고양이, 나무 위
에 앉은 인어, 바다를 건너는 용사 30명 등 러시아 구전 문예의 모티
프가 듬뿍 담겼다. 애니메이션에서는 이들 등장인물이 푸시킨과 유모
의 생활 속 자연에 얽혀 있다.

　〈루코모리예, 유모〉에서는 입으로 전해지는 민중의 언어와 글로 쓰
는 시인의 언어가 교차하는 모습이 시각적으로 그려진다. 유모의 이
야기에서 흘러나온 민속 문화는 날아다니는 글자 덩어리가 되어 푸시
킨을 쫓아다닌다. 유모 아리나가 시인에게 민중의 이야기를 전해 줄
뿐 아니라, 지식인인 푸시킨이 무학의 유모에게 글자를 가르친다는
쌍방향의 관계가 흥미롭다. 유모가 연습용 노트에 я(발음은 '야', 뜻은
'나')라는 글자를 쓰면,그림5 이것이 거울 속에서 휘어지고 구부러지다
가 민속 의상을 걸친 미녀가 되어 푸시킨을 유혹한다. 미녀·인어·용사
등과 춤추며 신명을 내는 사이 시인은 곰이 되어 버린다. 사악한 마법
에 걸린 인간이 늑대나 곰으로 변신하는 일은 러시아나 슬라브의 민
간전승에 자주 나오는 모티프다. 그러나 여기서는 애니메이션이 아니
고서는 도저히 그려 낼 수 없는 불확실한 이미지의 연결을 활용한다.

잠재의식 속에서 두 사람이 마치 연애라도 하는 듯한 모습을 묘사하는 것이다. 유모가 쓴 я라는 글자에 푸시킨이 선을 더하면 няня(발음은 '냐냐', 뜻은 '유모')로 변한다. 그다음 그 노트를 손에 든 고양이가 "루코모리예에는 푸른 떡갈나무가 있고" 하며 이야기하기 시작하는 데서 애니메이션은 막을 내린다.

유모에서 베이비시터로

앞서 말했듯 귀족 문화의 틀에 있던 유모의 역할은 러시아혁명 이후 소멸한다. 그러나 유모(냐냐)라는 직업은 필요했다. 소련 사회에서는 일찍부터 여성 노동의 비율이 높아 전업주부는 존재하지 않았다. 1930년대에 들어오면 전통적인 모성의 가치가 부활한다. 임신중지를 금하고 아이를 낳아 기르는 일을 권장하는데, 그렇다고 해서 여성이 가정으로 복귀한 것은 아니다. 육아 일손의 부족을 보육 시설의 증설이 미처 따라잡지 못한 부분은 베이비시터(냐냐)로 보완할 수밖에 없었다. 육아를 돕는 일손으로는 주로 농촌에서 도시로 이주한 여성을 고용했다. 이런 상황은 보육원·유치원의 수가 충분해지는 1960년대에 바뀌는데, 그때까지는 소련풍의 근대적인 '유모' 이미지가 만들어졌다.

클로치Alisa R. Klotz는 이 시기에 베이비시터를 매개로 도시에서 교육받은 계층의 가정과 농촌 출신의 여성 사이에 문화 교류가 이루어졌다고 지적한다. 이는 푸시킨 시대에 귀족 가정의 아이와 농노 신분의 유모가 맺던 관계와 닮은 점도 있다. 다만 아리나 같은 유모가 대가족 귀족 가정에 없어서는 안 될 구성원이었던 반면, 소련 시대의 베이비시터는 몇 년 만에 자기의 역할을 다하고 교체되는 것이 보통이었다. 그래도 유아를 통해 따뜻한 인간관계를 맺는 일도 드물지 않았다. 클로치의 조사에 따르면 베이비시터 여성에 대해 안 좋은 추억을 가진 사람은 거의 없었다고 한다. 개중에는 자신의 '냐냐'였던 여성을 푸시킨의 아리나에 견주어 기억하는 사람도 있었다.

맞벌이 가정이 대부분이던 소련에서 베이비시터는 어머니의 대리자, 또는 스스럼없는 친구였다. 가정은 소련의 아이들이 생활하는 중요한 곳이고, 학교는 일본에 비하면 그다지 중요하지 않았다. 아이가 이야기하는 괴담의 민속 문화를 비교해 보면 이를 잘 알 수 있다. 일본에서는 아이들을 공포에 몰아넣는 기괴한 현상이 학교의 화장실이나 음악실 등에서 벌어질 때가 많다. 반면 소련판 괴담에서는 도시의 아파트에서 혼자 집을 보는 아이를 '검은 손'이나 '빨간 커튼' 같은 도깨비가 덮치곤 한다. 물론 고독한 틈을 메우는 것은 두려움만이 아니다. 어린이 영화나 애니메이션에는 신기한 친구가 어린이를 찾아오는, 일본의 〈도라에몽ドラえもん〉 같은 설정이 자주 나오는데 소련에서는 그런 역할을 유모가 맡기도 한다. 그런 예를 몇 가지 살펴보자.

이반 유핌체프Ivan B. Ufimtsev 감독의 인형 애니메이션 〈우리들의 냐냐 Nasha Nyanya〉(1975)는 첫 장면에 도시 이곳저곳에서 베이비시터를 구하는 전단지가 돌아다니는 동안, 어둠 속에서 혼자 외롭게 앉아 있는 소년이 등장한다. 일하느라 바쁜 부모는 아이를 맡기기 위해 기계장치인 '냐냐'를 조립한다. 완성된 로봇은 전자계산기 몸체에 자동차 바퀴가 달렸고, 머리는 법랑 주전자인데 옆면에 달린 수화기로 필요한 정보를 얻을 수 있다. 이것저것 잡동사니를 모아 놓은 신체지만 전체적으로는 나이 지긋한 여성 같은 인상을 풍긴다.그림6 전통적인 유모와 달리 따뜻한 인간성은 지니지 않은 로봇이 일으키는 소동을 통해 근대의 합리주

그림6 〈우리들의 냐냐〉
그림7 〈추차〉

의를 풍자하는 듯하다. 특히 '냐냐'가 유아교육에 필요한 데이터를 입력할 때, 화학과 물리 교과서만 선택하고 아동용 옛날이야기 책은 제외해 버린다. 푸시킨의 유모 같은 요소를 굳이 배제하는 듯 보인다. 소년은 자기를 상대해 주는 존재가 나타났다며 기뻐하지만, 냐냐는 기계의 습성대로 계단이나 공원의 나무 등 무엇이든 숫자로만 계산하려고 한다. 그러나 소년이 꽃을 건네주었을 때는 꽃향기에 푹 빠져들어 "이거야말로 너무나 기묘한 산수구나!" 하고 감탄한다. 소년이 감정 없는 냐냐를 계몽한다는 구도의 역전이 재미있다.

유아의 버릇을 들이는 유모nanny로서 가장 널리 알려진 캐릭터는 '메리 포핀스Mary Poppins'일 것이다. 디즈니 영화 〈메리 포핀스〉(1964)는 걸작이라 할 만한데, 실은 소련에서도 비슷한 뮤지컬 영화를 제작한 바있다. 바로 레오니드 크비니히체Leonid A. Kvinikhidze 감독의 〈안녕, 메리 포핀스Meri Poppins, do svidaniya〉(1984)다. 이 작품은 원작 소설이나 디즈니판과 다른 독창적인 에피소드를 적잖이 덧보탰다. 그래서 무대는 영국으로 설정했지만 메리 포핀스라는 인물은 러시아의 유모 문화와 관련이 깊다. 제목에 나온 '안녕'이 암시하는 대로 유모와의 이별은 행복한 유년기의 끝남과 겹쳐진다. 아이들의 부모와 이웃 어른들은 메리 포핀스에게 이끌려 마법의 회전목마 앞에 선다. 각자 어릴 적 모습의 분신이 회전목마를 타고 있었다. 지나간 과거를 바꿀 수는 없지만 과거의 자신과 대화함으로써 미래를 긍정적인 방향으로 열어 가는 것은 가능하다. 그것이야말로 소련판 유모 메리 포핀스가 펼치는 최대의 마법이다. 덧붙여 이 장면에서 흘러나오는 주제가 「변화의 바람」은 원작에 따라 메리 포핀스가 여행을 떠나는 신호를 의미하지만, 텔레비전에서 영화를 방영한 지 몇 년 후 시작된 페레스트로이카Perestroika˙를 예언했다는 뒷이야기도 돌았다.

소련 해체 후 가리 바르딘Garri Y. Bardin 감독은 인형 애니메이션 〈추차Chucha〉(1997)를 제작했다. 크리스마스 밤 파티에 어울리던 소년은 부모가 상대해 주지 않자 잡동사니를 모아 '추차'라는 인형을 조립해 만든다. 〈우리들의 냐냐〉에 나오는 로봇에 비하면 장갑이나 베개 등 섬유 소재로 만들어진 추차의 모습은 부드럽고 모성적인 인상을 풍긴다.그림7 특히 신체의 태반을 차지하는 거대한 유방이 눈길을 끈다. 어딘가 부자연스러운 동작은 롤러스케이트를 신은 덜렁이 아주머니 이미지를 연상시킨다. 파티가 열리는 동안 아들을 내버려 둔 부모가 추차에 의해 아이 모습으로 되돌아가는 장면이 흥미롭다. 소련판 메리 포핀스와 마찬가지로 마법의 유모는 세상살이에 닳고 닳은 어른들을 유년기의 자기 모습과 대면시키는 힘이 있는 셈이다.

˙ '재건', '재편'의 뜻을 가진 러시아어로 1985년 고르바초프 공산당 서기장 취임과 동시에 실시한 개혁정책을 말한다. 정치 민주화, 시장경제로의 전환, 군축정책을 내용으로 하며 냉전 종식과 사회주의 붕괴 초래라는 상반된 평가를 받는다.

젖소의 이미지: 젖의 대리인

젖을 먹이는 엄마를 대신하는 존재로서 젖소의 이미지도 중요하다. 젖소는 민중의 총체적 토대인 국토의 상징인 동시에 미래 세대(도래할 사회주의 유토피아)를 위한 희생이라는 의미도 띤다. 소에게서 유방은 필수적인 도상으로 '유방=젖소'라는 환유 관계를 이룬다.

농번기 농촌에서는 젖먹이를 기르는 어머니조차 하루 종일 농사일에 종사해야 했기 때문에 충분히 젖을 먹일 수 없었다. 그래서 천 조각으로 빵을 싸거나 죽을 담은 일종의 장난감이 유방 대신 아이에게 주어졌다. 또는 소젖이 모유를 대신할 때도 있었다. 이는 농민 출신 유모가 귀족 가정에서 맡은 역할과는 다른 관점에서 어머니의 대리 역할로 볼 수 있다. 그렇지만 이 방법은 갓난아기에게 위생적으로 좋지 않았기 때문에 러시아혁명 후에는 민중 생활을 계몽하여 우유나 불결한 장난감의 사용을 금지하고, 모유를 먹이도록 설득하는 정치 선전이 성행했다.그림8·9 물론 젖소는 젖먹이뿐만 아니라 모든 연령층에게 영양을 주는 어머니의 젖이라는 상징성을 띠고 있었다. 옛날이야기 같은 민중의 민속 문화에도 이 점이 잘 나타난다.

하브로셰치카와 암소

암소가 중요하게 활약하는 러시아의 옛날이야기 「작은 하브로셰치카Kroshechka Khavroshechka」가 있다(이하는 아파나셰프Alexander N. Afanasyev 민화집에 따른다). 소녀 하브로셰치카는 계모와 언니 셋(첫째, 둘째, 셋째)에게

그림8 〈왜 내 젖을 먹는 거야?〉 포스터, 1930년대
그림9 〈모유로 아이를 키우자〉 포스터, 1947년

고초를 당한다. 계모는 하브로셰치카에게 불합리한 일을 억지로 시키는데, 친절한 암소가 나타나 언제나 신비로운 힘으로 도와준다. 하브로셰치카를 감시하던 세 언니는 암소가 하브로셰치카에게 친절을 베푼다고 계모에게 일러바쳤고, 계모는 암소를 죽여 고기를 먹어 버린다. 하브로셰치카는 암소의 유언에 따라 남은 뼈를 땅에 묻었다. 그랬더니 그곳에서는 사과나무가 자랐다. 다만 사과 열매는 하브로셰치카만 딸 수 있었다. 마침 그곳을 지나가던 유복한 귀족이 하브로셰치카가 따 준 사과를 먹은 인연으로 두 사람은 결혼한다.

이것은 전 세계에 퍼져 있는 신데렐라 이야기에 속한다. 다만 부재하는 어머니를 대신해 고아를 학대로부터 지켜 주는 것이 암소라는 점에 주목하고 싶다. 암소는 주인공을 도울 뿐 아니라 행복한 결말을 위해 자기 몸을 희생하기까지 한다. 안티 아르네Antti Aarne와 스티스 톰슨Stith Thompson이 분류한 옛날이야기 유형에 따르면, 같은 511번에 속하면서도 그림Grimm 동화 「첫째, 둘째, 셋째」와 프랑스 민화 「작은 아네트」는 각각 마녀와 성녀 마리아가 주인공 고아의 지원자로 나타나고, 마법의 가축(여기서는 염소)은 도움의 수단밖에 되지 않는다. 이와 비교하면 「작은 하브로셰치카」 속 암소는 젖소가 지원자(어머니의 대리자)와 증여품(부적)이라는 두 가지 역할을 겸비한다고 말할 수 있다. 하브로셰치카가 암소를 '엄마'라고 부르는 것도 시사적이다.

사회주의 체제에서 하브로셰치카 이야기는 학대받는 가난한 계급을 그려 냈다는 점에서 정치적으로 올바르다는 평가를 받았고, 그 결과 숱한 그림책과 애니메이션의 제재가 되었다. 소련의 작가 알렉세이 톨스토이Aleksey N. Tolstoy는 이 옛날이야기를 다시 쓰면서 최후에 등장하는 귀족을 '힘센 사내'로 수정했다. 또한 애니메이션으로 번안했을 때는 흥미롭게도 하브로셰치카가 귀를 통해 암소의 육체로 들어갔다 나왔다 하면서 곤란을 해결하는 장면이 나온다. 그런데 1974년 발레리 포민Valeriy Fomin 감독의 인형 애니메이션 〈얼룩 암소Burenushka〉는 리얼리즘 경향을 반영해서인지 시각화하기 쉽도록 소뿔을 잡고 돌리는 동작으로 바꾸었다.그림10 아파나셰프가 수록한 옛날이야기에는 "한쪽 귀로 들어가 다른 쪽 귀로 나왔다"고 간단하게 묘사했을 뿐이지만, 새로운 애니메이션 영상에서는 소의 몸 안에 별세계가 있는 것으로 그려진다.

예카테리나 미하일로바Ekaterina Mikhailova 감독의 인형 애니메이션 〈작은 하브로셰치카〉(2006)는 심술궂은

그림10
〈얼룩 암소〉

그림11
〈작은 하브로셰치카〉,
2006년

그림12
〈작은 하브로셰치카〉,
2007년

세 자매를 거미의 화신으로 설정하는 한편, 하브로셰치카는 어두운 지하 동굴에 갇혀 있다. 암소의 귓구멍은 평온한 전원 풍경으로 통하는 관문이었고, 주인공은 그곳에서 이상형인 젊은이와 만난다.그림11 잉가 코르지네바Inga B. Korzhneva 감독이 만든 〈작은 하브로셰치카〉(2007)는 캐리커처 느낌이 나는 화풍이 특징적이다. 이 작품은 러시아연방에 있는 여러 민족의 옛날이야기를 애니메이션으로 만드는 기획시리즈 '보석산'에 들어 있다. 원작에는 주인공의 부모가 전혀 등장하지 않지만, 이 작품은 암소의 배 속에서 하브로셰치카가 죽은 부모와 만날 수 있다고 설정했다. 주인공이 암소의 몸을 빠져나가는 과정은 일종의 모태 회귀로 해석할 수 있다.그림12 소련 시대의 〈얼룩 암소〉에 등장하는 암소는 체격이 작아 모성보다는 귀여운 모습이 더 눈길을 끈다. 이는 현대 러시아 작품이 소련 시대의 애니메이션보다 소의 모성을 강조하는 양상으로 볼 수 있다.

소비되는 자원, 젖소

사람들을 먹여 기르는 엄마의 대리자 젖소는 어른용 애니메이션이나 풍자화에서 국가나 공동체를 표상하는 골계적인 상징이 되기도 하고, 자원의 배분을 둘러싼 신랄한 이야기를 제시하기도 한다. 이를테면 소련의 풍자화 잡지 《크로커다일》 1956년 1호에는 콜호스kolkhoz (집단농장)에 농사를 짓지 않는 사무원이 지나치게 늘었다고 관료제의 폐해를 비판하는 글이 실렸다. 같은 페이지에 실린 삽화는 그 상황을 콜호스 대원 여럿이 한 마리 암소에게 의존하는 구도로 표현한다.그림13 페레스트로이카 전야에 찍은 알렉산드르 페트로프Aleksandr K. Petrov 감독의 풍자 애니메이션 〈결코 그 이야기를 하고 싶지는 않다〉 (1984)에서는 쓰레기장에서 방목하는 젖소가 우유 대신 가솔린을 생산한다. 환경문제에 경종을 울리는 풍자가 강렬하다. 현재 관점으로 보면 나중에 러시아 경제가 석유 산출에 의존하는 상황을 예견하는 것으로도 비친다.

최근의 러시아 작가 빅토르 펠레빈Victor O. Pelevin은 소설 『요괴의 성스러운 책Sviaschennaia kniga oborotnia』(2004)을 발표했다. 그는 중국 출신의 요괴 여우 아호리阿狐狸가 모스크바에서 매춘부로 살아가는 동안 러시아 연방 보안청의 장교인 늑대인간 알렉산드르와 만나 기묘한 로맨스를 펼치는 이야기를 들려준다. 1990년대 러시아의 사회적 혼란을 배경으로 요괴·비밀경찰·마피아·신흥 재벌·오컬티스트 등이 혼란스럽게 서로 속이는 가운데, 요괴의 시선을 통해 서양과 동양 사이에서 동요하는 러시아의 아이덴티티를 반어적으로 논의하는 대목도 퍽 흥미롭다. 여기서는 「작은 하브로셰치카」 이야기를 패러디해 소련 해체 이후

МОЛОЧНЫЕ БРАТЬЯ

그림13
《크로커다일》

의 사회적 모순을 그려 낸 장면을 살펴보자.

늦대인간 알렉산드르는 아호리에게 '사냥'을 제안한다. 그런데 실은 사냥을 통해 러시아 정부의 밀명에 따라 석유를 찾아내는 것이 목적이었다. 요괴들은 옛날이야기 속에서 하브로셰치카를 도와준 '얼룩암소'의 뼈를 향해 멀리서 울부짖으며, (우유가 아니라) 석유가 나오기를 간절히 바란다. 비밀경찰로 근무하는 알렉산드르는 석유가 나오더라도 신흥 재벌만 윤택해질 뿐 민중의 살림은 풍요로워지지 않는다는 것을 잘 알고 있다. 멀리서 짖어 대는 울음소리에는 자기부정의 반어로 가득한 긴 대사가 딸려 나온다.

너희가 할 수 있는 일은 꺼림칙한 늑대들에게 석유를 주는 것뿐이다. 그렇게 하면 쿠키스·유키스·유크시·프크시[신흥 재벌을 가리키는 언어유희]는 고용 법률가에게 돈을 지불할 수 있고, 법률가는 뒷배를 봐주는 경호원 보스에게 돈을 줄 수 있고, 보스는 이발사에게, 이발사는 요리사에게, 요리사는 운전수에게 돈을 주고, 운전수는 하브로셰치카를 한 시간당 150달러에 살 수 있다.

소련 시대에 활발하게 재생산된 하브로셰치카 이야기는 다가올 유토피아를 실현하기 위한 존엄한 희생물로 젖소를 묘사한다. 빅토르 펠레빈은 이 이야기의 사회주의적 해석에 종지부를 찍었던 것이다. 덧붙여 마초이자 애국주의자인 알렉산드르는 전설에 나오는 '초요괴'의 힘을 손에 넣어 강압적으로 러시아에 질서를 부여하려고 생각한다. 이는 2000년대 이후 푸틴Vladimir V. Putin 대통령의 정치 스타일을 연상시킨다. 속세의 정치투쟁에 관심이 없는 주인공 아호리는 허상과 시뮬라크르simulacre로 구성된 현실 세계로부터 벗어나는 것이야말로 초요괴가 되려는 목적이다. 결국 러시아 늑대인간과 중국 여우 요괴의 길은 어긋나고, 그들은 두 번 다시 만나지 않는다.

◡◡

안드레이 플라토노프의 암소: 유토피아에 바치는 공물

스탈린 시대에 활약한 안드레이 플라토노프Andrei Platonov는 공산주의자였지만 대단히 특이한 작풍과 사상을 지닌 탓에 작품 대다수를 생전에 발표하지 못했다. 여기서 다룰 단편소설 「암소Korova」도 1960년대에야 비로소 출판되었다. 이 작품은 유화 애니메이션으로 유명한 알렉산드르 페트로프 감독이 페레스트로이카 시절인 1989년에 영화로 만들었다. 집에서 기르는 암소를 사랑하던 철도원의 아들 바샤는 집 앞을 지나가는 기관차에도 매력을 느꼈다. 그 암소는 우유와 노동으로 가난한 바샤의 가족을 부양했다. 그런데 송아지가 병에 걸려 도살당하자 어미 소는 살아갈 의욕을 잃고는 기관차에 치여 죽어 버린다.

안드레이 플라토노프의 소설은 가난한 농민 일가를 먹여 살리기 위해 마지막 고기 조각까지 희생하는 젖소와 그런 젖소를 치어 죽이는 철도를 대조적으로 그린다. 물론 철도는 부정적으로 그려지는 것이 아니라 사회주의의 밝은 미래를 보여 주는 상징으로 그려진다. 소설의 상당 부분은 고장 난 기관차의 수리를 돕는 소년과 기관사가 친해지

그림14
〈암소〉

는 장면으로 채워진다. 기관사는 기계를 좋아하는 소년을 양자로 들이고 싶다는 희망까지 품는다. 젖소가 어머니의 대리 역할이라고 한다면, 철도 기관사는 아버지의 대리 역할로 볼 수 있다.

그런데 알렉산드르 페트로프 감독의 애니메이션에서는 이 장면이 깡그리 지워졌다. 기관차는 젖소를 죽음으로 내몬 불길한 존재일 따름이다. 아버지를 대신한 기관사도 등장하지 않는다. 새끼를 잃은 어미소에게 소년이 들려주는 "내가 네 아들이 되어 줄게" 하는 대사는 애니메이션에만 나온다. 또한 애니메이션에 더해진 환상적인 꿈의 장면에서는 아직 젖먹이였던 소년이 암소의 커다란 유방에 안기듯 우유를 먹는 인상적인 광경이 펼쳐진다.그림14 알렉산드르 페트로프 감독의 애니메이션에서 사회주의의 상징이라는 철도의 의미는 약해지고, 젖소(그리고 유방)를 향한 주인공 소년의 애정이 향수 어린 분위기로 강조된다. 애니메이션만 본다면 안드레이 플라토노프의 작품이 아니라 농촌파 작가의 소설을 영상화한 듯 보일지도 모른다.

안드레이 플라토노프의 작품에는 인간과 동물이 같은 생물로서 결정적 차이가 없을 뿐 아니라 식물이나 광물도 종종 대등한 존재로 나온다. 그중에서도 어린이는 특히 동물에 가까운 존재로 특권을 부여받는다. 소설 「암소」에는 가난한 철도원 가족의 고통, 그 가족을 위해 일하는 젖소의 고통, 그리고 젖소가 뜯어먹는 풀의 고통까지 일련의 연쇄가 성립한다. 결말에서 죽은 젖소는 식용 고기로 팔린다. 소년은 작문을 통해 젖소에게 이렇게 감사의 마음을 전한다.

새끼를 잃어 괴로워하던 젖소는 곧 열차에 치여 죽었고, 젖소는 사람에게 먹혀버렸다. 왜냐하면 소고기이니까. 젖소는 우리에게 모든 것을 주었다. 우유도, 자신의 새끼도, 고기도, 가죽도, 내장도, 뼈도……. 참 좋은 젖소였다.

어머니의 대리자인 젖소에 대한 평가의 즉물성은 얼핏 모순적으로 보인다. 하지만 이는 동물을 단순히 인간화하지도 않고 인간을 단순히 동물화하지도 않는 안드레이 플라토노프의 독자적인 생명관을 보여 준다.

∽∽

하늘을 나는 젖소, 날지 못하는 젖소

유방은 중력에 의해 아래쪽으로 늘어진다. 특히 네 다리로 땅을 걷는 젖소의 유방은 중력의 작용을 받아 대지에 몸을 얽어맨다. 그러나 인간의 상상력은 정반대로 개념을 결합하려고 한다. 샤갈Marc Chagall이 그린 하늘을 나는 젖소는 동구 유대인의 민간전승으로 내려오는 세계를 바탕으로 중력을 거스르는 아방가르드적 발상을 담아냈다. 소련에서는 하늘을 나는 젖소가 등장하는 애니메이션이 몇 편 만들어졌다. 어느 것이나 다 유방과 비상이라는 모티프의 모순과 긴장을 머금고 있다.

우즈베키스탄의 레오나르드 바바하노프Leonard Babakhanov 감독이 만

그림15
〈깜짝 서커스〉

그림16
〈우유〉

그림17
〈제3혹성의 비밀〉

든 인형 애니메이션 〈깜짝 서커스〉(1979)에 나오는 젖소는 소용돌이 모양으로 돌돌 말린 속눈썹이 이국적이다. 젖소는 서커스에서 연기하는 꿈을 꾸지만 공중그네에 타기 위해서는 우선 유방의 무게를 극복해야 한다.그림15 라트비아의 SF 애니메이션 '판타드롬 Fantadroms'은 로봇 고양이가 활약하는 시리즈인데, 기본적으로 팬터마임으로 진행하기 때문에 언어의 벽을 넘어 소련 전국에 보급되었다. 제5화 야니스 르베니스Ansis Bērziņš 감독의 〈우유〉(1984)에 등장하는 젖소는 젖을 마구 흔들어 대는 바람에 우주 여행자를 혹성으로 끌어 내렸다. 젖소의 유방은 우유를 생산하는 데 꼭 필요하지만 젖소는 그 무게 때문에 다른 캐릭터처럼 자유롭게 우주를 날지 못한다.그림16

〈체브라시카Cheburashka〉라는 작품으로 유명한 로만 카차노프Roman A. Kachanov의 SF 애니메이션 〈제3혹성의 비밀Tayna tretyey planety〉(1981)은 복고풍 그림의 강렬한 매력 덕분에 지금도 열렬한 팬이 많다. 호기심 왕성한 소녀 알리사가 친구와 함께 신기한 생물을 찾아 우주를 여행한다. 동물 시장이 있는 부르크 별에서 알리사 일행은 누구의 소유도 아닌 젖소 모양의 생물 스크리스를 발견하고는 놀란다. 왜냐하면 스크리스는 젖소인데도 하늘을 나는 능력이 있었기 때문이다. 비상하는 젖소에 대한 거부감은 비관론자인 제료누이 함장의 대사, "젖소가 하늘을 나는 세상이라면 난 이미 이 우주의 뒷방 늙은이겠지요"에 잘 나타나 있다. 스크리

스는 젖소인데도 유방이 그려지지 않았다. 역시 비상과 유방은 양립하기 어려운 이미지인 듯하다.그림17

어머니(그리고 유방)는 러시아라는 거대한 국가를 통합하는 데 중요한 역할을 담당했다. 어머니 러시아의 이미지는 소련에서도 끊임없이 중요했지만, 제정시대의 전통적인 가치관과 결부되어 있기 때문에 사회주의 이념과 대립하는 것이기도 했다. 그러므로 정치적으로 올바른 어머니상이란 정통 계급인 민중(인민) 문화에 기초해야만 하고, 피로 이어진 부모·자식 관계보다는 사회집단을 통합하는 상징이어야 바람직했다.

그런 점에서 대리 유방으로서 유모와 젖소는 어느 정도 소련 문화에 필요한 기능이 있었다고 여겨진다. 귀족의 관습에서 유래하는 유모의 이미지는 민중 문화를 전달하는 역할을 강조함으로써 사회주의 체제에서도 긍정적인 평가를 받았고, 특히 푸시킨의 유모가 집단적 기억으로 새겨졌다. 민중의 생활문화와 깊이 관련된 젖소는 국민을 길러 내는 어머니의 젖가슴인 동시에 아이들의 미래 유토피아를 실현하기 위한 희생의 공물이기도 했다. 마초 대통령이 통치하는 현대의 러시아에서도 모성적 젖가슴의 문화적인 이미지는 어머니의 대리자로서 계승할 필요가 있을 것이다.

마욜리카에 그려진
유방 이미지 가토 시호

유방 이미지는 고대부터 현대까지 수없이 많은 서양 미술 작품에 등장한다. 특히 르네상스 시기 이탈리아에서는 중세의 여성혐오나 기독교의 금욕주의 사상을 대신해 문화의 세속화와 고전문화의 부활로 표현의 자유가 고양되면서 작품에 유방이 자주 그려졌다.

우리는 르네상스 회화·조각이 표현한 유방은 잘 아는 편이다. 하지만 우리가 상대적으로 잘 모르는 같은 시대 공예품에도 흥미로운 유방 이미지가 등장한다. 이 글에서는 중세부터 르네상스에 걸쳐 이탈리아 반도에서 탄생하고 발전한 '마욜리카'라는 도기에 그려진 '성스러운 유방'과 '세속의 유방'을 소개한다.

마욜리카

14세기 말까지 이탈리아반도에서는 지중해 주변 지역에서 도기를 수입해 이를 모방한 작품을 제작했다. 그런데 15세기부터 16세기에 걸쳐 새로운 기법과 디자인을 활용한 고급 도기가 등장했다. 이것이 '마욜리카'라고 불리는 채색 석유 도기다. 마욜리카라는 이름은 이 도기의 원형인 스페인 본토의 도기를 수입할 때 경유지였던 '마요르카섬'에서 유래했다. 마욜리카에는 식물 무늬나 기하학적 무늬, 초상, 우화, 신화, 성서의 장면 등이 선명한 색으로 그려졌다. 또 동시대의 회화나 판화 작품에 그려진 이미지를 활용한 예도 많기 때문에 회화적 도기라고도 일컬어졌다. 그래서 식기로 쓰일 뿐 아니라 감상용으로도 수요가 많았다.

성스러운 유방

마욜리카에 그리는 그림의 소재는 당시 유행하던 문학작품이나 저작물의 내용과 주제에서 가져오기도 했다.

르네상스 시대에 성모마리아와 여성 성인들의 위업·인생은 여성의 미덕과 품행의 본보기가 되었다. 또 고전문화를 재평가함에 따라 고대 이교異敎 세계의 저명한 여성들도 경배했고, 문학작품뿐 아니라 미술작품에도 빈번하게 그 여성들을 표현했다.

그중 고대 로마의 여걸 루크레티아Lucretia의 이야기는 유방의 표상과 관련이 깊다. 루크레티아는 귀족 콜라티누스의 아내였는데, 어느 날 왕정 로마의 마지막 왕 타르키니우스 오만왕의 아들 섹스투스Sextus에게 강간을 당한다. 그 후 그녀는 성폭력 사실을 남편에게 숨김없이 토로하고, 자신의 영혼과 남편을 향한 마음이 결백하다는 것을 증명하기 위해 스스로 목숨을 끊었다고 한다. 루크레티아의 미담은 르네상스 시대에 정절의 상징, 또는 결혼에 충성을 다하는 모범으로 받아들여져 동시대 미술과 문학작품을 통해 널리 퍼져 나갔다.

루크레티아는 마욜리카 가운데 종종 스스로 유방을 노출한 가슴에

그림1
〈아름다운 루크레티아〉 접시,
16세기 초, 델타, 소장처 불명

단검을 찔러 피를 흘리는 모습, 고대풍의 의상을 입고 단검을 손에 쥔 모습, 한쪽 유방을 드러낸 모습그림1 등으로 그려졌다. 여성이 유방을 드러내는 것은 얼핏 저속한 인상을 풍길지도 모른다. 하지만 루크레티아의 유방은 '성스러운 유방'의 상징으로 해석되었다.

나아가 여기 보이는 접시에는 '아름다운 루크레티아'라는 이름이 새겨져 있다. 이 말은 여걸 루크레티아를 숭앙하기 위해서만 적어 넣은 것은 아니다. 이 작품은 실제로 '루크레티아'라는 이름을 가진 여성에게 보내졌다고 한다. 도기의 이미지는 현실의 여성을 '루크레티아처럼 얌전하고 덕이 높은 여성'이라며 상찬하고 있는 셈이다.

마욜리카 가운데에서도 여성의 초상과 더불어 여성의 이름이나 '아름답다', '우아하다' 같은 여성을 추어올리는 형용사를 적은 도기 장르를 '헬레 돈네helle donne'(미인 접시)라 한다. '헬레 돈네'는 결혼이나 약혼을 기념해 여성에게 선물하기 위해 만들어졌다. 루크레티아를 연상시키는 위의 초상은 도기를 받을 여성에게 정절이나 남편에 대한 순종 같은 가르침도 은연중에 드러낸다.

세속적인 유방

　루크레티아의 유방처럼 신성한 이미지로 여겨지는 유방이 있는 반면, 포르노그래피에 속하는 유방이 그려진 점도 잊어서는 안 된다.

　르네상스 시대 예술가들은 여성의 에로틱한 모습을 표현하는 데 도전했다. 예를 들어 『구약성서』에 등장하는 여성과 고대 이교 신화에 등장하는 여신을 주제로 누드를 그리거나 성행위를 연상시키는 구도를 그리기 시작했다.

　16세기에 이르러 이탈리아의 교회와 정부는 미술 작품에서 에로틱한 묘사를 금지했다. 하지만 예술가들이 에로틱한 표현에 대한 창작 의욕에 바닥을 드러내는 일은 없었던 듯하다. 이런 상황에서 마욜리카에도 성적인 대상으로서 유방이 그려졌다.

　왼쪽 유방을 노출한 여성상에 주목해 보자.그림2 여성은 자신의 오른손으로 유방을 붙잡고는 감상하는 사람 쪽으로 내밀고, 손에는 심장 같은 것을 쥐고 있다. 배경에 적힌 글의 내용은 이렇다. "후회하지 말고 그것을 잡아라. 당신이 해서는 안 될 가장 나쁜 일은 그것을 돌려주는 것이다." 이 도기는 '헬레 돈네' 장르로 만들어진 것 같다. 하지만 가슴을 드러내고 아름다운 보석 장신구를 걸치고 화려한 의복을 입은 여성의 이미지는 르네상스 시대에 가슴을 노출한 모습으로 그려진 고급 창부(코르티잔courtesan)에서 착안했을 것이다. 또 표어에 쓰인 '잡아라'의 의미가 여성의 유방을 잡으라는 뜻이라면 더욱 성적인 이미지로 해석할 수 있다.

　이들 초상 도기는 창부들의 (남성) 후원자patron가 주문한 제품으로 보인다. 여성의 나체 이미지는 미혼 남녀를 교육하는 그림으로 쓰이는

그림2
오라치오 폼페이Orazio
Pompei 공방, 풍자를 함축
한 여성 초상 그림의 접시,
1520~1540년,
메트로폴리탄미술관 소장

그림3
니콜라 프란치오리Nicola
Francioli, 〈유디트상〉 큰 접시,
1520~1530년,
필라델피아미술관 소장

경우도 있겠지만, 이는 포르노그래피의 이미지를 표현하기 위한 구실일 뿐 실제로는 남성의 눈을 즐겁게 하는 이미지로 기능했다고 판단해야 할 것이다.

⌣⌣

양면성이 공존하는 유방

한편 신성한 유방이 있는가 하면 에로틱한 의미를 띤 유방의 이미지도 있다. 르네상스 시대의 회화 작품 주제로서 인기를 누린 〈유디트Judith상〉이 적당한 예다. 유디트는 『구약성서』 외경外經의 하나인 「유디트기」에 등장하는 유대인 여성이다. 베툴리아 마을의 유복한 미망인이었고 아주 미인이었다. 사령관 홀로페르네스Holofernes가 이끄는 아시리아 군대가 베툴리아를 포위하자, 유디트는 아시리아의 진지를 찾아가 뛰어난 미모로 홀로페르네스를 유혹하고는 술에 취해 잠든 그의 목을 베어 냈다. 한마디로 유디트는 베툴리아를 구원한 여걸로 유명하다.

회화 작품에서 유디트는 옷을 입은 상태로 그려질 때가 많았지만, 1500년대에 들어오면 나체상으로도 그려졌다. 여기 제시한 마욜리카에도 전라의 상태로 양쪽 유방을 드러내고 오른손에 홀로페르네스의 목, 왼손에 검을 들고 걷는 유디트가 그려졌다.그림3 『구약성서』에 등장하는 여성이기 때문에 당시 여성의 규범이 되는 여성상으로도 파악할 수 있지만, 벗은 채로 유방을 강조하는 이미지는 가히 남성의 시선을 잡아끈다. 다만 홀로페르네스의 목을 베어 냈다는 점에서 남성에게 '여자는 요염하지만 때로 무서운 존재'라는 경계의 상징이었을지도 모른다.

마욜리카의 '유방' 묘사는 같은 주제의 회화 작품과 비교하면 도기이기 때문에 도토陶土에 그려진 점, 그림에 쓰인 안료의 색감이 구운 뒤 변한다는 점 때문에 사실적이라기보다 상징적으로 보인다. 유방도 '봉긋함'보다는 과실을 따다 붙인 듯 간결한 묘사가 많다. 개중에는 가끔 봉긋하게 그리려고 한 흔적이 보이는 작품도 있다.

마욜리카는 예술의 위계질서 가운데 높은 미적 가치를 부여받지 못한 '공예' 장르였다. 그래서 오히려 회화 작품보다 자유로운 표현이 분명 가능했을 것이다. 또 당시 사람들은 도기를 사적인 공간에서 사용하고 감상했기 때문에 어느 정도 외설적이고 골계적인 그림이었어도 별 문제가 되지 않았을지 모른다.

러시아 죄수 남성의 문신에
나타난 여성상 고시노 고

러시아의 작가 빅토르 펠레빈은 『요괴의 성스러운 책』(2004)에서 주인공 요괴 여우의 입을 빌려 현대 러시아 사회가 동성애 같은 '성적 일탈'을 받아들이지 못하는 이유를 다음과 같이 설명한다. 러시아의 전통적인 공동체는 사회주의혁명으로 파괴당했기에, 사람들은 새로운 윤리 규범을 형무소나 범죄자의 세계에서 찾아내는 역설이 생긴 것이다. 그 때문에 마초적인 남성의 가치관이 현대에 이르기까지 지배적이게 되었다는 것이다. 실제로 수용소나 마피아에서 유래하는 죄인의 문화는 노래·대중소설·영화 등을 통해 사람들 입에 오르내린다.

2001년 『수인囚人의 문신Tатуировки Заключенных』[1]이라는 흥미로운 소설이 세상에 나왔다. 저자인 단칙 발다예프Danzig S. Baldaev는 몽골계 브리야트 사람으로 스탈린 시대에 양친이 체포당했기 때문에 고아원에서 어린 시절을 보냈다. 그는 나중에 형무소·수용소의 간수로 근무한 경험을 살려 각지를 돌아다니며 죄수의 문신을 베껴 그리는 한편, 범죄자의 민속 문화와 은어를 수집했다. 브리야트 민족학의 전문가였던 부친도 조언을 아끼지 않았다고 한다.

그가 수집한 문신을 바라보면 에로틱한 여성의 나체상이 자주 눈에 띈다. 문신은 독자적인 논리를 가진 시각언어이기 때문에 문맥을 모르면 올바른 의미를 읽어 낼 수 없다. 예컨대 문신은 죄수들의 위계질서를 엄격하게 표현한다. 그래서 신분에 맞지 않는 그림을 그린 사람은 처벌을 받았다고 한다. 신체를 드러낸 여성상이 꼭 에로틱한 것만은 아니며 상황에 따라 다양한 의미를 띤다. 거기에는 예외 없이 아주 마초적인 수인 사회의 규범이 반영되어 있다.

18세가 된 젊은이가 정식으로 범죄자의 세계로 발을 들이는 통과의례로서 다음에 보이는 것과 같은 여성상을 가슴에 새긴다.그림1 신체의 어느 부위에 문신을 새기느냐도 중요하다. 만약 똑같은 문신이 여성의 복부에 있다면 '매춘부'라는 완전히 다른 의미를 나타낸다.

한편 악마와 성교하는 여성 그림은 카드 도박 빚을 갚지 못한 수인을 벌하기 위해 강제로 새겨 넣은 것이다.그림2 이교적인 분위기를 강조하기 위해 중앙아시아풍 일용품이 트럼프 카드와 함께 나열되어 있

그림1
통과의례로서 새기는 나부상

그림2
치욕을 주기 위한 나부상

그림3
막대기에 걸려 있는 유방

다. 이런 그림은 에로틱한 느낌을 불러일으키는 것이 아니라 오히려 치욕의 징표로 여겨진다고 한다. 남성밖에 없는 감옥 세계에서는 성적인 의미의 '여자 역할'을 맡는 수인에게 '질' 그림을 문신으로 새긴다. 어느 것이든 여성의 이미지는 부정적이라는 점에 주목해야 한다.

마초적인 수인 세계의 여성혐오를 가장 노골적으로 보여 주는 것이 여기 제시한 것과 같은 문신이다.그림3 유방이나 여성생식기가 죄인처럼 매달려 있다. 그 밖에도 벌거벗은 여성이 꼬치구이처럼 막대기에 꿰여 있거나 목이 잘려 있기도 하다. 여하튼 여성적인 신체 부위만 드러낸 광경은 충격적이다.

단칙 발다예프는 연구자라기보다는 취미 수집가였기에 그의 방법이나 분석은 비판을 받기도 했다. 그러나 소련 수용소 문화를 알 수 있는 귀중한 자료를 남겼다는 업적은 부정할 수 없다.

세계의 젖가슴 산책 '한쪽만 만지게 해 줄게': 여성 나체상의 모럴 다카야마 요코

공공장소에 있는 여성 나체상은 언제나 '모럴'과 싸우기 마련이다. 헤어누드 동상을 설치하면 반드시 여기저기에서 비난이 쏟아진다. 하지만 대다수 여성 나체상이 모델로 삼고 있는 젊고 청순한 여성이 프로 모델처럼 음모를 교묘하게 처리하고 있다고 보기는 어렵다. 그런 동시에 여성 나체상은 벌거숭이지만 자연스러운 벌거숭이는 아니다. 공공미술로서 어느 정도 관념적이고 심미적인 모습을 요구받기 때문이다. 그래서인지 좀 작은 유방이 공통적이다.

여성 나체상의 유방은 팔이나 몸통 둘레와 비교하면 좀 작은 편이다.그림1 부드럽고 둥글게 볼록 튀어나온 둔부를 고려한다면 가슴도 상당히 커야 할 것이다. 회화에서는 깊게 파인 상의라도 매혹적으로 그리지만 조각은 그렇지 않다. 나체상의 모델 여성은 그 나름대로 가슴을 늘어뜨리고 있다고 상상이 되지만, 서양의 나체상 가운데 늘어진 가슴은 찾아볼 수 없다. 〈밀로의 비너스〉도 가슴은 팽팽하게 위를 향하고 있다. 옷을 입은 〈사모트라케의 니케〉나 아테나상도 비교적 가슴은 작고 위쪽을 향해 있다.

작은 유방은 보기에도 좋고 만져도 그다지 외설스러운 느낌이 없다. '만져도 좋아!' 하는 느낌을 대표하는 것으로 줄리엣 동상을 꼽을 수

그림1 베르사유 정원 여성 나체상
그림2 베로나의 줄리엣 동상

있다. 줄리엣은 허구의 인물이지만 『로미오와 줄리엣』의 무대 베로나에는 '줄리엣의 집'이 있다. 이 집은 1905년 중세 귀족의 저택 부지에 지었다. 말할 나위도 없이 발코니가 달려 있다. 중정에 있는 줄리엣 동상의 오른쪽 가슴을 만지면 사랑이 이뤄진다든가 행복해진다는 말이 전해진다. 그래서 이곳을 방문하는 사람들은 줄리엣의 유방을 만지며 사진을 찍는다.그림2

유방을 만지는 방식은 연령과 남녀에 따라 차이가 난다. 중년 남성은 아무런 망설임 없이 줄리엣 동상의 유방을 '꽉!' 움켜쥐는 반면, 젊은 남성은 부끄러운 듯 가볍게 만지고 만다. 여성들이 유방을 만지는 모습은 스가모 지역에서 가시 뽑는 지장보살을 만지는 할머니들과 비슷하다.

하지만 금속으로 만든 동상의 유방을 만지고 행복해질 수 있다고 진심으로 믿는 사람이 있을까? 줄리엣 동상의 유방을 만지면 행복해

그림3 코펜하겐의 인어상
그림4 바르샤바의 인어상

진다는 전승은 여성상의 유방을 공공연하게 만지려는 구실에 지나지
않는다.

공공장소에 설치한 여성 나체상의 유방을 만지고 싶다고 느끼는 사
람은 적지 않을 것이다. 대부분 여성 나체상은 높은 받침대 위에 놓여
있다. 코펜하겐의 인어상처럼 조금 떨어진 곳에 있어서 성희롱 피해
를 입지 않는 것도 있다.그림3 도쿄 디즈니시에 있는 인어공주상도 커
다란 산호초 받침대에 놓여 있기 때문에 방문자들이 만질 염려는 없
다. 만약 산호초 위에 기어올라 인어공주상의 유방을 만진다면 디즈
니 직원에게 야단을 맞을 뿐만 아니라 출입금지 처분을 받을지도 모
른다. 바르샤바의 상징인 인어상은 좀 기를 쓰면 만질 수 있는 높이에
있지만, 광장에 있기 때문에 그렇게 무례하게 행동하는 사람은 거의
없다고 한다.그림4

이와 대조적으로 베로나에 있는 줄리엣 동상은 받침대가 낮다. 이렇
게 낮은 받침대는 '만져도 좋아!'라는 메시지로 읽히기도 한다. 하지만

그림5
시안의 양귀비상

'만져도 좋아!'라 해도 '양쪽 다 오케이!'라는 건 아니다. 동상이 왼손으로 가리고 있는 왼쪽 유방은 만질 수 없기 때문이다. 동상의 유방은 작고 청순하다. 그래서 더욱 양쪽 유방을 등 뒤로 돌아가 콱 움켜쥔다고 하면 꽤 파렴치한 행위가 될 것이다. 한쪽 가슴을 손으로 가린 채 꼿꼿하게 서 있는 동상의 자세는 "만지게 해 줄게. 하지만 오른쪽 유방만이야!" 하고 말하는 듯하다.

줄리엣 동상의 작은 유방이 뜻밖이라고 느끼는 이유는 영화 〈로미오와 줄리엣Romeo and Juliet〉(1968)의 영향 때문일 것이다. 줄리엣을 연기한 올리비아 허시Olivia Hussey는 윤기 흐르는 싱그러운 육체와 가련한 연기를 보여 줬다. 여기에 명곡으로 알려진 애달픈 주제곡 선율까지 어우러져 불후의 명작으로 꼽히는 영화다. 열세 살인데도 이토록 가슴이 풍만한 것은 이탈리아인이기 때문일까 하는 의문이 들 정도다. 여하튼 이영화의 줄리엣이 피력한 육체의 이미지는 강렬했다.

만약 줄리엣의 가슴이 실제로 풍만했다고 하더라도, 그것을 공공장소에 세우는 조각상으로 재현하는 일은 있을 수 없다. '풍만한 가슴=늘어진 유방'을 조각상으로 재현하면 말할 수 없이 외설스러워지기 때문이다. 그런 예가 중국 시안의 양귀비상이다. 이 양귀비상은 중국에서 가장 에로틱한 이미지라고들 한다.그림5 목욕하는 모습을 재현했기 때문에 에로틱한 것이 아니다. 유방이 약간 늘어져 있기 때문에 에로틱한 것이다.

여성 나체상의 유방은 작아야만 한다는 서양 미술의 코드는 여성 육체의 부드러움을 상상시키는 늘어진 유방을 금지해야 한다는 의미일 것이다. 그렇다면 여성 나체상의 작은 유방은 심미성보다는 모럴에서 유래했는지도 모른다.

세계의 젖가슴 산책 불을 끄는 젖가슴: 나폴리의 세이렌 오가와 기와코

그리스신화에 나오는 세이렌 세 자매 가운데 파르테노페Parthenope는 오디세우스를 아름다운 노랫소리로 매혹하여 배를 난파하려 했으나 실패하고(다른 판본에서는 아르고 원정대 중 한 사람인 오르페우스에게 패한다), 실의에 빠져 파도에 몸을 던졌다. 그리하여 오늘날 '달걀성' 즉 카스텔 델로보Castel dell'Ovo가 있는 나폴리에 표착했다는 전설이 전해진다. 파르테노페는 그리스 계열의 쿠마Cuma 사람들이 나폴리의 수호자로 받들면서 나폴리의 대명사가 되었다. 지금은 파르테노페를 인어 모습으로 표현할 때가 많지만, 원래 그리스신화에 나오는 세이렌은 새의 하반신에 날개를 단 바다의 처녀들이다.

벌써 30년도 지난 일이지만 나는 1년 동안 나폴리에서 유학한 경험이 있다. 나폴리의 지형은 북쪽에 있는 약간 높은 언덕에서 남쪽으로 펼쳐진 물굽이를 향해 완만하게 경사를 이룬다. 아름답고 청명한 풍광이 펼쳐지는 항구 마을로 유명하지만, 일종의 동양적인 카오스로 가득 차 있고 생활하기에도 꽤 고단한 곳이다. 그래도 유서 깊은 저택에 들어가면 외부의 소란스러움과는 단절된 조용한 공간이 고즈넉하게 있는 등, 서민적인 거리 모습에서는 상상도 할 수 없는 귀족의 세계가 면

면히 이어지고 있다. 높은 건물의 맨 위층에 무허가로 지은 옥탑방 창문에서는 페데리코 펠리니Federico Fellini의 영화에나 나올 법한 정체 모를 인물이 손을 흔들기도 한다. 또 응회암을 파서 만든 지하 매장실埋葬室이나 저수조 등이 있는 지하 미로가 이어지기도 한다. 아무튼 나폴리는 알려지지 않은 무수한 공간이 숨어 있는 신묘한 마을이다.

나폴리에 있는 이상하고 신기한 곳은 다 찾아가 보았다고 자부하지만, '젖가슴 분수Fontana di zizze'라는 유적이 있다는 사실을 최근에야 알았다. '다른 사람도 아니고 내가 그런 것을 보지 못했다니!' 하는 분한 마음이 들었다. 그래서 2017년 여름 로마에 들렀을 때 당일 여행으로 나폴리로 향했다. 30년 전에는 나폴리중앙역 앞 가리발디 광장에 수상한 물건을 파는 노점상이 늘어서 있었고, 역에 내린 이방인은 머리끝부터 발끝까지 훑어보는 지역 주민의 의심 어린 시선을 뒤집어써야 했다. 어떤 사람은 그곳에 버티고 있을 자신이 없어 금방 발길을 돌려 나폴리를 떠났다는 일화도 납득이 되는 곳이었다. 10년 전쯤 마지막으로 나폴리에 갔을 때에도 분위기는 그리 변하지 않은 듯했다. 그런데 지하철 가리발디역과 철도역을 잇는 통로에 세련된 쇼핑몰이 들어차 있는 것을 보고 경악했다. 지하철 노선도 확대되고, 테마별 예술 작품으로 역을 아름답게 꾸며 놓아서 대중교통 사정은 상당히 나아진 것 같았다.

내가 가려는 목적지는 '움베르토 1세 도로'(통칭 rettifilo, '곧은 길'이라는 뜻. 이탈리아 남부의 주요 도로나 광장은 속칭으로 불릴 때가 많다)를 따라 걸어갈 수 있는 곳이다. 출발 전 로마에서 인터넷으로 검색했더니 '니콜라 아모레 광장Piazza Nicola Amore'과 가까웠다. 어슬렁어슬렁 구경하면서 10분쯤 걷다가 광장으로 나가 지나가는 사람들에게 '젖가슴 분수'가 어디 있느냐고 물었다. 하지만 아는 사람이 없다. 산타 카

그림1
스피나코로나 분수
(이른바 '젖가슴 분수')

테리나 델라 스피나코로나Santa Caterina della Spinacorona 교회 외벽에 붙어 있다고 말해도, "흠, 젖가슴 분수라고요? 모르겠는데요" 하고 고개를 저을 뿐이다. 이제 관광객들은 누구나 구글 지도를 보면서 목적지를 찾는데 나라는 인간은 아직도 '사람에게 묻는' 낡은 방법에 의존한다.

우후죽순으로 들어선 빌딩에는 대체로 근처 사정을 잘 아는 수위가 있어 몇몇에게 길을 물으며 돌아다녔다. 그러다가 겨우 "그 분수라면 대학 근처에 있소" 하고 가르쳐 주는 수위를 만났다. 대로 쪽으로 돌아 나와 나폴리대학이 있는 방향으로 걸어갔더니 '스피나코로나 분수Fontana di Spinacorona'라는 표시가 나왔다. '이게 그렇게 유명한가?' 하고 내심 놀라면서 뒷골목으로 들어서자 분수는 인적이 없는 길 벽에 바싹 붙어 있었다. 교회 입구 바로 옆 철책 안쪽에 있는 분수를 잠깐씩이라도 바라보는 사람은 가끔 지나치는 관광객뿐이다. 주민들에게는 마을에 흩어져 있는 흔한 분수 중 하나에 지나지 않을 것이다.

하얀 대리석으로 만든 세이렌의 양쪽 유방에서는 물이 흘러나온다.그림1 새의 날개와 새의 하반신을 가진 세이렌의 발밑에 있는 악기 비올viol이 세이렌과 음악의 관계를 암시한다. 세이렌이 서 있고, 군데군데 불꽃이 솟구치는 이 산이야말로 나폴리가 자랑하는 베수비오 화산이다.

현재의 조각상은 20세기에 들어와 만든 복제품인

그림2 나폴리의 출판사 안토니오 브리니 상표, 1675년
그림3 〈현자의 돌을 키운 어머니이자 양육자인 대지〉, 『아조스』(바실리우스 발렌티누스), 1613년

데 원작이 언제 만들어졌는지는 설이 분분하다. 양옆의 대리석 패널에 신성로마제국 황제 카를 5세의 문장紋章(머리가 둘 달린 독수리와 헤라클레스의 기둥), 그리고 수반水盤에 총독 페드로 데 톨레도Pedro De Toledo(재임 1532~1553)의 문장 부조가 있는 것으로 볼 때, 조각상과 받침대가 스페인이 이 지역을 지배할 당시 총독의 명령으로 만들어졌다고 보는 설이 일반적이다.

어떤 전설에서는 파르테노페가 베수비오라는 켄타우로스와 사랑에 빠진다. 그런데 두 사람의 사랑을 질투한 제우스가 켄타우로스를 화산으로 바꾸어 버렸다. 화산으로 변한 베수비오는 분노를 참지 못하고 불꽃을 뿜어내지만, 파르테노페가 자신의 젖으로 불을 진화한다. 그 장면을 표현한 것이 바로 이 분수라고 한다. 옛날에는 분수 옆에 "베수비오 산의 불을 끄는 세이렌"이라는 제목이 적혀 있었다고 한다.

물고기 꼬리를 가진 세이렌이 아이에게 젖 먹이는 모습은 로마네스크 시대 이후 종종 그려진다. 르네상스 이후에는 '지식'을 주는 고대 세이렌의 역할이 다시 주목을 받았고, '세이렌의 목소리(즉 지식)는 언

그림4 〈베수비오 산의 불꽃을 진화하는 세이렌〉, 『임프레자에 대하여』(줄리오 체사레 카바초), 1592년
그림5 페드로 마추카Pedro Machuca, 〈성모와 연옥의 영혼〉, 1517년, 프라도미술관 소장

제나 해를 끼치지 않는다'는 모토를 달고 다리가 둘 달린 인어 모습의
세이렌이 출판사의 상표로 쓰이기 시작했다. 17세기에는 나폴리의 출
판사들도 그 상표를 채용했다.그림2 또 연금술서 『아조스Azoth』에는 '현
자의 돌을 키운 어머니이자 양육자인 대지'의 모습으로, 유방에서 젖
을 세차게 내뿜는 세이렌이 그려졌다.그림3 대지의 여신은 "……난 유
방에서 젖이나 피가 흘러나온다. 그것을 끓여 금이나 은, 모든 귀중한
금속으로 바꾸라" 하고 말한다. '아조스'란 영험한 약인 '현자의 돌'을
가리킨다. 영화 〈캐리비안의 해적: 낯선 조류Pirates of the Caribbean: On Stranger
Tides〉(2011)에서는 불로불사의 약을 구하기 위해 인어 시레나의 젖이
아닌 눈물을 찾아 나서기도 한다.

　줄리오 체사레 카바초Giulio Cesare Cavazzo의 저작『임프레자Impreza에 대
하여』(1592)는 베수비오의 불을 끄려고 하는 파르테노페가 미덕이 아
니라 세속의 쾌락을 나타낸다고 해석한다.그림4 하지만 연옥으로 떨어
진 죽은 자들의 속죄를 기원하는 성모가 연옥의 불꽃을 자신의 젖으로
진화하려 하는 16세기 초의 희귀한 그림그림5과 더 통하는지도 모른다.

성모의 젖은 예수 또는 신과 인간 사이를 이어 주는 존재로서 받들어졌다. 새의 하반신 모습을 한 세이렌은 기독교의 독실한 신앙 속에 이교적이고 주술적인 요소가 짙게 배어 있는 나폴리 거리와 잘 어울리는 듯하다. 오늘날에도 세이렌은 자신의 젖으로 베수비오의 분노를 달래고 있다. 소란스러운 대로를 등에 지고 뒤쪽으로 들어간 호젓한 길에서 세이렌의 젖이 흘러나오는 희미한 물소리가 들린다. 머나먼 고대 그리스의 세이렌이 부르는 노랫소리가 메아리를 치며 지금도 전해지는 듯하다.

세계의 젖가슴 산책 쾌락은 애처롭다: 프라하의 섹스머신 박물관 다케다 마사야

2016년 6월이었다. 야로스라프 하셰크Jaroslav Hašek의 『병사 슈베이크』●에 마음을 빼앗긴 나는 약 3주 동안 체코를 여행했다. 그동안 야로스라프 하셰크가 만년에 머물렀던 리프니체의 여관에 숙박하기도 하고, 『병사 슈베이크』의 인기에 힘을 실어 준 삽화가 요제프 라다Josef Lada가 머물던 흐루시체 마을에서 요제프 라다 기념관을 감상하기도 하고, 슈베이크의 흉내를 내듯 맥주에 취해 체코의 시골 마을을 어슬렁거렸다.

프라하에서 야로스라프 하셰크도 다니고 작중의 슈베이크도 다녔다는 선술집 '우 칼리하U Kalicha'를 비롯해 지노 에이이치千野榮一 선생의 『맥주와 헌책의 프라하ビールと古本のプラハ』[1]를 교과서 삼아 술을 마시며 이곳저곳을 돌아다녔다. 프라하의 구시가 광장은 관광의 중심지다.

그런데 광장의 뒷골목으로 꺾어 들어간 곳에 섹스머신박물관이 눈에 띄었다. 이 박물관이 관광지 한복판에 어울리는지 어울리지 않는지 잘 알 수는 없었다. 체코의 마을에는 다양한 성적 표상이 꽤 공공연하

● 원제는 "Osudy dobrého vojáka Švejka za světové války (세계대전기 좋은 병사 슈베이크의 운명적인 모험)"이다.

게 놓여 있다는 점을 감안하면 잘 어울리는지도 모르겠다. 그래서인지 모르겠지만, 박물관 입구에는 '들어가기 주저할 만한' 요소가 아무것도 없었다. 내내 열려 있는 커다란 문을 지나 한 걸음 내딛자 이미 벽이 새빨갛게 칠해진 박물관 내부로 들어섰다.

팸플릿과 전시 설명은 체코어·이탈리아어·영어·독일어·러시아어로 쓰여 있다. 애초에 어떤 취지로 세웠는가에 대해 팸플릿은 다음과 같이 소개한다.

섹스머신박물관이란? 기계장치로 만들어진 에로틱한 도구류, 즉 성교 때 쾌락을 주고 경이롭고 별난 체위를 도와주는 목적으로 만들어진 도구를 전시하는 곳입니다. 세 개의 층에는 200종 이상의 물품과 기계장치를 진열하고, 에로틱 아트, 왕년의 에로 영화, 에로틱한 의상, 그 밖에 인류의 섹슈얼리티에 관련한 이것저것을 진열했습니다.

인류는 스스로 육체를 개조하거나 다양한 금속 부품을 성기 등에 삽입하거나 전기라는 신비로운 힘에 의존해 어떤 효과를 추구해 왔다. 이곳은 그 증거물을 다수 전시했다. 여기에서 우리는 고통이라는 높은 봉우리 저편에 쾌락의 땅이 있다고 믿는 사람들의 눈물겨운 노력을 살펴볼 수 있다. 하지만 주요 테마인 유방과 관련해서는 젖꼭지로 특수한 유동체를 주입해 가슴을 거대하게 만드는 장치 등 딱해 보이는 것도 있었다.

별로 민망하지 않은 것으로는 크게 보이거나 모양을 잡아 줄 목적으로 만든 특수한 브래지어 발명품과 그에 대한 특허신청서 등이 눈에 띄었다. 기포 완충재(이른바 뽁뽁이)로 만들거나 유동체를 주입한 주머니가 달린 브래지어 등이 있었는데, 둘 다 2001년에 특허를 취득했다

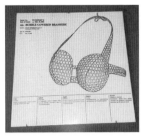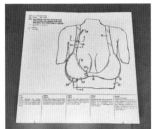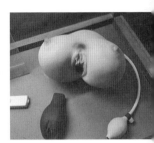

그림1 기포 브래지어
그림2 풍만한 가슴 브래지어
그림3 궁극의 여자

고 한다.**그림**1·2 또 낡아 보이기는 했지만, 젖꼭지 부분을 여닫을 수 있게 한 미국산 브래지어도 있었다. 여성의 성기와 둔부와 유방을 일체화한 섹스머신은 마치 초미래의 유전자 공학이 가공해 낸 슬픈 키마이라Khimaira♥ 같았다.**그림**3

프라하의 섹스머신박물관은 쾌락을 추구하는 인간의 어리석고, 유쾌하고, 슬픈 행위의 흔적을 전시하는 곳이었다.

♥ 그리스신화에 나오는 괴수. 머리는 사자, 몸통은 양, 꼬리는 용 또는 뱀 모양으로, 입에서 늘 불을 뿜는다.

젖가슴 공부: 심화 편

유방은 누구의 것인가: 일본 중세 이야기에 나타난 성과 권력

기무라 사에코 지음

일본의 고전문학에 나타난 유방을 연구한 책. 여기서 유방은 유모의 유방이다. 궁정 사회의 아버지와 아들, 유모와 아이 사이에 얽힌 복잡한 성의 제도를 선명하게 읽어 낸다.

공동연구 포르노그래피

교토대학 인문과학연구소 공동연구반·오우라 야스스케 엮음

교토대학의 연구 팀이 집필한 '포르노그래피' 논문집. 춘화나 염본艷本 의 신음소리, AV 감독 사사키 다다시佐々木忠, 여성 프로레슬러의 신체 등 일본의 사례를 다수 다루었다. 중국 포르노의 수사修辭 연구에서는 운문으로 엮은 성 묘사 가운데 유방 애무도 눈에 띈다.

사람은 왜 유방을 원하는가: 위기 시대의 젠더 표상

야마자키 아키코, 구로다 가나코, 이케가와 레이코, 신보 아야노, 지바 케이 지음

유방 이미지와 젠더를 다룬 논문집. 유방암 박멸 포스터, 전시 영화, 포르노 영화의 강간 등 젠더 질서의 '위기'와 유방의 관계를 탐구한다.

에도의 젖과 아이: 생명을 잇다

사와야마 미카코 지음

미처 몰랐던 '에도의 젖'에 관해 낱낱이 밝힌다. 계층사회에서는 서로 젖을 빌리거나 빌

려주고 매매하는 등 경제와 생명의 네트워크를 형성했다. 모성애가 20세기의 발명품이라는 것도 지적하고 있다.

남자의 몸은 기분 좋다

니무라 히토시, 가네다 준코, 오카다 이쿠 지음

AV 감독, 부녀자腐女子(BL물을 향유하는 여성) 문화 연구가들의 좌담회 기록. 제2장에서 성인 비디오, 만화, 특히 BL에 나타난 남성의 가슴(젖가슴)을 주제로 뜨겁게 논의를 펼친다.

거유의 탄생: 커다란 젖가슴은 어떻게 불러 왔는가

야스다 리오 지음

일본의 사진집, 성인 비디오로 보는 '거대한 유방' 현상의 역사를 더듬어본다. 쇼와부터 헤이세이에 걸친 거대한 유방의 전문지. 사진집 아이돌, AV 여배우의 정보를 중심으로 '거대한 유방 연표'도 실었다.

임부 아트론: 잉태한 신체를 탈취하다

야마자키 아키코, 후지키 나오미 엮고 지음

칸미카뿝實花의 아트, 즉 배가 불룩한 '러브 돌love doll' 사진에서 촉발된 임신 표상을 둘러싼 논문집. 만삭 사진マタニティーフォト, 리카 짱의 인형(옷을 갈아입히며 노는 인형 장난감), 태반 인형 등으로 본 일본의 임신 풍경을 탐구한다. 모노카타리 에마키에 그려진 임신과 유방의 묘사도 연구했다.

해제 먹이는 가슴, 보는 가슴, 짓밟는 가슴 **이라영**

어느 온천 목욕탕에서였다. 온천물이 뜨거워 몸을 완전히 담그지 않고 다리만 물에 넣은 채 걸터앉아 있었다. 옆에 있던 할머니가 나를 빤히 보더니 "남편 복 있게 생긴 젖꼭지잖아"라고 한다. 그의 시선은 내 가슴에 머물러 있었다. 너무 의외의 발언을 접한 나는 아무 말도 못한 채 할머니를 가만히 주시했다. 목욕탕에서 그의 목소리가 어쩐지 더욱 선명히 울리는 듯했다. 반대편에 앉아 있던 다른 할머니 두 분이 순식간에 인어처럼 날렵하게 욕조의 물을 헤치고 내 앞으로 다가왔다. "어떻게 생긴 게 남편 복이 있는 거야?" "젖꼭지가 이렇게 올라가 있으면 남편 복이 있다네." "그려?" 여탕의 욕조 안에서 갑자기 사람들은 모두 자기 가슴을 내려다보며 젖꼭지 품평을 했다. "어때? 진짜 남편 복 있어?" 할머니들이 내게 묻는다. 안타깝게도 당시 결혼하지 않았던 나는 젖꼭지와 남편 복의 상관관계를 입증할 답을 해 줄 수 없었다. 이 대화의 마지막은 이랬다. "흥! 남편 복이 뭐 별건가. 그저 속 안 썩이면 그게 최고지." 욕조 안에 있던 사람은 모두 동의했고 그들은 다시 인어처럼 물길을 헤치고 욕조 가장자리로 흩어졌다.

여성의 가슴이 성관계 유무와 재생산 능력을 검증하는 차별적 대상이 된다는 사실은 알았지만 '남편 복'까지 보여 주는 샤먼적 역할을 할 줄은 몰랐다. 여성의 가슴은 '누구'의 것일까. 20대 후반에 약 2년 정도 한 병원의 유방센터를 정기적으로 드나들었다. 겨드랑이에 뭔가 덩어리가 잡혀서 초음파검사를 받았다. 2년간 추적 관찰을 해 보니 큰 문제가 없어 보인다며 더 이상 오지 않아도 된다고 했다. 그때 의사가 했던 말 중 인상적인 말이 있었다. 절개를 해서 조직검사를 해 보면 정확히 알 수 있지만 아직 결혼도 안 했는데 굳이 그럴 필요가 없다는 것이다. 아무 일이 없어 다행이긴 했지만 참으로 이상했다. 내 몸을 검사하는데 나의 결혼 여부가 왜 개입하는가.

일상에서 의학적 담론에 이르기까지 여성의 몸은 '무엇'이고 '누구' 인가라는 질문이 늘 따라온다. 가슴은 표준어만 기준으로 삼아도 젖, 가슴, 젖가슴, 유방 등 부르는 이름이 참 다양하다. 그 기능과 의미가 다양하다는 뜻이다. 젖꼭지는 유두 외에 에둘러 B.P.breast point라고도 불린다. 놀림의 대상, 보호받아야 하는 신체, 성애의 대상, 여성성의 상징, 모성적 기관 등으로 여겨지는 여성의 가슴. 여성이 아니라 인간의 가슴으로 접근하면 다른 관점이 보인다. 남성의 젖꼭지와 가슴을 대하는 태도는 왜 다를까.

오늘날 가슴에 대한 우리의 상상은 어쩌면 더욱 편협할지도 모른다. 유방을 여성의 신체로만 인식하고 이 신체 기관은 모성과 성애라는 두 세계를 보여 주는 표상으로 자리 잡았다. 한국 사람들의 유방에 대한 인식이 문화적으로 어떻게 변화했는지 명확하게 정리하기는 어렵다. 5~6세기 신라 시대 토우 부부상을 보면 여성의 가슴에 둥그런 덩어리를 붙여 유방을 표현했다. 그러나 8~9세기 통일신라 〈석조 부부조각 장식관〉을 보면 여성과 남성의 신체적 특징을 딱히 구별하지 않았다. 유방이 언제나 여성과 남성을 구별하는 상징은 아니었다.

2018년 일본에서 출간된 『성스러운 유방사』는 소위 고급문화에서 하위문화까지 아우르며 일본, 중국, 러시아와 유럽 일부의 '젖가슴 문화'를 연구한 매우 반가운 책이다. 이 책에 한국의 사례가 전혀 없어 해제를 통해 조금이나마 한국 사례를 더하고자 한다.

어머니의 젖: 민족과 가족의 상징

한국 미술에서 여성의 가슴이 중요한 역할을 하는 경우는 모자상에서 찾을 수 있다. 한국에서 모자상은 20세기 이후 본격적으로 나타났다. 비슷한 시기 중국에서도 역시 모자상이 정치적 이유로 새로운 미술 양식으로 등장했다. 동아시아에서 근대 이후 나타난 모자상은 모성 이데올로기를 더욱 강조하기 위한 도구였다.

인물화보다는 여전히 산수화가 주류이던 1914년, 채용신의 〈운낭자상〉은 당시로는 보기 힘든 모자상 형식이었다. 사회적으로 어린아이에 대한 관심의 증가가 아이를 기르는 여성의 역할에 대한 관심으로 넓어졌다. 〈운낭자상〉은 한복을 곱게 입은 여성이 벌거벗은 아이를 안고 서 있는 그림이다. 여성의 저고리와 치마 사이로 가슴이 보인다. 일제의 억압이 심해질수록 모자상이 늘어났다. 당시 모자상은 식민지배하에서 여성의 성역할을 더욱 강조하고 나아가 민족적 결집을 알리는 이미지였다.

모자상은 아니지만 이인성의 1934년작 〈가을 어느 날〉을 언급할 필요가 있다. 이 작품은 당시 조선 미술계의 화두였던 '조선 향토색'을 구현했다는 평을 받는 이인성의 대표작이다. 작품 속에는 한 여성이 상반신을 벗은 채 옆모습을 보이며 소녀와 함께 풍요로운 가을 들판에 서 있다. 가슴을 그대로 드러낸 여성의 피부는 흙처럼 갈색으로 그을렸고 편하고 자연스러운 모습이다. 이 작품에 대해서는 상반된 의견이 있다. 벗은 여성의 몸과 자연을 건강하고 평화롭게 표현하여 '한국의 미'를 살렸다는 긍정적 평가가 있는 한편, 가슴을 드러낸 채 자연과 어우러진 여성의 모습은 식민 지배국의 시각을 반영하고 있기에 진정한 '조선 향토색'이 아니라는 의견도 있다. 어떤 평가든 한 가지 공통점이 있다. 가슴을 드러낸 여성의 몸이 원시적 자연을 표현하는 수단이 된다는 점이다.

한국 전쟁을 기점으로 모성을 강조하는 그림은 더욱 증가했다. 시대 상황상 어떤 고난에도 끝끝내 자식을 먹여 살리는 희생적이고 강한 어머니 이미지를 선호했다. 전쟁으로 혈연을 잃은 상실감은 어머니와 그의 젖을 물고 있는 아들 이미지에 집착하게 만들었다.

임군홍의 〈모자〉, 변영원의 〈모자〉, 양달석의 〈모정〉, 김두환의 〈야전병원〉, 한묵의 〈모자상〉, 심죽자의 〈어머니와 두 아이〉, 김정희의 〈모자상〉 등이 이 당시에 제작된 그림이다. 이들 모자상에서 어머니의 가슴은 핵심적인 역할을 한다. 그림 속 아이는 대부분 엄마 품에 안겨 가슴을 만지고 있거나 젖을 물고 있다. 그렇지 않다면 적어도 어머니는 가슴 한쪽을 노출한 모습이다. 가슴은 아이가 엄마 배 속을 나온 후에도 모체와 연결되는 생명줄이다. 60년대 이후에도 최영림의 〈엄마와 아이〉를 비롯하여 70년대에 박항섭의 〈모자상〉, 안판명의 〈모정〉, 전뢰진의 조각 〈모자상〉, 민중미술에서 오윤의 〈모자상〉 등으로 이어지며 어머니의 젖은 중요한 역할을 한다.

이처럼 어머니의 젖은 강한 생명력, 헌신, 핏줄의 지속, 가족의 유대, 나아가 민족의 단결을 표상한다. 반면 죽은 엄마의 젖을 문 모습은 나약한 생명의 처절한 고통을 알린다. 『운수 좋은 날』에서 김첨지는 집으로 들어서며 불길한 침묵 속에서 젖 빠는 소리를 듣는다. 이때 "꿀떡

꿀떡하고 젖 넘어가는 소리가 없으니 빈 젖을 빤다는 것도 짐작할는지 모르리라"라고 서술했다. '빈 젖'은 여성의 죽음을 상징한다. 더 이상 아이에게 줄 먹이가 없는 '빈 젖'은 생명의 단절을 뜻한다. 제주 4·3을 다룬 그림 강요배의 〈젖먹이〉는 이 '빈 젖'을 문 아이의 모습을 시각화했다. 길바닥에 쓰려져 죽은 엄마의 가슴을 풀어헤치고 젖을 물고 있는 어린아이가 있다. 생명을 길러야 하는 어머니의 젖이 순환을 멈추고 비어 버린 순간은 이렇듯 배고픔, 학대 등 삶의 비참함을 전한다.

유혹하는 가슴

18세기 작가 미상의 〈미인도〉를 보면 여성은 가슴을 천으로 꽉 조여 맸다. 저고리가 짧지만 유방의 모양은 드러나지 않는다. 대신 팔을 들어 겨드랑이 살을 약간 보여 준다. 길고 폭이 넓은 치마로 하체는 풍만하게 보인다. 신윤복의 〈미인도〉 역시 비슷한 복식을 보여 준다. 가슴은 평평하지만 풍성한 치마 밑으로 버선을 신은 발 한쪽이 슬쩍 보인다. 서구에는 여성의 가슴을 불륨감 있게 강조하는 옷차림이 있었다면 한국이나 중국, 일본의 경우는 대체로 여성의 상체 곡선을 드러내지 않는 옷차림이었다. 대신 발목과 목선을 은근히 보여 준다.

복식은 점차로 바뀌어 갔고 18세기부터는 저고리 길이가 확실히 짧아진다. 앞서 언급한 〈미인도〉에는 가슴이 가려져 있지만 점차 가슴을 드러낸 여성이 재현된다. 사대부 계층 남편을 둔 여성들은 물론 사정이 달랐지만, 신윤복의 〈저잣길〉에는 머리에 생선을 인 여성이 가슴을 드러낸 옷차림을 하고 있다. 한 뼘 정도 되는 매우 짧은 저고리와 엉덩이를 풍만하게 부풀려 보여 주는 폭 넓은 치마는 18~19세기에 유행이었다. 18세기 말 박제가가 쓴 『북학의北學議』에는 여성의 복장에 대한 한탄이 담겨 있다.

저고리는 날마다 짧아지고 치마는 날마다 길어진다. 이런 모양을 하고 제사상 앞이나 손님 사이를 오가고 있으니 어찌 한심한 일이 아닌가?[1]

유행하던 복식이긴 하지만 남성의 눈에는 여전히 정숙한 차림으로 인식되지 않았음을 알 수 있다. 19세기 작가 미상의 〈미인도〉에서는 짧은 저고리 바깥으로 가슴이 노출되어 젖꼭지까지 그대로 보인다. 역시 한쪽 팔을 들어 저고리가 치켜올려지면서 가슴살이 더욱 잘 보이게 만들었다.

일본, 중국과 마찬가지로 한국도 근대 이후 여성의 몸이 성애화되는 방식이 달라졌다. 조선 후기에는 주로 출산한 여성들이 가슴을 노출하고 다녔다. 유방은 성애보다는 모성의 상징이었다. 근대 이후 서양 의복과 서양 누드화의 영향으로 평면적인 가슴이 아니라 풍만한 가슴, '성애적 가슴'에 관심이 커진다. 물론 그 전에 여성의 유방을 성애의 대상으로 보는 문화가 전혀 없었던 건 아니다. 김홍도의 춘화집으로 알려진 『운우도첩雲雨圖帖』에 여성의 유두를 입에 문 채 성행위 중인 그림이 있다. 정확히 말하면, 유방의 성애화가 근대 이후 제대로 수면 위로 올라온 셈이다.

서구인의 옷차림은 동아시아뿐 아니라 그들이 도착한 다른 문화권에 영향을 미쳤다. 아메리카 원주민들이 유럽인의 첫인상을 표현한 그림에서도 이를 발견한다. 유럽 여성을 처음 본 미국 원주민들은 잘록한 허리를 강조한 그림으로 그 인상을 남겼다. 반면 유럽인이 표현한 원주민의 첫인상은 가슴을 노출한 모습이 많다. 가슴이 '섹시한 신체'

로 자리 잡지 않은 문화권에서 오히려 여성들은 남성과 마찬가지로 상반신을 자연스럽게 노출했다.

이처럼 근대 이후 본격적으로 여성의 유방은 재생산의 도구에서 성애의 대상으로 변모했다. 성애는 사회적 산물이다. 예를 들어 청나라 춘화를 보면 여성이 아무것도 걸치지 않고 오직 전족에 신만 신은 채 성행위를 하는 그림이 꽤 많다. 당시 여성의 발은 가장 은밀한 '주요 부위'였기에 벌거벗은 여성이 발만 가렸을 때 오히려 더 성적 자극을 전달했기 때문이다.

설리의 '노브라'가 가리키는 문제

60년대에 미국에서 '브래지어 태우기'가 여성들에게 하나의 운동이 었듯이 유방을 둘러싼 역사만 살펴보아도 사회에서 여성의 몸이 놓인 위치를 알 수 있다. 여성의 유방은 어머니로서의 가슴과 유혹하는 가슴으로 나뉘어 있지만 양쪽 모두 남성의 시각으로 대상화된 여성의 몸이라는 공통점이 있다. 21세기 여성들도 여전히 브래지어를 논쟁 테이블 위에 올려놓고 있다.

몇 년 전부터 가수 설리가 SNS에 '노브라' 차림으로 사진을 올린다며 '논란'이 불거졌다. 2012년 '나꼼수'의 비키니 응원을 독려하며 낄낄거리는 집단과 설리의 노브라를 지탄하는 집단은 사실상 크게 다르지 않다. 이들은 오히려 넓은 교집합을 이룬다. 남성을 응원하는 가슴과 남성의 시선을 신경 쓰지 않고 스스로 편안해진 젖꼭지를 바라보는 이중적 시선이다.

영화제 시상식에서 여성 배우들은 종종 '파격 노출'로 화제가 된다.

하지만 아무리 '파격 노출'을 해도 젖꼭지는 잘 감춘다. 젖꼭지가 보이면 이는 '사고'로 처리된다. 노브라에 대한 반감은 정확히 젖꼭지로 향한다. 겨드랑이 털과 함께 젖꼭지는 여성이 아무리 야한 옷차림을 해도 드러내지 말아야 할 신체 부위다. 20세기의 후반에 미니스커트로 다리를 드러낸 여성들은 이제 겨드랑이 털과 젖꼭지의 사회적 위치를 놓고 싸우는 중이다.

여성의 가슴은 다양한 형식으로 공격받는다. 위안부 소녀상의 가슴을 성추행한 사건도 있었다. 여성 조각상조차 가슴을 위협받는다. 광주민주화항쟁 당시 여성들이 겪은 폭력은 남성에 대한 그것과는 달랐다. 대검으로 가슴을 난자한 폭력에 대한 증언과 증거자료가 있다. 전쟁에서 여성의 신체를 훼손하는 방식과 같다. 순교한 여성 성인의 그림에서 유방을 도려낸 장면을 볼 수 있듯이 여성의 가슴은 학살의 역사에서 더욱 집중적으로 공격받았다. 가슴을 향한 폭력도 기록되어야 한다.

한강의 소설 『채식주의자』에서 영혜는 '믿는 건 내 가슴뿐'이라며 브래지어를 하지 않는다. 인간의 손과 발, 세치 혀 등은 모두 타인을 공격할 수 있는 무기가 되지만 오직 가슴만은 아무도 해치지 않는다며. 그렇다. 인간의 몸 중에서 타인을 공격하지 않는 건 정말 가슴이다. 상처를 받을지언정 누구를 해치지 않는다. 그 가슴이 가장 편한 상태로 내버려 두자.

후기
다무라 요코

2013년 여름 대만 중서부에 있는 루강_{鹿港}이라는 오래된 항구에 갔을 때 어떤 지명에 마음이 끌렸다. 그것은 '모루샹_{摸乳巷}'이라는 지명이었다. 일본어로 옮기면 '젖가슴을 만지는 골목'이라는 뜻일 것 같다. 그곳은 한 사람이 겨우 지나갈 만큼 아주 좁은 골목이었다. 입구에 설치해 놓은 설명 패널에 따르면 이 길은 원래 소방을 위한 통로였다고 한다. 가장 좁은 곳은 폭이 70센티미터도 되지 않는다. 만약 남녀가 서로 맞은편으로 지나가려고 하면 신체 접촉을 피할 수 없어서 아주 곤란한 상황이 벌어질 것이다. 그래서 '후슝샹_{護胸巷}', '쥔쯔샹_{君子巷}' 같은 이름을 붙였지만, 어떤 것도 '모루샹'만큼 사람들의 입에 오르내린 적은 없었다고 한다.

이 책을 탄생시킨 모태가 된 공동연구 프로젝트 "'유방'의 도상과 기억: 중국·러시아·일본의 표상 비교 연구"가 그해 출범했다. 약칭으로 '유연_{乳硏}'이라 부르는 이 학회에서는 구성원의 연구 교류와 정보 교환을 위해 웹으로 회보를 발송했다. 이 책의 몇몇 글은 그 회보에 기고한 글을 바탕으로 집필한 것이다. 회보에는 '모루샹'이라는 이름을 붙였다. 젖가슴을 사랑하는 연구자들이 글을 통해 서로 만날 수 있는 매체를 만들고 싶다는 염원을 담았다.

'유연'은 2013년 4월부터 2016년 3월까지 3년에 걸쳐 활동했다. 이 시기의 활동을 요약해 정리하면 다음과 같다.

우선 1년에 두 번 정례 연구회를 개최했다. 이 책의 집필진은 자신의 테마에 관해 발표하고 질의응답을 실시했는데, 각 회마다 보고한 내용은 다음과 같다.

제1회 2013년 8월 30일(홋카이도대학)

- 연구 구상 발표(다케다 마사야·하마다 마야·고시노 고·가베 유이치로·고고 에리코·후지이 도쿠히로·다무라 요코)

제2회 2014년 2월 1일(와세다대학)

- 지쓰카와 모토코, 「일본 유방문화 70년: '단정한 차림'에서 '자기다움'으로」
- 세키무라 사키에, 「흔들리는 유방: 두지우티엔 편집 시기의 《부녀 잡지》 「의사 위생 고문」에 나타난 신체론을 중심으로」
- 가베 유이치로, 「벗겨지는 영웅: 다이둔방을 단서로 삼아」
- 고고 에리코, 「젖과 조개: 속 근대 일본에 나타난 인어의 유방과 조개껍데기의 역학」
- 다케다 마사야, 「중화성문화박물관 방문기, 2013년 11월」

제3회 2014년 9월 15일(홋카이도대학)

- 마쓰에 다카시·네기시 사토미·양안나, 「중국어 속의 '유방': 어형의 유형과 화자의 의식」
- 후지이 도쿠히로, 「'인체'라는 방법: 중화민국 시기의 잡지 《양우화보》에 나타난 나체를 중심으로」
- 다무라 요코, 「여장 배우가 벗을 때: 전족, 나긋한 허리, 환상의 유방」
- 다케다 마사야, 「조사 여행 보고: 세계의 젖가슴 산책 ― 체코 편」

제4회 2015년 2월 16일(오키나와현립예술대학)

- 오가와 기와코, 「서양 중세의 유방: 고문부터 페티시즘까지」
- 가토 시호, 「'성스러운 유방'과 '세속적인 유방': 이탈리아 르네상스의 마욜리카에 그려진 여성상」
- 오시로 사유리, 「유방과 풍요의 이미지: 일본인 화가가 그린 남양군도의 여성상」
- 고시노 고, 「젖소와 유모: 러시아 문화에 나타난 대리 젖가슴」
- 하마다 마야, 「먹히는 신체: 리윈이, 루쉰, 장아이링」

제5회 2015년 8월 29일(홋카이도대학)

- 묘키 시노부, 「에로스의 억압?: 유방의 표상으로 보는 비보관의 패러독스」
- 다케우치 미호, 「만화와 유방: 방법론에 대한 고찰 — 오카자키 교코 작품을 구체적인 예로 삼아」
- 연구 진척 보고(다케다 마사야·하마다 마야·고시노 고·가베 유이치로·고고 에리코·후지이 도쿠히로·다무라 요코)

제6회 2016년 1월 23일(교토대학)

- 다나카 다카코, 「'젖'과 '가슴'」
- 기무라 사에코, 「유방은 에로틱한가」
- 연구 진척 보고(다케다 마사야·고시노 고·가베 유이치로·고고 에리코·후지이 도쿠히로·다무라 요코)

다음으로 중국·러시아·일본을 전문 지역으로 삼는 '유연' 구성원들은 각지의 유방 표상을 비교하기 위해 해외 조사를 두 번 실시했다. 2014년 8월부터 9월에 걸쳐서는 러시아와 중국 국경을 가로질러 조사 여행을 떠났다. 주로 블라디보스토크·블라고베셴스크·헤이허·하얼빈의 기념비와 인체 모조품 등을 보러 다녔다. 헤이허에서는 '얼런 좐二人轉'이라는 중국 둥베이 지방의 서민적인 공연을 관람하고, 거기서 다루는 현대 중국의 성 풍속에 대해 더 깊이 알 수 있었다.

2015년 10월 24일에는 주식회사 와코루가 주최하는 '유방문화연 구회' 정례 연구회인 "아시아의 유방관 Part 3: 중국인 여성의 신체 의 식과 문화·패션"을 통해 '유연'의 활동을 보고했다. 다케다 마사야가 "'유방의 도상과 기억: 중국·러시아·일본의 표상 비교 연구'를 통한 중 간 보고"라는 제목으로 강연을 했고, 그 밖에 다무라 요코가 "여장 배 우가 벗을 때: 중국 연극에 나타난 유방의 표현"으로 발표하여 참석자 들과 의견을 교환했다. 이때 활동의 보고가 『유방문화연구회 2015년 도 강연록』(2016)에 수록되어 있다.

'유연'을 운영하면서 '과연 유방은 여성 특유의 것일까' 하는 질문을 계속 품어 왔다. 그래서 기존의 여성 유방관이 일본·중국·서양 사이에 어떻게 다른가를 비교하고 재고하거나, 남성 또는 인간 이외의 동물·괴 물 등과 비교하는 등 이전까지 유방 연구에서는 별로 다루지 않던 관 점으로 젖가슴을 논의하려고 시도했다.

이 연구에 착수하고 나서 실로 많은 사람이 젖가슴에 관해 웅변하 는 모습을 보고 깜짝 놀랐다. 연구회를 개최하는 동안 이 책의 집필진 뿐 아니라 '유연' 활동에 관심을 가진 많은 이들이, 읽어야 할 문헌이 나 방문해야 할 관련 장소를 알려 주었다. 그런 사람들과 연구회에서 만나 사춘기에 부풀어 오르는 가슴, 브래지어, 수유, 생리혈과 유즙, 유 방암, 인공 유방, 암소의 젖 요리, 젖가슴 만두, 유방을 표현하는 세계 의 속어 등등 젖가슴을 둘러싼 삼라만상에 관해 남녀를 가리지 않고 진지하게 이야기를 나눈 것은 참으로 귀한 경험이었다. 특히 '사춘기 에 부풀어 오르는 가슴'에 대해서는 그 현상을 직시하고 심각하게 고민했다는 남성의 고백을 경청한 때가 한두 번이 아니다. 결국 사람 수만큼 젖가슴 이야기는 존재하고 흔들리며 부푼다는 것을 실감했다.

이 책을 내자는 착상을 얻은 뿌리를 더듬어 보면 엮은이인 다케다 마사야의 저서 『양귀비가 되고 싶었던 남자들: '의복의 요괴' 문화지』에 도달할 것이다. 중국에서 출발한 '유연'의 탐구는 러시아나 일본, 그리고 서양을 전문 분야로 삼는 여러 연구자들의 협력 덕분에 드디어 한 권의 책으로 결실을 맺었다. 그렇지만 우리의 시도는 거대한 젖가슴 연구에서 보잘것없는 융기에 지나지 않는다. 계속 부풀어 오르는 젖가슴 학문을 추구하는 여행은 앞으로도 이어질 것이다.

이 책에는 아주 간략한 북가이드를 수록했다. 이들 문헌은 우리가 다 다루지 못한 젖가슴 연구를 다방면으로 조명함으로써 독자들을 높은 경지로 데려갈 것이다.

많은 사람이 '유연' 활동을 지원해 주었다. 유방 연구의 선구자들이 소속한 '유방문화연구회' 여러 회원은 연구 발표마다 숱한 조언을 들려주었다. 도상과 문자를 연구하는 구성원들과 의학·생물학·건강과학 전문가가 있는 '유방문화연구회'는 색다른 관점으로 유방을 연구하도록 이끌어 주는 소중한 기회였다.

또 2016년 1월 정례 연구회는 당시 교토대학 동남아시아연구소에 있는 고지마 다카히로小島敬裕(미얀마 연구자, 쓰다주쿠대학 부교수)의 도움으로 '동아시아 공부 모임東アジア勉強會'과 합동 연구회를 개최했다. 이 모임에서는 사카가와 나오야坂川直也, 사토 와카바佐藤若葉 등 동남아시아나 중국 소수민족을 전공하는 연구자로부터 아직 알지 못하는 지역의 젖가슴에 대해 많은 것을 배웠다.

'유연' 활동을 책으로 엮고 싶다는 염원을 이루어 준 인물은 바로 이와나미쇼텐의 수완 좋은 편집자 와타나베 도모카였다. 그는 이 책의

기획부터 제목, 표지 장정에 이르기까지 최선을 다해 주었다. 그가 아니었다면 이 책은 세상의 빛을 볼 수 없었을 것이다. 2017년에는 와타나베 도모카의 편집으로 장아이링의 『중국이 사랑을 알았을 때: 장아이링 단편선中國が愛を知ったころ: 張愛玲短篇選』(岩波書店, 2017)이라는 책도 나왔다. '유연' 멤버인 하마다 마유가 번역한 책으로 주옥같은 젖가슴 문학이다.

이 책의 기획·편집은 다케다 마사야, 가베 유이치로, 다무라 요코 등 세 명의 '유연 편집부'가 주도하여 작업을 진행했다. 와타나베 도모카는 유모와 같은 너른 품으로 우리를 이끌어 주었다. 감사 말씀을 드린다.

주

제1부 일본의 젖가슴, 이것저것

일본은 유방을 어떻게 이야기해 왔는가

1. 安田理央, 『巨乳の誕生: 大きなおっぱいはどう呼ばれてきたのか』, 太田出版, 2017.

2. 『日本古典文學大系』.

3. 『日本古典文學全集』.

4. 『新潮日本古典集成』.

5. 澤潟久孝, 『萬葉集注釋』.

6. 阿蘇瑞枝, 『萬葉集全歌講義』.

7. 塚田良道, 「古墳文化と乳房」, 乳房文化研究會 編, 『乳房の文化論』, 淡交社, 2014.

8. 木村朗子, 『乳房はだれのものか: 日本中世物語にみる性と權力』, 新潮社, 2009.

9. 伊東祐子, 『藤の衣物語繪卷(遊女物語繪卷): 影印·翻刻·研究)』, 笠間書院, 1996.

10. 內藤久義, 「表象される乳房: 中世繪卷における差別される身體一」, 『年報 非文字資料研究』 8号, 2012.

11. 池田忍, 『日本繪畫の女性像: ジェンダー美術史の視点から』, 筑摩書房, 1998.

12. タイモン・スクリーチ, 高山宏 譯, 『春畫: 片手で讀む江戸の繪』, 講談社選書メチエ, 1998.
    인용은 2010년 간행한 고단샤 학술문고판.

13. 橋本治·早川聞多·赤間亮·橋本麻里, 『浮世繪入門: 恋する春畫』, 新潮社, 2011.

14. 安田理央, 앞의 책.

15. 橋本治, 『性のタブーのない日本』, 集英社新書, 2015.

16. 上野千鶴子, 「感じる乳房」, 乳房文化研究會 編, 『乳房の文化論』, 淡交社, 2014.

17. 木下直之, 『股間若衆: 男の裸は藝術か)』, 新潮社, 2012; 『せいきの大問題: 新股間若衆』, 新潮社, 2017.

18. 二村ヒトシ·金田淳子·岡田育, 『オトコのカラダはキモチいい』, 角川文庫, 2017.

일본 바스트 70년: '단정한 차림'에서 '자기다움'으로

1. 『新英和大辞典』, 第6版, 研究社.

2. 『週刊サンケイ』, 産経新聞社, 1962.9.18.

3. 「昭和毎日」, 毎日新聞社, 1953.7.16.

4. 安田理央,『巨乳の誕生』, 太田出版, 2017.

5. 総務省,『國勢調査』.

젖가슴과 조개: 인어의 유방을 둘러싼 역할

1. 渡邊達生,『My Dear STEPHANIE』, ワニブックス, 1989.

2. 蒲原有名,「人魚の歌」,『有名集』, 易風社, 1908.

3. 谷崎潤一郎,「人魚の嘆き」,『人魚の嘆き·魔術師』, 春陽堂, 1919.

4. 木村小舟,「人魚が島」,『お伽テーブル』, 博文館, 1909.

5. 巖谷小波,「天の橋姫」,『お伽七章』, 博文館, 1927.

6. 巖谷小波,『王子と人魚』, 金の星社, 1928.

7. 內山春風,「小人魚」,『アンデルセン物語』, 光世館·春祥堂, 1911.

8. たかのてつじ,『人漁姫』, 金の星社, 1954.

9. 矢崎源九郎 編著,『人魚のお姫さま』, 講談社, 1953.

10. 德水壽美子 文,『人魚姫』, 講談社, 1956.

에로스의 억압?: 비보관의 패러독스

1. 田中雅一,「性を蒐集·展示する」, 田中雅一 編,『フェティシズム研究 2: 越境するモノ』, 京都大學學術出版會, 2014.

2. 妙木忍,「秘寶館の盛衰と觀光客の変容」, 神田孝治 編著,『觀光の空間: 視点とアプローチ』, ナカニシヤ出版, 2009;『秘寶館という文化裝置』, 靑弓社, 2014.

3. 妙木忍,「觀光化する複製身體 マダム·タッソー蝋人形館をめぐって」, 田中雅一 編,『フェティシズム研究 3: 侵犯する身體』, 京都大學學術出版會, 2017.

4. 田中雅一, 앞의 글.

5. 川島和人,「ファンハウスに賭ける夢」, 叶夢書房 企画編集,『豪華愛藏保存版 秘寶館: 日本が生んだ世界性風俗の殿堂』, オハヨー出版, 1982.

6. 妙木忍,『秘寶館という文化裝置』에 실린 사진 참조.

남자의 젖꼭지와 여자의 유방

1. 木村朗子,『乳房はだれのものか』, 新曜社, 2009.

유방과 과실의 하모니

1. 柳宗悅,「革命の畫家」,『白樺』第3巻 第1号, 洛陽堂, 1912.1; 斎藤與里,「PAUL GAUGUINの藝術」,『白樺』第3巻 第7号, 洛陽堂, 1912.7.

2. 上野山清貢,「Barean! Barean! 南洋紀行の一節」,『寫生地』, 中央美術社, 1926.

3. 小菅徳二,「フィリッピン旅行記」,『美之國』第14巻 第9号, 美之國社, 1938.9.

4. 『紀元二千六百年奉祝美術展集』第1輯, 朝日新聞社, 1940.

5. 『美術家たちの「南洋群島」』展圖録, 東京新聞社, 2008.

만화와 유방: 오카자키 교코가 그리는 젖가슴

1. 櫻澤エリカ·安野モヨコ·しまおまほ,「くちびるから散彈銃 2015」,『岡崎京子 戰場のガールズ·ライフ』, 平凡社, 2015.

에조가시마 유신 순례기

1. 浦幌町百年史編さん委員會 編,『浦幌町百年史』, 浦幌町役場, 1999.12.

'행복 가득, 가슴 가득': 마마 관음 참배기

1. 横山住雄,『間々觀音小史』, 愛知県 鄕土資料刊行會 編集·制作, 飛車山間々觀音 発行, 1982.

제2부 중국의 젖가슴, 이것저것

중국 유방 문화론: 기억의 이미지

1. 丹波康賴,「好女」,『醫心方』.

2. 『民國日報(廣州)』, 1927.8.12.

중국어에 반영된 '유방' 의식

1. 岩田礼 編,『漢語方言解釋地圖(续集)』, 好文出版, 2012.

영웅의 문신, 남자의 젖가슴

1. 錢理群主講,『對話與漫遊: 四十年代 小說硏讀』, 上海文藝出版社, 1999.

괴수 '야인'의 젖가슴

1. 中國野人考察研究會,『野人探奇』創刊號, 湖北科學技術出版社, 1985.

2. 紫楓 編,『野人求偶記』, 中國民間文藝出版社, 1988.

'젖가슴'이 뭐 잘못됐어요?

1. 余華, 泉京鹿 譯,『兄弟』下, 文春文庫, 2010.

중화성문화박물관 답사기

1. 劉達臨, 松尾康憲 譯,『性愛の中國史』, 德間書店, 2000.

2. 劉達臨, 鈴木博 譯,『中國性愛博物館』, 原書房, 2006.

제3부 서양의 젖가슴, 이것저것

서양 중세의 유방: 풍요로움과 죄, 페티시즘과 고문 사이에서

1. 예수의 젠더 이동에 대해서는 다음을 참고. Caroline Walker Bynum, *Jesus as Mother: Studies in the Spirituality of the High Middle Ages*, University of California Press, 1984; 水野千依,「イメージの記憶: ルッカのヴォルト・サントの圖像変容とジェンダー・シフト」,『UP』497号, 2014; 山口恵理子,「乳房に恵まれる: ヨーロッパにおける授乳するマリア像」, 乳房文化研究會 編,『乳房の文化論』, 淡交社, 2014.

러시아 죄수 남성의 문신에 나타난 여성상

1. Д. С. Балдаев, *Татуировки Заключенных*, СПБ.: Лимбус Пресс, 2006.

쾌락은 애처롭다: 프라하의 섹스머신박물관

1. 千野榮一,『ビールと古本のプラハ』, 白水社, 1995.

해제

먹이는 가슴, 보는 가슴, 짓밟는 가슴

1. 박제가 지음, 안대회 옮김.『북학의』. 돌베개, 105쪽.

그림 출처

제1부 일본의 젖가슴, 이것저것

일본은 유방을 어떻게 이야기해 왔는가

그림1　茅野市尖石繩文考古館 소장. 화상 제공.

그림2　小松茂美 編,『続日本の繪巻　二十二』, 中央公論社, 1992.

그림3~6　『春畵展 大英博物館特別出品 永靑文庫』도록, 2015.

그림7　『喜多川歌麿 風流風俗畵1: 一五二作品揭載 Kindle版』, Amazon Services International, Inc.

일본 바스트 70년: '단정한 차림'에서 '자기다움'으로

그림1　W. 메이어 촬영. 교토 복식문화 연구재단 소장.

그림2~4　사진 제공: (주)와코루

그림5　『二十世紀アイドルスター大全集 part.3』, 近代映畵社, 2000.

그림6　加納典明,『オッパイ・ザ・テンメイ』, 竹書房, 1999.

그림7　『an·an』, マガジンハウス, 2017.9.21.

그림8　사진 제공: 〈그들이 진심으로 엮을 때〉 제작위원회

젖가슴과 조개: 인어의 유방을 둘러싼 역할

그림1　井原西鶴,『武道傳來記』卷二, 岡田三郎右衛門·萬屋淸兵衛, 1687.

그림2　寺島良安,『和漢 三才圖會』卷四九, 大阪杏林堂, 1712.

그림3　大槻玄澤,『六物新志』二卷, 兼葭堂藏板, 1786.

그림4　大槻玄澤,『六物新志』二卷.

그림5　山東京傳,『箱入娘面屋人魚』, 蔦唐, 1791.

그림6　大英博物館所藏.

그림7　大英博物館所藏.

그림8　「商標登錄廣告」,『讀売新聞』, 1885.6.13.

그림9　巖谷小波,『人魚の約束』, 博文館, 1908.

그림10　巖谷小波,『小波世界お伽噺 人魚のやくそく』, 生活社, 1948.

그림11 谷崎潤一郎, 『人魚の嘆き』, 春陽堂, 1919.

그림12 巖谷小波, 『お伽七章』, 博文館, 1910.

그림13 New York Tribune, 1916.11.19.

그림14 たかのてつじ, 『まんが人魚姫』, 金の星社, 1954.

그림15 德水壽美子 文, 蕗谷虹兒 繪, 『人魚姫』, 講談社, 1956.

그림16 Bruce K. Hanson, *Peter Pan on Stage and Screen, 1904-2010, 2nd Ed.*, Londeon: McFarland & Company, Inc., 2011.

에로스의 억압?: 비보관의 패러독스

그림1 필자 촬영, 2005.

그림2·3·5 필자 촬영, 2013.

그림4·6~8 우레시노·다케오 관광 비보관의 기획서(부분). 도쿄소켄 작성. 1983년 추정.

그림9 필자 촬영, 2015.

유방과 과실의 하모니

그림3 『紀元二千六百年奉祝美術展集』第1輯, 朝日新聞社, 1940.

그림4 『美術家たちの「南洋群島」展 圖錄』東京新聞社, 2008.

에조가시마 유신 순례기

그림1~5 필자 촬영.

성스러운 젖: 후지산 기슭 '어머니의 태내'

그림1 필자 촬영.

그림2·3 가와구치호필드센터 제공.

그림4 필자 촬영.

'행복 가득, 가슴 가득': 마마 관음 참배기

그림1~5 필자 촬영.

중국 유방 문화론: 기억의 이미지

그림1 『中國內衣史』, 中國紡績出版社, 2008.

그림2 唐李重潤墓石槨線刻宮裝婦女. 沈從文, 『中國古代服飾研究』, 南天書局有限公司, 1988.

그림3 劉松年, 『茗園賭市圖』, 『中國內衣史』 게재.

그림4·5 Yimen, Ferry M. Bertholet, *Dreams of Spring: Erotic Art in China*, Amsterdam, The pepin Press, 1997.

그림6 「慈母哺乳閨門圖」(1901), 『中國木版年畫集成·上海小校場卷』, 中華書局, 2005.

그림7 「歷代藝衣沿革圖」, 周汛·高春明, 『中國歷代婦女粧飾』, 學林出版社, 1997.

그림8 「歷代藝衣沿革圖」, 吳昊, 『中國婦女服飾與身體革命(一九一一~一九三五)』, 東方出版中心, 2008.

그림9 <美人十五美圖>, 『北洋畫報』, 1928.7.7.

그림10 『北洋畫報』, 1927.10.19.

그림11 『北洋畫報』, 1927.10.1.

그림12 『老月份牌廣告畫 上卷 論述篇』, 漢聲雜誌六一, 1994.

그림13 Anna Hester, *Shanghai Posters: The Power of Advertising*, Formasia Books, 2005.

그림14·15 『チャイナ·ドリーム　描かれた憧れの中國: 廣東·上海』, 福岡アジア美術館·兵庫県立美術館·新潟県立 萬代島美術館, 2004.

그림16 孫鉄生 編繪, 連環畫, 『紅嫂』, 山東人民出版社, 1963.

그림17 孟憲雲 改編, 王啓民·袁大儀 繪畫, 連環畫, 『紅雲崗』, 山東美術出版社, 1977.

그림18 『紅嫂, 蕭蕭, 黑猫, 雨後: 経典連環畫手稿』, 吉林美術出版社, 2009.

그림19 https://www.youtube.com/watch?v=uGWEohE6DaU

그림20 예르미타시 미술관 소장.

그림21 明, 呂坤, 『中國古代版畫叢刊二編』(第五輯, 上海古籍出版社, 2005, 1994) 게재.

그림22 共同通信社·陝西日報社·講談社 編, 『近代化への道程: 中國·激動の四十年』, 講談社, 1989.

민국문학 가슴 재기

그림1 Ng Chun Bong, et al., *Chinese Woman and Modernity: Calendar Posters of the 1910s-1930s*, Hong Kong, Joint Publishing, 1996.

그림2 吳昊, 『中國婦女服飾與身體革命(一九一一~一九三五)』, 東方出版中心, 2008.

그림3 黃維鈞, 『阮玲玉畫傳: 中國「第1女明星」的愛恨生活』, 貴州人民出版社, 2004.

여장 배우가 벗을 때: 전족, 나긋한 허리, 환상의 유방

그림1 國傳家 主編,『中國京劇圖史』上卷, 北京十月文藝出版社, 2013.

그림2·3 梅蘭芳紀念館 編,『梅蘭芳的私家相簿』, 和平圖書有限公司, 2004.

그림4·5『中國京劇百科全書』下卷, 中國大百科全書出版社, 2011.

근대 상하이의 건강미와 젖가슴

그림1 周利成 編著,『上海老畫報』, 天津古籍出版社, 2011.

영웅의 문신, 남자의 젖가슴

그림3『戴敦邦新繪: 百零八將』, 上海古籍出版社, 2005.

그림4『戴敦邦新繪水滸傳』, 上海古籍出版社, 2004.

그림5『戴敦邦新繪水滸傳』, 上海古籍出版社, 2004.

여성 동지의 듬직한 젖가슴: 사회주의사상과 유방의 표상

그림1 필자 촬영, 2013. 8.

그림2 필자 촬영, 2006. 8.

그림3 필자 촬영, 2011. 8.

그림4 필자 촬영, 2016. 2.

그림5 필자 촬영, 2011. 8.

'젖가슴'이 뭐 잘못됐어요?

그림1 후지이 도쿠히로 촬영.

그림2·3 필자 촬영.

중국 최초의 브래지어박물관

그림1 필자 촬영.

중국성문화박물관 답사기

그림1·2 필자 촬영.

서양 중세의 유방: 풍요로움과 죄, 페티시즘과 고문 사이에서

그림1 http://cdn2.all-art.org/images_hist98/124.jpg

그림2 http://fr.wikipedia.org/wiki/Bible_de_Moutier-Grandval (퍼블릭 도메인)

그림3·4·11·12·14·17·18 필자 촬영

그림5 Guglielmo Cavalo(dir.), *Exultet*, Roma, Institute poligrafico e zecca dello stato, 1994.

그림6 *Rhin-Meuse: Art et Civilisation 800-1400*, Cologne/Bruxelles, 1972.

그림7 Guglielmo Cavalo ed., *De Rerum Naturis, Codex Casinensis 132: Archivo de Montecassino*, Ivrea: Priuli e Verlucca, 1994; Guglielmo Cavalo, *L'universo medievale*, Ivrea: Priuli e Verlucca, 1996.

그림8·9 Sarah Kay, *Animal Skins and the Reading Self in Medieval Latin and French Bestiaries*, The University of Chicago Press, 2017.

그림10 Barbara Pasquinelli, *Il gesto e espressione*, Milano: Eleta, 2005.

그림13 『ロマネスク』(世界美術大全集 西洋編 第八巻), 小學館, 1996.

그림15 マデリン·H·キャヴィネス, 『中世における女性の視覺化: 視ること、スペクタクル、そして視覺の構造』, ありな書房, 2008.

그림16 http://it.wikipedia.org/wiki/Sant%27Agata#/media/File :Codex_Bodmer_127_039v_Detail.jpg (퍼블릭 도메인)

그림19 マデリン·H·キャヴィネス, 『中世における女性の視覺化: 視ること、スペクタクル、そして視覺の構造』.

그림20 미즈노 치요리 촬영.

그림21 『エトルリア文明展圖録』, 朝日新聞社, 1990.

그림22 http://it.wikipedia.org/wiki/Cassatella_de_sant%27Agata _ Wikimeia Commons, CC. BY2.0 Stefano Mortellaro da Catania, Italy-Flickr

그림23 『カルロ·クリヴェッリ畵集』, トレヴィル, 1995.

그림24 *The Peterborough Bestiary*, Yushodo, Tokyo-Facsimile Verlag, Luzern, 2003.

젖소와 유모: 러시아 문화에 나타난 '젖의 대리인'

그림1 Государственная Третьяковская галерея. История и коллекция. М.: Искусство, 1986.

그림2 Родина-Мать зовет! Плакаты великойо течественной войны. М.: Планета, 2014.

그림3 Rosalind P. Gray, *Russian Genre Painting in the Nineteenth Century*, Oxford, Clarendon

Press, 2000, plate 18.

그림4 www.museumpushkin.ru/muzej_detyam/proekt_literaturnyj_bagazh/pushkin/skazki/infor-
macionnye_materialy1.html

그림5 https://www.youtube.com/watch?v=YKqZzjYz5ls

그림6 https://www.youtube.com/watch?v=cefGmu2mA9I

그림7 https://www.youtube.com/watch?v=OsW6-Zi_7Sw

그림8 https://www.cgon.ru/content/16/941/

그림9 https://www.cgon.ru/content/16/941/

그림10 https://www.youtube.com/watch?v=0qOlfqi0Rg

그림11 https://www.animos.ru/video/havroshechka/

그림12 https://www.youtube.com/watch?v=wmjyL5VhNQ

그림13 Молочные братья//Крокодил, 1956, No. 1. C. 8-9.

그림14 https://www.youtube.com/watch?v=qDWTgpVOyew

그림15 https://www.youtube.com/watch?v=3HAoT3ujrUE

그림16 https://mults.info/mults/?id=1171

그림17 https://www.youtube.com/watch?v=HZodexUkiDI

'한쪽만 만지게 해 줄게': 여성 나체상의 모럴

그림1 필자 촬영, 2016. 3.

그림2 필자 촬영, 2014. 9.

그림3 필자 촬영, 2013. 9.

그림4 필자 촬영, 2012. 3.

그림5 필자 촬영, 2009. 9.

불을 끄는 젖가슴: 나폴리의 세이렌

그림1 필자 촬영.

쾌락은 애처롭다: 프라하의 섹스머신박물관

그림1~3 필자 촬영.

참고 문헌

제1부 일본의 젖가슴, 이것저것

일본은 유방을 어떻게 이야기해 왔는가

고전 인용문은 적절하게 현대문으로 바꾸었다. 『겐지 모노가타리』, 『바꾸고 싶구나 모노가타리』, 『오치쿠보 모노가타리』, 『대경』은 『신일본고전문학전집(新日本古典文學全集)』, 『만엽집』은 『신일본고전문학전집』의 훈독에 따라 읽기 쉽게 수정했다. 『사고로모 모노가타리』는 『신일본고전집성(新日本古典集成)』을 따랐다.

젖가슴과 조개: 인어의 유방을 둘러싼 역할

石川春江, 「明治期のアンデルセンについて」, 『參考書誌研究』五, 1972.

今成尙志, 「マジック、メリエス、マーメイド: 人魚映畵についての試論」, 『言語社會』六, 2012.

尾形希和子, 『敎會の怪物たち: ロマネスクの圖像學』, 講談社選書メチエ, 2013.

九頭見和夫, 『日本の「人魚」像: 『日本書紀』からヨーロッパの「人魚」像の受容まで』, 和泉書院, 2012.

國立歷史民俗博物館, 『大ニセモノ博覽會展 圖錄』, 2015.

高階早苗, 「一九世紀の人魚の流行とマラルメの人魚」, 『言語文化硏究』42, 2016.

田邊悟, 『人魚』<ものと人間の文化史 一四三>, 法政出版局, 2008.

ヴィック・ド・ドンデ 著, 荒俣宏 監修, 富樫瓔子 譯, 『人魚傳說』<知の再發見双書三二>, 創元社, 1993.

南方熊楠, 「人魚の話」, 『南方熊楠全集』第六卷, 平凡社, 1973.

P. T. Barnum, *Struggles and Triumphs: Or, Forty Years' Recollections of P. T. Barnum*, Hartford: J. B. Burr, 1869.

Bruce K. Hanson, *Peter Pan on Stage and Screen, 1904-2010, 2nd Ed.*, London: McFarland & Company, Inc., 2011.

株式會社淸心丹, http://www.seishintan.co.jp (2018.2.28 최종 열람)

젖가슴 공부: 기초 편

ヘルマン・シュライバー 著, 關楠生 譯, 『羞恥心の文化史: 腰布からビキニまで』, 河出書房新社, 1984.

スティーヴン カーン 著, 喜多迅廣, 喜多元子 譯, 『肉體の文化史: 體構造と宿命』, 法政大學出版局, 1989. [스티븐 컨 지음, 이성동 옮김, 『육체의 문화사』, 의암, 1996.]

ロンダ・シービンガー 著, 小川眞里子, 財部香枝 譯,『女性を弄ぶ博物學: リンネはなぜ乳房にこだわったのか?』, 工作舍, 1996. [Londa Schiebinger, *Nature's Body-Gender in the Making of Modern Science*, Beacon Press, 1993.]

ロミ 著, 高遠弘美 譯,『乳房の神話學』, 靑土社, 1997. [Romi, *Mythologie du sein*, Paris J.-J. Pauvert 1965.]

マルタン モネスティエ 著, 大塚宏子 譯,『圖說乳房全集』, 原書房, 2003.[Martin Monestier, *Le seins : encyclopédie historique et bizarre des gorges, mamelles, poitrines, pis et autres tétons : des origines ŕ nos jours*, Paris : Le Cherche Midi, 2001.]

マリリン ヤーロム 著, 平石律子 譯,『乳房論:乳房をめぐる欲望の社會史』, ちくま學藝文庫, 2005. [메릴린 옐롬 지음. 윤길순 옮김.『유방의 역사』. 자작나무. 1999.]

フローレンス ウィリアムズ 著, 梶山あゆみ 譯,『おっぱいの科學』, 東洋書林, 2013. [플로렌스 윌리엄스 지음. 강석기 옮김.『가슴 이야기-내 딸과 딸의 딸들을 위한』. Mid(엠아이디), 2014.]

乳房文化硏究會 編著,『乳房の文化論』, 淡交社, 2014.

제2부 중국의 젖가슴, 이것저것

중국 유방 문화론: 기억의 이미지

武田雅哉,『楊貴妃になりたかった男たち: <衣服の妖怪>の文化誌』, 講談社選書メチエ, 2007.

深谷訓子,『ローマの慈愛:「キモンとペロー」の圖像表現』, 京都大學學術出版會, 2012.

包銘新,『近代中國女裝實錄』, 東華大學出版社, 2004.

黃强,『中國內衣史』, 中國紡績出版社, 2008.

李子雲 外,『百年中國女性形象』, 珠海出版社, 2002.

莫言 著, 吉田富夫 譯,『豊乳肥臀』上·下, 平凡社, 1999.

潘健華,『雲縷心衣: 中國古代內衣文化』, 上海古籍出版社, 2005.

時影,『民國時尙』, 團結出版社, 2005.

吳昊,『中國婦女服飾與身體革命(一九一一~一九三五)』, 東方出版中心, 2008.

武斌,『話說美女』, 萬卷出版公司, 2006.

張競生,『張競生文集』, 廣州出版社, 1998.

周汛·高春明,『中國歷代婦女粧飾』, 學林出版社, 1997.

Yimen, Ferry M. Bertholet, *Dreams of Spring: Erotic Art in China*, Amsterdam, The pepin Press, 1997.

민국문학 가슴 재기

包天笑,「六十年來妝服志中篇」, 上海『雜誌』, 1945.6.

張競生,『美的人生觀』, 北京大學印刷課, 1925; 三聯書店版, 2009.

吳昊,『中國婦女服飾與身體革命(一九一一~一九三五)』, 東方出版中心, 2008.

茅盾,「蝕」,『小說月報』, 1927~1928.

老舍,「駱駝祥子」,『宇宙風』, 1936~1937.

郁達夫,『她是一個弱女子』, 湖風書局, 1932.

凌叔華,『有這麼一回事』,『晨報副刊』, 1926.5.

張愛玲,「紅玫瑰與白玫瑰」,『雜誌』, 1944.5~7.

_____,「怨女」,『星島晩報』, 1966.

여장 배우가 벗을 때: 전족, 나긋한 허리, 환상의 유방

大島友直 編,『品梅記』, 彙文堂書店, 1919.

伊原青々園,「支那劇の初日: 歌舞伎座」,『都新聞』, 1926.5.1.

『東京朝日新聞』(夕刊), 1926.6.15.

邵茜萍,「伶人寫真」,『戲劇週報』第一卷第七期, 1936.

羅癭公,「菊部叢譚」, 張次溪 編,『清代燕都梨園史料』下卷, 中國戲劇出版社, 1988.

笹山敬輔,『幻の近代アイドル史: 明治・大正・昭和の大衆藝能盛衰記』, 彩流社, 2014.

'내 가슴은 정상인가요?':《부녀 잡지》로 읽는 유방 문답

張哲嘉,「「醫事衛生顧問」について」, 村田雄二郎 編,『『婦女雑誌』からみる近代中國女性』, 研文出版, 2005.

張耀銘,『娼妓的歷史』, 北京圖書館出版社, 2004.

젖가슴 공부: 도상 편

福田和彦,『乳房の歴史』, 河出書房新社, 1963.

銀四郎 編著,『乳房美術館』, 京都書院, 1998.

荒俣宏,『セクシーガールの起源』, 朝日新聞社, 2000.

中野美代子,『肉麻圖譜: 中國春畫論序說』, 作品社, 2001.

宮下規久朗,『刺青とヌードの美術史: 江戸から近代へ』, 日本放送出版協會, 2008.

池上英洋,『官能美術史: ヌードが語る名畫の謎』, ちくま學藝文庫, 2014. [이케가미 히데히로 지음, 송태욱 옮김, 전한호 감수,『관능미술사ー누드로 엿보는 명화의 비밀』, 현암사, 2015.]

稀見理都, 『エロマンガ表現史』, 太田出版, 2017. [키미 리토 지음, 문성호 옮김, 『에로 만화 표현사』, AK(에이케이)커뮤니케이션스, 2019.]

제3부 서양의 젖가슴, 이것저것

서양 중세의 유방: 풍요로움과 죄, 페티시즘과 고문 사이에서

秋山聰, 『聖遺物崇敬の心性史: 西洋中世の聖性と造形』, 講談社選書メチエ, 2009.

井本恭子, 「ex votoの謎: セディロの聖コンスタンティヌスに返礼する人びと」, 『Aula Nuova: イタリアの言語と文化』六号, 大阪外國語大學, 2007.

尾形希和子, 「罪深き男女の圖像ー「海と大地」から「アダムとエヴァ」へ」, 『篁牛人記念美術館館報』第10号, 2001.

_____, 「「土」と「大地」の概念とその表象: 西洋中世美術を中心に」, 水原誠ほか 編, 『周縁學: <九州·ヨーロッパ>の近代を掘る』, 昭和堂, 2010.

_____, 『教會の怪物たち: ロマネスクの圖像學』, 講談社學術文庫, 2013.

加藤磨珠枝, 「マリアの乳房にみる母性とエロス」, 『藝術新潮』, 2017.8.

マデリン·H·キャヴィネス 著, 田中久美子 譯, 『中世における女性の視覺化: 視ること、スペクタクル、そして視覺の構造』, ありな書房, 2008.

小池壽子, 「聖女と惡女の乳房史」, 『藝術新潮』, 1988.8.

_____, 『描かれた身體』, 靑土社, 2002.

新保淳乃, 「都市秩序の再生」, 山﨑明子 外, 『ひとはなぜ乳房を求めるのか: 危機の時代のジェンダ-表象』, 靑弓社, 2011.

水野千依, 「イメージの記憶: ルッカのヴォルト·サントの圖像変容とジェンダ-·シフト」, 『UP』四九七号, 2014.

_____, 「エクス·ヴォート: 死と蘇生の物神」, 『イメージの地層: ルネサンスの圖像文化における奇跡·分身·予言』, 名古屋大學出版會, 2011.

マリリン·ヤーロム 著, 平石律子 譯, 『乳房論』, ちくま學藝文庫, 2005.

山口恵理子, 「乳房に恵まれる: ヨーロッパにおける授乳するマリア像」, 乳房文化研究會 編, 『乳房の文化論』, 淡交社, 2014.

若桑みどり, 「大地母神から「淫欲」の寓意へ」, 『象徴としての女性像: ジェンダー史から見た家父長制社會における女性表象』, 筑摩書房, 2000.

Peter Berger, *The Goddess Obscured: Transformation of the Grain Protectress from Goddess to*

        Saint, Boston: Beacon Press, 1985.

Jaqueline Leclercq, "Serene-poisson romanes," *Revue belge d'archeologie et de'histoire de l'art*,
        XL, 1971.

Jaqueline Leclercq-Kadaner, "De la Terre-Mere a la Luxure," *Cahiers de Civilization medievale*, 18,
        no. 1, 1975.

Alessandro Simbeni, "Perican Iconography in Late Medieval Painting as a Source of Franciscan
        Spirituality," *Bulletin of Okinawa Prefectural University of Arts*, no. 24, 2016.

Alison Stones, "Nipples, Entrails, Severed Heads, and Skin: Devotional Images for Madame
        Marie," Colum Hourihane ed., *Image and Belief*, Princeton University Press, 1999.

Caroline Walker Bynum, *Jesus as Mother: Studies in the Spirituality of the High Middle Ages*,
        University of California Press, 1984.

_____, *Holy Feast and Holy Fast: The Religious Significance of Food to Medieval
        Women*, University of California Press, 1987.

_____, *Christian Materiality: An Essay on Religion in Late Medieval Europe*,
        New York: Zone Boos, 2011.

Anthony Weir and James Jerman, *Images of Lust: Sexual Carvings on Medieval Churches*, Lon-
        don/New York: Routledge, 1999.

K. A. Wirth, "Erde," *Reallexikon zur deutschen Kunstgeschichte*, vol.5, Stuttgart: Metzler, 1967,
        cols. 1056~1059.

젖소와 유모: 러시아 문화에 나타난 '젖의 대리인'

エリザベス ウォーターズ 著, 秋山洋子 譯, 『美女/惡女/聖母: 20世紀ロシアの社會史』, 群像社, 1994.

越野剛, 「ロシアの子供の怪談 (ストラシルキ)」, 『スラブ研究センター研究報告シリーズ』, 第88号, 2002.

_____, 「SFアニメ『第三惑星の秘密』と後期ソ連の文化」, 加部勇一郎 編著, 『共産圏アニメSF研究會論集』,
        北海道大學, 非賣品, 2017.

ジョアンナ・ハッブス 著, 坂内德明 譯, 『マザー・ロシアーロシア文化と女性神話』, 靑土社, 2000.

Генис А. Иван Петровичу мер: статыир асследования. М.: НЛО, 1999.

Гюнтер Х. По обе стороны от утопии: Контекстытвор чества А. Платонова. М.: Новое
        литературное обозрение, 2011.

Дружников Ю. И. Русские мифы, или Посиделки с классиками, 2001.

А. Р. Клоц, "Нянькаться будем?", Мемориальные образы советского детства 1930–1950-х гг,

Диалог со временем. 2012.

Рябов О. В. 《Россия-Матушка》: национализм, гендериво йнав Росии XX века. Stuttgarr, 2007.

Ульянский А. И. Няня Пушкина. М. -Л.: Изд -во АНСССР, 1940.

Филин М. Д. Арина Родионовна. М.: Молодая гвардия, 2008.

Victoria E. Bonnell, *Iconography of Power: Soviet Political Posters under Lenin and Stalin*, Berkeley, University of California Press, 1998.

David L. Ransel, "Infant-Care Cultures in the Russian Empire," Barbara Evans Clements·Barbara Alpern Engel·Christine D. Worobec, eds., *Russia's Women: Accommodation, Resistance, Transformation*, Berkeley, University of California Press, 1991.

Andrew B. Wachtel, *The Battle for Childhood: Creation of a Russian Myth*, Stanford, Stanford University Press, 1990.

젖가슴 공부: 심화 편

木村朗子,『乳房はだれのものか: 日本中世物語にみる性と權力』, 新曜社, 2009.

京都大學人文科學研究所 共同研究班, 大浦康介 編著,『共同研究ポルノグラフィー 』, 平凡社, 2011.

山崎明子, 黒田加奈子, 池川玲子, 新保淳乃, 千葉慶,『ひとはなぜ乳房を求めるのか: 危機の時代のジェンダ-表象』, 青弓社, 2011.

澤山美果子,『江戶の乳と子ども: いのちをつなぐ』, 吉川弘文館 , 2017.

二村ヒトシ, 金田淳子, 岡田育,『オトコのカラダはキモチいい』, 角川文庫, 2017.

安田理央,『巨乳の誕生: 大きなおっぱいはどう呼ばれてきたのか』, 太田出版, 2017.

山崎明子, 藤木直實,『<妊婦>アート論: 孕む身體を奪取する』, 青弓社, 2018.

지은이 소개

다케다 마사야武田雅哉

1958년 출생. 홋카이도대학 대학원 문학연구과 교수. 전공은 중국 문화·문학·예술. 대표 저서로 『중국 비상 문학지: 하늘을 날고 싶었던 어여쁜 사람들에 관한 열다섯 가지 밤 이야기中國飛翔文學誌: 空を飛びたかった綺態な人たちにまつわる十五の夜噺』, 『중국의 만화 '연환화'의 세계中国のマンガ<連環畵>の世界』, 『양귀비가 되고 싶었던 남자들: '의복의 요괴' 문화지楊貴妃になりたかった男たち: <衣服の妖怪>の文化誌』 등이 있다.

오시로 사유리大城さゆり

1988년 출생. 작가. 전공은 일본 근현대 미술사, 젠더·섹슈얼리티 표상. 저서로는 『내일로 날다: 인문사회학의 새로운 관점〈3〉明日へ翔ぶ: 人文社會學の新視点<3>』(공저)가 있고, 논문으로는 『『미소녀 전사 세일러문』의 젠더: 여자의 왕국에 등장하는 '여자', '남자', '양성'『美少女戰士セーラ·ムーン』のジェンダー: 女の王國に登場する「女」, 「男」, 「兩性」』 등이 있다.

오가와 기와코尾形希和子

1959년 출생. 오키나와현립예술대학 미술공예학 부교수. 전공은 서양 미술사. 저서로는 『교회의 괴물들: 로마네스크의 도상학敎會の怪物たち: ロマネスクの圖像學』, 『레오노르 피니: 경계를 침범하는 새로운 씨앗レオノール·フィニ: 境界を侵犯する新しい種』, 『주변학: '규슈·유럽'의 근대를 고찰한다周緣學: <九州·ヨーロッパ>の近代を掘る』(공저) 등이 있다.

가토 시호加藤志帆

1988년 출생. 마나즈루정립 나카가와 가즈마사中川一政 미술관 학예사. 전공은 이탈리아 미술 공

예사. 논문으로는 「미나 쨩과 비너스의 미스터리: 『코드네임은 세일러V』로 보는 여신 비너스를 둘러싼 표상美奈ちゃんとヴィーナスのミステリー: 『コードネームはセーラーV』に見る女神ヴィーナスをめぐる表象」, 「이탈리아 르네상스 시대 '사랑의 도기'로 보는 사랑의 양상イタリア・ルネサンス期の「愛の陶器」にみる愛の諸相」 등이 있다.

가베 유이치로加部勇一郎

1973년 출생. 홋카이도대학 대학원 문학연구과 전문연구원. 전공은 중국 문학. 저서로는 『중국문화의 키워드 55中國文化55のキーワード』(공편저)가 있고, 논문으로는 「묶이고 싶은 남자: 청말 『경화록』 속서 두 종을 읽는다縛りたい男: 淸末の『鏡花錄』續二書種を讀む」, 「신중국의 삼모: 『삼모번신기』를 읽는다新中國の三毛: 『三毛翻身記』を讀む」 등이 있다.

기무라 사에코木村朗子

1968년 출생. 쓰다주쿠대학 학예학부 교수. 전공은 일본 문학. 저서로는 『유방은 누구의 것인가: 일본 중세 모노가타리로 보는 성과 권력乳房はだれのものか: 日本中世物語にみる性と權力』, 『여자들의 헤이안 궁정: 『에이가 모노가타리』로 읽어 내는 권력과 성女たちの平安宮廷: 『榮花物語』によむ權力と性』, 『여자대학에서 『겐지 모노가타리』를 읽는다: 고전을 자유롭게 읽는 방법女子大で『源氏物語』を讀む: 古典を自由に讀む方法』 등이 있다.

고고 에리코向後惠里子

1977년 출생. 메이세이대학 인문학부 준교수. 전공은 일본 근대미술·시각문화·표상문화. 저서로는 『막말·메이지: 이행기의 사상과 문화幕末·明治─移行期の思想と文化』(공저), 『목구목판의 미디어사: 근대 일본의 비주얼 커뮤니케이션木口木版のメディア史: 近代日本のヴィジュアルコミュニケーション』(공저)이 있다. 논문으로는 「러일전쟁의 미술: 전쟁화·종군화가·미술국日露戰爭の美術: 戰爭畫·從軍畫家·美術國」 등이 있다.

고시노 고越野剛

1972년 출생. 홋카이도대학 슬라브 유라시아 연구센터 공동연구원. 전공은 러시아 문학. 저서로는 『벨로루시를 알기 위한 50장ベラルーシを知るための50章』(공편저), 『슬라브 유라시아 연구 보고집 제7호: 러시아 SF의 역사와 전망スラブ・ユーラシア研究報告集7号: ロシアSFの歴史と展望』(편저)이 있다. 논문으로는 「소련 학교의 소녀 이야기 문화ソ連の學校における少女の物語文化」 등이 있다.

지쓰카와 모토코實川元子

1954년 출생. 번역가이자 작가. 저서로는 『번역이라는 일翻譯というおしごと』이 있고, 역서로는 『PK: 가장 간단한 골은 왜 정해지지 않는가?PK: 最も簡單なはずのゴールはなぜ決まらないのか』, 『국화와 포켓몬: 글로벌화하는 일본의 문화력菊とポケモン—グローバル化する日本の文化力』 등이 있다.

세키무라 사키에関村咲江

1972년 출생. 중국어 통역사. 전공은 중국 문학. 논문으로 「흔들리는 유방: 두주티엔 편집 시기의 《부녀 잡지》「의사 위생 고문」에 나타난 신체론을 중심으로ゆれる乳房: 杜就田編集時期の『婦女雜誌』「醫事衛生顧問」における身體論を中心に」 등이 있다.

다카야마 요코高山陽子

1974년 출생. 아시아대학 국제관계학부 교수. 전공은 문화인류학. 저서로는 『다문화 시대의 관광학: 필드워크를 통한 접근多文化時代の觀光學: フィールドワークからのアプローチ』(편저)이 있고, 논문으로는 「여성 여행에 나타난 아시아의 표상: 타이베이·상하이·홍콩의 사례를 통해女子旅におけるアジアの表象: 台北・上海・香港の事例から」, 「열사능원의 경관: 남부와 북부의 기념비를 비교하여烈士陵園の景觀: 南部と北部の記念碑の比較から」 등이 있다.

다케우치 미호竹內美帆

1984년 출생. 지쿠시조가쿠엔대학 인간문화연구 객원연구원. 전공은 만화 연구, 미술교육. 논

문으로는 「만화론과 『맨발의 겐』マンガ論と『はだしのゲン』」「『맨발의 겐』을 읽다『はだしのゲン』を読む수록), 「선으로 다시 파악하는 '극화': 사이토 다카오를 중심으로線から捉えなおす「劇畫」: さいとう·たかを中心に」 등이 있다.

다나카 다카코田中貴子

1960년 출생. 고난대학 문학부 교수. 전공은 일본 중세 문학. 저서로는 『망령 고찰: 신비로운 중세 로あやかし考: 不思議の中世へ』, 『중세 환요: 근대인이 동경하는 시대中世幻妖: 近代人が憧れた時代』, 『일본 '성녀'론 서설: 재궁·여신·중장희日本<聖女>論序說: 斎宮·女神·中将姬』 등이 있다.

다무라 요코田村容子

1975년생. 가네시로가쿠엔대학 문학부 교수. 전공은 중국 문학과 연극. 저서로는 『중국 문화의 키워드 55中國文化55のキーワード』(공편저)가 있고, 논문으로는 「혁명 서사와 여성 병사: 중국 프로파간다 예술에 나타난 전투하는 여성상革命敍事と女性兵士: 中國のプロパガンダ藝術における戰鬪する女性像」 등이 있다.

나카네 겐이치中根研一

1972년 출생. 홋카이가쿠엔대학 법학부 교수. 전공은 중국 문학. 저서로는 『중국 '야인' 소동기中國<野人>騷動記』, 『영화는 중국을 지향한다: 중국 영상 비즈니스 최전선映畫は中國を目指す: 中國映像ビジネス最前線』이 있고, 논문으로는 「중국 '괴수 문화'의 연구: 현대 미디어 속에서 증식하는 이형의 동물들中國「怪獸文化」の研究: 現代メディアの中で增殖する異形の動物たち」 등이 있다.

네기시 미사토根岸美聰

1979년 출생. 긴키대학 강사. 전공은 중국어학. 논문으로는 「절강 임해 방언 "駄「do[22]」"의 문법화浙江臨海方言における"駄「do[22]」"の文法化」, 「절강 임해 방언의 양상 표현 형식: 실현을 나타내는 "口l3ʔ⁰", "爻"를 중심으로浙江臨海方言のアスペクト表現形式: 實現を表す"口l3ʔ⁰", "爻"を中心に」 등이 있다.

하마다 마야濱田麻矢

1969년 출생. 고베대학 대학원 인문학연구과 준교수. 전공은 중국 문학. 역서로는 『중국이 사랑을 알았을 때: 장아이링 단편선中國が愛を知ったころ: 張愛玲短篇選』이 있고, 논문으로는 「무너진 탑, 시든 꽃: 장아이링 후기 작품에 나타난 사랑의 형태崩れる塔, 萎れる花: 張愛玲後期作品における愛のかたち」, 「사랑이라는 이름 아래: 20세기 중국 문학의 소녀상愛という名のもとに: 二〇世紀中國文學の少女像」 등이 있다.

히노스키 다다히로日野杉匡大

1977년 출생. 무로란공업대학 강사. 전공은 중국 근대문학. 논문으로는 「쑤완수 『단홍령안기』 고찰: '말하기 어려운 아픔'을 중심으로蘇曼殊『斷鴻零鴈記』考: 「言い難き恫み」を中心に」, 「그 사람은 지금!?: 중국 가수 오디션 프로그램, 최근 10년あの人がたは今!?: 中國歌手オーディション番組、この10年」, 「자전적인, 너무나도 자전적인: 쑤완수 『단홍령안기』를 둘러싼 담론自傳的な, 余りに自傳的な: 蘇曼殊『斷鴻零鴈記』をめぐる言說」 등이 있다.

후지이 도쿠히로藤井得弘

1982년 출생. 홋카이도가쿠엔대학 강사. 전공은 중국 근대문학. 논문으로는 「지나치게 잘 아는 남자: 오골의 『비석안』과 중국 초기 탐정소설 창작의 딜레마知りすぎた男: 傲骨『砒石案』と中國初期探偵小說創作のジレンマ」, 「문명의 이름 아래: 청말 탐정소설 「나사복」과 가시화의 기술文明の名のもとに: 淸末探偵小說「羅師福」と可視化の技術」, 「나팔 부는 것을 그린 연환화: 소라고둥의 경우ラッパ吹きを描く連環畵: ほら貝の場合」 등이 있다.

마쓰에 다카시松江崇

1972년 출생. 교토대학 대학원 인간·환경학연구과 준교수. 전공은 중국어학. 저서로는 『고한어 의문 빈어 사서 변화기제 연구古漢語疑問賓語詞序變化機制研究』, 『오해의 세계: 즐거움, 배움, 막기 위해誤解の世界: 樂しみ, 學び, 防ぐために』(공편저)가 있고, 논문으로는 「당·오대의 부정명사 목적어의 수량 표현에 의한 유표화: 둔황 변문을 주된 자료로 삼아唐五代における不定名詞目的語の数量表現による有標化: 敦煌変文を主資料として」 등이 있다.

묘키 시노부妙木忍

1977년 출생. 도호쿠대학 대학원 국제문화연구과 준교수. 전공은 사회학. 저서로는 『여자끼리의 싸움은 왜 벌어지는가?: 주부 논쟁의 탄생과 종언女性同士の争いはなぜ起こるのか: 主婦論争の誕生と終焉』, 『비보관이라는 문화 장치秘寶館という文化裝置』가 있고, 논문으로는 「전후 온천 관광지의 발달과 그 변용: 홋카이도 조잔케 온천의 사례戰後における温泉觀光地の発達とその変容: 北海道·定山渓温泉を事例として」 등이 있다.

양안나楊安娜

1977년 출생. 홋카이가쿠엔대학 공학부 준교수. 전공은 중국어학. 논문으로는 「동보 구조 "V过"와의 의미 기능에 관한 일고찰: "V完"과의 대조를 통해動補構造 "V过"の意味機能に関する一考察: "V完"との対照を通じて」 등이 있다.

성스러운 유방사

:어떻게 가슴은 여성의 '얼굴'이 되었는가?

1판 1쇄 인쇄 2019년 7월 16일
1판 1쇄 발행 2019년 7월 30일

편저자	다케다 마사야		
옮긴이	김경원		
해제자	이라영	책임편집	김지은
펴낸이	김영곤	인문교양팀	장미희·전민지·박병익·김은솔
펴낸곳	아르테	교정	김유경
		디자인	스튜디오 비알엔

미디어사업본부	
본부장	신우섭
영업·마케팅	김한성·오서영·황은혜
해외기획	임세은·장수연·이윤경
제작	이영민·권경민

출판등록	2000년 5월 6일 제406-2003-061호
주소	(10881) 경기도 파주시 회동길 201(문발동)
대표전화	031-955-2100
팩스	031-955-2151
이메일	book21@book21.co.kr
ISBN	978-89-509-8226-3 03300

페이스북	facebook.com/21arte
블로그	arte.kro.kr
인스타그램	instagram.com/21_arte
홈페이지	arte.book21.com

아르테는 (주)북이십일의 문학·교양 브랜드입니다.

(주)북이십일 경계를 허무는 콘텐츠 리더
아르테 채널에서 도서 정보와 다양한 영상 자료, 이벤트를 만나세요!
방학 없는 어른이를 위한 오디오클립 〈역사탐구생활〉